新HSK
급소공략

본책 + 해설서

4급

쓰기

양영호 저

2013년 汉办한빤
新HSK 필수어휘
수정리스트 제공!

다락원

저자 양영호

계명대학교 중어중문학과 졸업

前 파고다외국어학원 新 HSK 전문 강사
前 이얼싼중국어학원 HSK, BCT, FLEX 강사

『BCT 실전테스트』 동영상 강의
http://www.yiersan.com

다음 카페 **양영호의 차이나는 HSK** 운영위원
http://cafe.daum.net/babaHSK

新HSK 급소공략 4급 쓰기

양영호 저

다락원

저자의 말

新 HSK 4급 쓰기 문제는 크게 '어법 이론'을 요구하는 제1부분과 '이론+내공'을 요구하는 제2부분으로 나눌 수 있는데, 이는 궁극적으로는 일종의 중국어 '감(感)'을 기르도록 요구하고 있습니다. 하지만 그 '감'이라는 것은 어법 이론을 마스터하지 않고서는 얻을 수 없는 것이죠. 따라서 新 HSK를 준비한다면 반드시 체계적이고 정확한 어법 이론을 확립해야 합니다.

본 교재는 이러한 요구에 부응하기 위해서 지난 2년 동안 실제 新 HSK에 출제되었던 기출문제를 철저히 분석하여 '기초 어법이론 정리'는 물론이거니와 현장 강의를 통해서 축적된, 한국인이기에 가장 많이 틀리거나 이해하기 어려운 내용들을 간단명료하게 정리하였습니다.

특히, 제1부분에서는 '이론정리→문제풀이'식의 전통적인 설명 방식이 아니라 '예제풀이→이론정리→실전문제풀이'의 형식을 통해서 중국어 어법을 체계적이고 자연스럽게 이해할 수 있도록 하였습니다. 또한 학생들이 가장 어려워하는 제2부분에서는 품사별 접근법으로 문장을 만드는 방법을 소개하였습니다. 이는 제시어 하나를 가지고 문장을 만들어야 하는 막연함을 일거에 해소해줄 좋은 학습법임을 믿어 의심치 않습니다.

이 책은 또한 이론서가 아니라 바로 바로 어법을 적용해서 뛰어난 쓰기 능력을 뽐낼 수 있도록 이끄는 실전서입니다. 나열식 어법 설명이 아닌 쓰기 문제용 실전 어법만으로도 핵심적인 중국어의 어법 특징과 문장 표현법을 충실히 담아낼 수 있기 때문입니다.

중국어 쓰기의 기초가 되는 중국어 어법은 하나의 거대한 영역입니다. 하지만 이 교재는 오락가락하던 중국어 기초를 확립시켜 주고 '아! 이것이 중국어구나!'라고 깨닫게 해줄 여러분의 확실한 '新 HSK 길잡이'가 되리라는 것을 감히 말씀 드립니다.

마지막으로 이 책이 완성되기까지 기꺼이 자문위원이 되어주신 중국인 马燕 선생님과 저의 스승이자 한국 중국어 강의의 산 증인이신 왕필명 선생님께 깊은 감사의 말씀을 드립니다.

양영호

이 책의 구성

이 책은 新 HSK 4급 쓰기 영역 시험에 기준하여, '제1부분' '제2부분' '모의고사'의 3장으로 구성되어 있다.

본책

'쓰기 급소공략 → 예제로 감 익히기 → 쓰기 내공 Tip → 실력 다지기' 순서로 4급 쓰기 영역을 집중 분석한다.

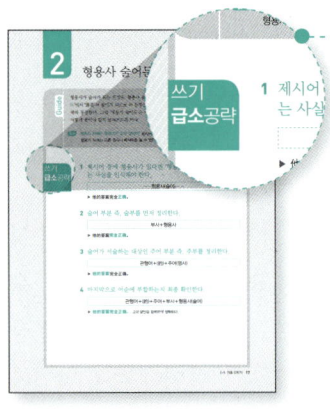

쓰기 급소공략
풀이 유형별로 꼭 알아야 할 공략법을 전수한다.

예제로 감 익히기
Mission을 풀어보며 어떤 유형의 문제가 어떻게 출제되는지 감을 익히고, 그 풀이 방법과 요령을 익힌다.

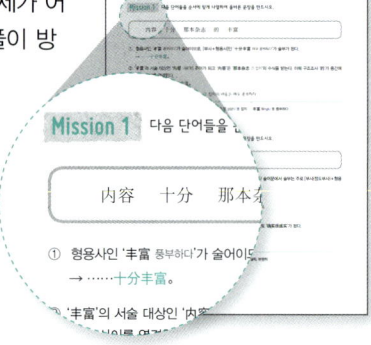

쓰기 내공 Tip
쓰기 실력 향상에 꼭 필요한 핵심 어법, 어휘, 표현 및 문형을 익힌다.

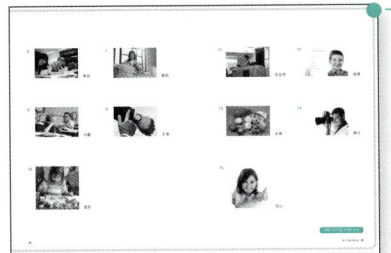

실력 다지기
풍부한 실전 문제로 실력을 다지고, 실제 시험에 대한 적응 훈련을 한다.

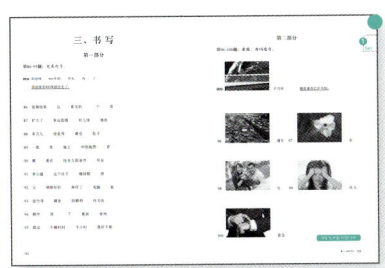

모의고사
최신 경향의 모의고사 3세트로 실전 감각을 익히고, 학습한 내용을 총복습한다.

해설서

각 장의 '실력 다지기'와 '모의고사'의 모든 문제에 대한 해설을 분권된 해설서에 담았다.

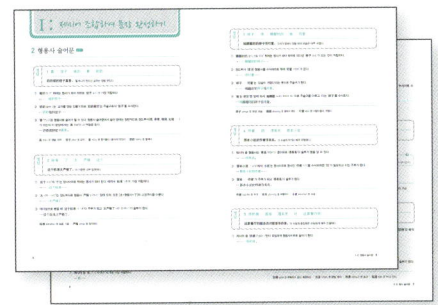

이 책의 표기법

① 이 책에 나오는 인명, 지명은 중국어 발음을 한국어로 표기하는 것을 원칙으로 하였다.

　예) 章子怡 → 장쯔이,　北京 → 베이징

② 품사는 다음과 같은 약어로 표기하였다.

품사	약자	품사	약자	품사	약자
명사/고유명사	명/고유	부사	부	접속사	접
대사	대	수사	수	감탄사	감
동사	동	양사	양	조사	조
조동사	조동	수량사	수량	의성사	의성
형용사	형	개사	개	성어	성

이 책의 순서

저자의 말   3
이 책의 구성   4
이 책의 순서   6
新 HSK 4급에 대하여   7
新 HSK 4급 쓰기 영역에 대하여   8

Ⅰ 제1부분 : 제시어 조합하여 문장 완성하기

1. 기초 다지기   10
2. 형용사 술어문   17
3. 동사 술어문   22
4. 是자문과 관형어   27
5. 부사   32
6. 개사   39
7. 把자문   45
8. 被자문   50
9. 연동문   54
10. 겸어문   58
11. 보어   63
12. 존현문   73
13. 비교문   77
14. 빈출 어휘 총정리   82

Ⅱ 제2부분 : 주어진 사진과 어휘 보고 문장 만들기

1. 명사 제시어   86
2. 동사 제시어   96
3. 형용사 제시어   106
4. 자주 틀리는 어법 및 표현   117

Ⅲ 모의고사 3회

1. 모의고사 1   122
2. 모의고사 2   124
3. 모의고사 3   126

新HSK 4급에 대하여

응시 대상
매주 2~4시간씩 4학기[190~400시간] 정도의 중국어를 학습하고, 1,200개의 상용 어휘와 관련 어법 지식을 마스터한 학습자를 그 대상으로 한다.

시험 구성 및 시간 배분
듣기, 독해, 쓰기 3개 영역 합계 100문항을 풀게 되며, 총 소요시간은 100분 가량이다.
듣기 영역에 대한 답안은 듣기 시험 시간 종료 후 주어지는 시간(5분) 안에 답안지에 마킹하고, 독해와 쓰기 영역에 대한 답안은 해당 영역 시간에 직접 답안지에 작성한다.

시험 과목	문제 형식	문항 수		시험 시간
듣기(听力)	제1부분(단문 듣고 제시되는 문장의 옳고 그름 판단하기)	10	45	약 30분
	제2부분(두 사람의 대화 듣고 질문에 답하기)	15		
	제3부분(4~5개 문장의 대화 혹은 단문 듣고 질문에 답하기)	20		
듣기 영역에 대한 답안지 작성				5분
독해(阅读)	제1부분(빈칸에 들어갈 알맞은 단어나 문장 고르기)	10	40	40분
	제2부분(주어진 3개 문장의 순서 배열하기)	10		
	제3부분(단문 독해하고 1~2개 질문에 답하기)	20		
쓰기(书写)	제1부분(제시어 조합하여 문장 완성하기)	10	15	25분
	제2부분(주어진 사진과 어휘 보고 문장 만들기)	5		
합계		100		약 100분

시험 등급 및 성적 결과
① 시험 등급 : 新HSK 4급에 합격한 응시자는 여러 영역에 관련된 화제에 대해 중국어로 토론을 할 수 있다. 또한 비교적 유창하게 원어민과 대화하고 교류할 수 있다.
② 성적 결과 : 성적표에는 듣기, 독해, 쓰기 세 영역의 점수와 총점이 기재된다. 각 영역별 만점은 100점이며, 총점은 300점으로 180점 이상이면 합격이다. 성적 결과는 시험일로부터 1개월 후, 중국고시센터 홈페이지에서 응시자 개별 조회가 가능하며, 성적표는 시험일로부터 40일 경에 발송한다. HSK 성적은 시험일로부터 2년간 유효하다.

원서접수
① 인터넷 접수 : HSK한국사무국 홈페이지(www.hsk.or.kr) 또는 HSK시험센터(www.hsk-korea.co.kr)에서 접수
② 방문접수 : HSK한국사무국 또는 서울공자아카데미(HSK한국사무국 2층)에서 접수
  • 접수시간 : 오전 10~12시, 오후 1시~5시(평일) / 오전 10~12시(토요일)
  • 준비물 : 응시원서, 사진 3장(최근 6개월 이내에 촬영한 3×4㎝ 반명함판 사진)
③ 우편접수 : 구비서류를 동봉하여 HSK한국사무국으로 발송(등기우편)
  • 구비서류 : 응시원서(3×4㎝의 반명함판 사진 1장 부착) 및 별도 사진 1장, 응시비 입금 영수증

시험 당일 준비물
① 유효한 신분증
  • 주민등록증 기발급자 : 주민등록증, 운전면허증, 기간 만료 전의 여권, 주민등록증발급신청확인서, 군장교 신분증, 현역 사병 휴가증
  • 주민등록증 미발급자 : 기간 만료 전의 여권, 청소년증, HSK신분확인서(한국 내 소재 초·중·고등학생만 가능)
    * 학생증, 사원증, 의료보험증, 주민등록등본, 공무원증 등은 인정되지 않음.
② 수험표
③ 2B 연필, 지우개

新 HSK 4급 쓰기 영역에 대하여

시험 방식

新 HSK 4급 쓰기 영역은 총 15문제이며, 소요 시간은 약 25분이다. 제1부분, 제2부분으로 구성되며, 각각의 문제 형식은 다음과 같다.

	제1부분	제2부분
미리보기	三、书写 第一部分 第86-95题: 完成句子。 例如: 那座桥 800年的 历史 有 了 那座桥有800年的历史了。 86. 爱情故事 这 真实的 一个 是 87. 扩大了 事业范围 好几倍 他的	第二部分 第96-100题: 看图, 用词造句。
문제 형식	제시어 조합하여 문장 완성하기	주어진 사진과 어휘 보고 문장 만들기
시험 목적	중국어의 기본 어순을 잘 이해하고 있는지, 어법적 지식과 올바른 문장을 쓸 수 있는 능력을 갖추고 있는지 테스트	주어진 어휘의 의미와 쓰임을 잘 알고 있는지 테스트 [여기서 테스트하고자 하는 것은 응시자가 장황하게 긴 문장을 쓸 수 있느냐 없느냐가 아니라, 자신의 수준으로 할 수 있는 표현을 얼마나 정확하게 구사할 수 있는가임]
문항 수	10문항	5문항
시험 시간	약 10~11분	약 14~15분
	25분	

▶ **제1부분**

舊 HSK에는 없던 새로운 부분이다. 제시어를 조합하여 어순에 맞게 문장을 완성하는 유형으로, 중국어의 기본 어법과 문장 구조, 어순에 대한 이해도를 시험한다. 품사, 문장성분, 어순은 중국어 어법의 가장 기초이므로 쉽다고 그냥 넘기지 말고 완벽하게 개념이 설 때까지 반복해서 공부해야 한다. 그리고 기본 어법 중에서도 특히 연동문, 겸어문, 把자문, 被자문, 비교문, 是……的구문 등은 시험에 자주 출제되고, 듣기나 독해 영역에서도 매우 유용하게 쓰이는 어법이므로 평소 이 어법 사항들은 반드시 완벽하게 숙지하고 있어야 한다.

▶ **제2부분**

제2부분 역시 舊 HSK에는 없던 새로운 부분이다. 주어진 사진과 어휘를 보고 문장을 만드는 유형으로, 먼저 어휘의 의미와 품사를 파악한 후, 사진을 관찰해 제시된 어휘가 어떤 의미로 활용될 수 있는지 생각해야 한다.
제2부분은 장황하게 긴 문장을 쓰는 영역이 아니다. 장황하게 긴 문장을 썼지만 틀린 부분이 많다면 감점만 될 것이다. 따라서 자신이 알고 있는 범위 내에서 자신이 가장 정확하게 표현할 수 있는 문장을 쓰도록 한다.

제1부분

쓰기 제1부분은 총 10문항이다. 이 부분은 제시어를 조합하여 문장을 완성하는 유형으로, 중국어의 기본 어법을 잘 이해하고 있는지, 문장구조 및 어순에 맞게 올바른 문장을 쓸 수 있는 능력을 갖추고 있는지를 테스트한다.

제시어 조합하여 문장 완성하기

- 기초 다지기
- 형용사 술어문
- 동사 술어문
- 是자문과 관형어
- 부사
- 개사
- 把자문
- 被자문
- 연동문
- 겸어문
- 보어
- 존현문
- 비교문
- 빈출 어휘 총정리

I.

1 기초 다지기

> **Guide** 쓰기 영역은 어법 이론에 속한다. 이론은 항상 원칙이 있는데 이 원칙을 잘 이해하기 위해서는 용어 정리가 되어야 한다. 따라서 이번 과에서는 어법 이론 이해를 위한 최소한의 기본 용어만을 정리했으므로 정확하게 짚고 넘어가자.

용어

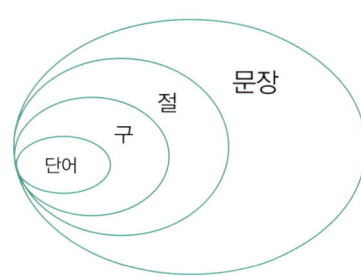

① 단어(词): 锻炼
② 구(短语): 锻炼身体
③ 절(分句): 骑车能锻炼身体, ……
④ 문장(句子): 骑车能锻炼身体, 还能保护环境。
자전거 타기는 몸을 튼튼하게 해 줄 뿐만 아니라 환경도 보호할 수 있다.

단어(锻炼)와 단어(身体)가 모여서 구(锻炼身体)가 되고 주어와 만나서 하나의 문장(骑车能锻炼身体。)이 되었다. 하나의 문장이지만 또 다른 한 문장(还能保护环境)과 결합하여 각각은 하나의 절이 되고 전체적으로는 하나의 복문 문장(骑车能锻炼身体, 还能保护环境。)이 된다.

품사

품사란 각각의 단어가 고유하게 가지고 있는 신분으로, 명사, 동사, 형용사, 부사, 개사, 조동사, 조사, 접속사, 대사, 수사, 양사, 감탄사, 의성사 등 13개가 있다.

(1) 명사

사람이나 사물의 명칭을 가리키는 말로, 일반적으로 명사는 부사의 수식을 받을 수 없다.

作业 숙제, 中国 중국, 人类 인류, 今天 오늘, 附近 근처 ……

不老师 (×) → 부사+명사　　　很本子 (×) → 부사+명사

(2) 동사

동작, 행위, 심리활동 등을 나타내는 단어로, 목적어를 가질 수 있고 일반적으로 정도부사의 수식을 받지 않는다.

做 하다, 去 가다, 是 ~이다, 爱 사랑하다, 喜欢 좋아하다 ……

做作业 숙제를 하다 → 동사+목적어　　　打电话 전화를 걸다 → 동사+목적어

很去 (×) → 정도부사+동사　　　十分做 (×) → 정도부사+동사

(3) 형용사

사람이나 사물의 성질, 상태를 나타내는 단어로, 정도부사의 수식을 받고 목적어를 가질 수 없다.

聪明 똑똑하다, 高兴 기쁘다, 漂亮 예쁘다, 难 어렵다 ……

很聪明 매우 똑똑하다 → 정도부사+형용사　　真漂亮 정말 예쁘다 → 정도부사+형용사

聪明我 (×) → 형용사+목적어　　难作业 (×) → 형용사+목적어

(4) 부사

시간, 정도, 범위, 중복, 부정, 가능, 어기 등을 나타내는 단어로, 주로 동사나 형용사 앞에서 수식하고, 일반적으로 명사는 수식하지 않는다.

已经 이미, 非常 매우, 一直 줄곧, 都 모두 ……

已经做完了 이미 다 했다 → 부사+동사　　非常漂亮 매우 예쁘다 → 부사+형용사

已经中国 (×) → 부사+명사　　非常桌子 (×) → 부사+명사

(5) 개사

[개사+명사/대사]의 구조로 동사 앞에 위치하여 동작의 시간, 장소, 방향, 대상, 원인, 방식, 비교 등의 뜻을 나타내는 단어이다. 뒤에 나오는 동사나 형용사를 수식하고, 동사나 형용사 뒤에 와서 보어가 될 수도 있다.

替 ~를 대신하여, 给 ~에게, 在 ~에, 向 ~를 향해, 对 ~에 대해 ……

给她 그녀에게 → 개사+대사　　对大学生 대학생에 대해 → 개사+명사

给她打电话 그녀에게 전화하다 → 동사 수식　　对大学生很重要 대학생에게 매우 중요하다 → 형용사 수식

寄给她 그녀에게 부치다 → 동사+개사(보어)

(6) 조동사

동사 앞에 위치하여 가능, 당위, 염원의 뜻을 나타내는 단어로, 조동사 뒤에는 주로 동사, 형용사, 주술구 등이 온다. 또한 부사, 개사구 등과 함께 쓰일 때는 [부사+조동사+개사구]의 순으로 쓴다.

能 ~할 수 있다, 想 ~하고 싶다, 会 ~할 것이다, 得 ~해야 한다, 可以 ~할 수 있다 ……

我们的目的一定能够达到。우리의 목적은 반드시 도달할 수 있다. → 동사가 목적어

速度要快, 质量要好。속도는 빨라야 하고 품질은 좋아야 한다. → 형용사가 목적어

大家的事情应该大家办。모두의 일은 마땅히 모두가 함께 해야 한다. → 주술구가 목적어

我只想给你们留下一个深刻的印象。나는 단지 너희에게 깊은 인상을 남기고 싶었어. → 부사+조동사+개사구

• 조동사의 종류 ★★★

의지·바람	要 ~하려 하다　想 ~하고 싶다　愿意 ~하기를 바라다　敢 감히 ~하려 하다
필요성	应该/应当/应/该 마땅히 ~해야 한다　得 ~해야 한다
조건에 대한 판단	能 ~할 수 있다　能够 충분히 ~할 수 있다　可以 ~할 수 있다

허락	能 ~해도 된다 可以 ~할 수 있다 可 ~할 수 있다 准 ~을 허락하다 许 ~을 허락하다
가치	值得 ~할 가치가 있다
가능성	可能 아마 ~일 것이다 会 ~할 것이다 要 ~할 것이다 得 틀림없이 ~할 것이다 能 ~할 수 있다

[7] 조사

조사는 구체적인 의미가 없기 때문에 일반적으로 단독으로 사용할 수 없고, 단어, 단어 결합, 문장에 첨가하여 일정한 구조관계, 부가의미, 어기를 나타낸다.

- 조사의 종류

구조조사 ★★★	的	[관형어+的+명사]	妈妈的衣服 엄마의 옷
	地	[부사어+地+술어(동사/형용사)]	反复地说明 반복해서 설명하다
	得	[술어(동사/형용사)+得+보어(형용사/동사)]	说得很流利 말하는 것이 아주 유창하다
동태조사	了	[주어+동사술어+了+목적어] 동작의 실현이나 완성	他买了两本语法书。 그는 두 권의 어법책을 샀다.
	着	[주어+동사술어+着+목적어] 동작이나 상태의 지속	她穿着一件黑衣服。 그녀는 검은 옷을 입고 있다.
	过	[주어+동사술어+过+목적어] 과거의 경험	我学过日语。 나는 일본어를 배운 적 있다.
어기조사	吗	의문	明天走吗? 내일 가?
	吧	부탁·권고·명령·상의·동의	你休息吧! 넌 쉬어!
	啊	긍정·찬성·재촉·당부	行啊, 现在就走吧。 알았어. 지금 바로 갈게.

> '的/地/得'는 발음이 같아서 같은 글자라고 오해할 수 있다. 하지만 이들은 각각 관형어, 부사어, 보어의 상징이며, 용법이 모두 다름을 주의하자.

[8] 접속사

단어, 구, 절, 문장 등을 연결하는 단어이다.

和 ~와, 与 ~와, 并 동시에, 또한, 虽然 비록 ~지만, 但是 그러나, 无论 ~에도 불구하고 ……

我和她 나와 그녀 → 단어 연결

他们认真讨论并通过了这个报告。그들은 진지하게 토론했고 이 보고서를 통과시켰다. → 구 연결

他虽然说得比较流利, 但是阅读不太好。그는 비록 말은 유창하지만 독해는 그다지 잘하지 못한다. → 절 연결

- 접속사의 종류

병렬	一边……一边…… 一面……一面……	두 동작이 동시에 혹은 교차로 진행	他一边看书一边听音乐。 그는 책을 보면서 음악을 듣는다.
	既……又…… 又……又……	두 상태가 동시에 존재	这件衣服既漂亮又便宜。 이 옷은 예쁘기도 하고 싸다.
승접	先……, 然后……	두 동작의 전후 순서를 나타냄	让我先想想，然后再告诉你。 내가 먼저 생각 좀 해보고 얘기해 줄게.
	一……就……		他一有时间就看电视。 그는 시간만 있으면 TV를 본다.
	先……再……		今天先学生词再学课文。 오늘 새 단어를 먼저 배우고 그 다음에 본문을 공부한다.
점층	不但/不仅/不光/不只……, 而且/并且/甚至(也/还)……	상황이 점층됨	他不但学习好，而且人品也好。 그는 공부를 잘할 뿐만 아니라 인품도 훌륭하다.
선택	是……还是……	의문문에 쓰임	他是北京人还是上海人？ 그는 베이징 사람이니 아니면 상하이 사람이니?
	不是……, 就是……	두 가지 가능성을 제공	这几天不是阴天，就是下雨。 요며칠은 흐리거나 비가 온다.
	与其……, (还)不如……		与其看这种电影，不如在家看电视。 이런 영화를 보느니 집에서 TV를 보는 것이 낫다.
	宁愿/宁可/宁肯……, 也不……	좋지 않은 두 상황에서 그나마 좋은 쪽을 택함	宁愿在家看电视，也不想看这种电影。 차라리 집에서 TV를 볼지언정 이런 영화는 보고 싶지 않다.
	宁愿/宁可/宁肯……, 也要……		宁愿今晚不睡觉，也要完成任务。 오늘 밤에 잠을 자지 않을지언정 임무를 완성하겠다.
전환	虽然/尽管/虽说/固然……, 但是/可是/然而/不过/还是/却……	전환을 나타냄	虽然我很喜欢她，但是她却讨厌我。 나는 그녀를 좋아하는데 그녀는 나를 싫어한다.
	A是A, 可是B		这个好是好，可是价钱太贵。 이것은 좋긴 좋은데 가격이 너무 비싸다.
양보	即使/就是/就算/哪怕……, 也/还是……	양보를 나타냄	即使你说错了，也没有什么关系。 설령 네가 말을 잘못했다 해도 별로 상관없어.
인과	因为/由于……, 所以/因此/因而/于是……	원인과 결과를 나타냄	因为下雨，所以比赛取消了。 비가 내려서 시합이 취소되었다.
	既然……, 就……	확정된 사실과 결론을 나타냄	问题既然产生了，就应该想办法解决。 문제가 이왕 생겼으니 문제를 해결할 방법을 생각해야 한다.

목적	为了A, B	A는 목적, B는 행위	为了锻炼身体，我每天早上跑步。 몸을 단련하기 위해 나는 매일 아침 조깅을 한다.
	B, 以便A	B는 행위, A는 목적	我每天早上跑步，以便锻炼身体。 내가 매일 아침 조깅을 하는 것은 몸을 단련하기 위해서이다.
	B, 以免/免得/省得A	B는 행위, A는 원하지 않는 결과	你该记下来，以免忘记。 메모해 두세요. 잊어버리지 않도록.
조건	只要……，就……	결과의 필연성 강조	只要你愿意，就可以参加。 네가 원하기만 하면 참가할 수 있어.
	只有……，才……	조건의 필연성 강조	只有亲眼看见，我才会相信。 직접 두 눈으로 봐야만 나는 비로소 믿을 것이다.
	凡是……，都……	예외가 없음	凡是一年级的新生都要住校。 모든 1학년 신입생은 학교에서 기숙생활을 해야 한다.
	不管/无论/不论……，都/也……	예외가 없음	不管是谁，都应该参加。 누구든지 간에 모두 참가해야 한다.
가정	要是/如果A, 就/便B	만약 A라면 B하다	如果明天下雨，我们就不去。 내일 비가 온다면 우리는 가지 않겠다.
	幸亏A, 否则/不然/要不B	다행히 A, 그렇지 않았다면 B했을 것이다	幸亏你提醒了我，要不我忘了带钱。 네가 일깨워 주어서 다행이지, 그렇지 않았다면 나는 돈을 챙기는 것을 잊었을 것이다.

(9) 기타 품사

- 대사: 사람이나 사물을 대체하는 단어

  我 나, 他 그, 谁 누구, 什么 무엇, 这 이, 那么 그럼, 哪里 어디 ……

- 수사: 수를 나타내는 단어

  一 일, 二 이, 三 삼 ……

- 양사: 사람과 사물의 단위를 나타내는 단어

  个 개, 只 마리, 幅 폭, 套 셋트, 斤 근, 杯 잔 ……

- 감탄사: 감탄, 탄식, 부르거나 대답하는 소리를 나타내는 단어

  啊 오, 哈 아하, 唉 후, 哼 흥 ……

- 의성사: 사물의 소리를 모방하는 단어

  砰 펑, 哗哗 콸콸, 咕噜 꼬르륵 ……

문장성분

(1) 문장성분이란?
여러 단어가 모여서 하나의 문장을 만들고, 그 문장 안에서 각 단어가 하는 역할을 문장성분이라고 한다. 문장성분에는 주어, 술어, 목적어, 관형어, 부사어, 보어 등 6개가 있다.

(2) 문장성분의 종류

> (부사어), 관형어+**주어** + 부사어+**술어**+보어 + 관형어+**목적어**

- 주어: 서술의 대상
- 술어: 주어를 설명
- 목적어: 동작의 대상
- 관형어: 주어나 목적어 수식
- 부사어: 술어나 문장 전체 수식
- 보어: 술어 뒤에서 의미를 보충 설명

> **문장성분에 대한 오해**
> ① 주어는 명사만 된다.
>   아니다. 동사구, 형용사도 주어가 될 수 있고 어떤 문장은 주어가 없을 수도 있다.
>   鼓励竞争能推动经济发展。 경쟁을 장려하는 것은 경제발전을 촉진시킬 수 있다. → 동사구가 주어
>   要养成写日记的好习惯。 일기를 쓰는 좋은 습관을 길러야 한다. → 무주어문
> ② 주어는 무조건 행위의 주체이다.
>   아니다. 주어는 서술(설명)의 대상일 뿐이다.
>   那位病人的情况很严重。 그 환자의 상황은 매우 심각하다. → 주어는 '病人'이 아니라 '情况', '那位病人'은 관형어
> ③ 동사나 형용사만 술어가 된다.
>   아니다. 주술구도 술어가 될 수 있다.
>   这种药效果很好。 이 약은 효과가 매우 좋다. → 주어: 这种药, 술어: 效果很好(주술구)
> ④ 부사어와 보어를 헷갈린다.
>   부사어는 술어 앞에 오고, 보어는 술어 뒤에 온다. [부사어+술어+보어]
>   他已经听懂了我的话。 그는 이미 내 말을 이해했다. → 부사어: 已经, 보어: 懂

(3) 문장의 확장
중국어에서 한 문장의 뼈대는 [주어+술어+목적어]이다. 거기에 내용을 더 풍부하고 자세하게 꾸미기 위해서 관형어, 부사어, 보어 등이 추가된다.

同学　　喜欢　　王老师。　학우들은 왕 선생님을 좋아한다.
주어　　　술어　　목적어

我们班　　同学　　喜欢　　王老师。　**우리반** 학우들은 왕 선생님을 좋아한다.
관형어　　주어　　술어　　목적어

我们班	同学	都	喜欢		王老师。
관형어	주어	부사어	술어		목적어

我们班	同学	都	喜欢	上了	王老师。
관형어	주어	부사어	술어	보어	목적어

우리반 학우들은 모두 왕 선생님을 좋아하게 **되었다**.

我们班	同学	都	喜欢	上了	漂亮的	王老师。
관형어	주어	부사어	술어	보어	관형어	목적어

우리반 학우들은 모두 **예쁜** 왕 선생님을 좋아하게 되었다.

从第一天上课开始,	我们班	同学	都	喜欢	上了	漂亮的	王老师。
부사어	관형어	주어	부사어	술어	보어	관형어	목적어

첫날 수업부터 우리반 학우들은 모두 예쁜 왕 선생님을 좋아하게 되었다.

(4) 주부와 술부

한 문장은 크게 두 부분으로 나눌 수 있는데, 주어까지를 '주부', 그 뒤를 '술부'라고 한다. 일반적으로 주부는 [(관형어)+주어]의 형태이며, 술부는 [(부사어)+술어+(보어)+(목적어)]의 형태이다.

他们 上个星期游泳了。 그들은 지난 주에 수영을 했다.
주부 　술부

街上的人 真多。 거리 위의 사람들이 정말 많다.
　주부　　술부

(5) 문장성분별 풀이 순서 ★★★

❶ 술어 정하기

주어가 아니라 술어를 먼저 정하는 이유는 주어는 술어에 따라 달라지기도 하고 일부 문장은 주어가 없는 경우도 있기 때문이다.

还在继续**进行**讨论。 아직도 계속해서 토론을 진행 중이다. → 술어: 进行 / 주어: 없음

❷ 목적어 정하기

주어보다 목적어를 먼저 정하는 이유는 술어가 만일 동사일 경우 그 동사는 목적어를 취하기 때문이다. 하지만 형용사는 목적어를 취하지 않으므로 형용사가 술어일 경우는 뒤에 아무 것도 오지 않는다.

他的那句话**引起**了老师的**注意**。 그의 그 말은 선생님의 주의를 끌었다. → 목적어: 注意 / 술어: 引起

那儿的空气很**干燥**。 그곳의 공기는 매우 건조하다. → 목적어: 없음 / 술어: 干燥

❸ 주어 정하기

주어는 목적어 다음으로 정하는 것이 가장 좋다. 단, 목적어가 없다면 술어 다음으로 정한다. 이때 사람이라고 무조건 주어로 놓는 것은 금물이다. 사물도 주어가 되는 경우가 많기 때문이다.

他的**那句话**引起了老师的注意。 그의 그 말은 선생님의 주의를 끌었다. → 주어: 那句话(○) / 老师(×)

❹ 관형어와 부사어 정하기

의미 관계를 따져서 주어나 목적어를 수식하는 관형어, 술어를 수식하는 부사어를 정한다.

他的那句话引起了**老师的 注意**。 그의 그 말은 선생님의 주의를 끌었다. → 관형어: 老师的, 목적어 '注意'를 수식

这么做**完全**符合国家的法律规定。 이렇게 하는 것은 완전히 국가의 법률 규정에 부합한다. → 부사어: 完全, 술어 '符合'를 수식

2 형용사 술어문

> **Guide**
> 형용사가 술어가 되는 문장을 '형용사 술어문'이라고 한다. '这件衣服很漂亮。이 옷은 매우 예쁘다.'에서 '漂亮'이 술어가 되므로 이 문장은 '형용사 술어문'이다. 형용사 술어문은 매회 꼭 1문제씩 등장한다. 그럼 '형용사 술어문'은 어떤 특징이 있고 어떤 식으로 문제가 나오는지, 또 어떻게 풀어야 할지 살펴보도록 하자.

 형용사 뒤에는 목적어가 오지 않는다! 동사는 목적어를 취하지만 형용사는 목적어를 취하지 않으므로 형용사 뒤에는 다른 명사가 목적어로 올 수 없다는 것을 명심하자.

쓰기 급소공략

1 제시어 중에 형용사가 있다면 '형용사 술어문'이 될 수 있다는 사실을 인식해야 한다.

$$\boxed{\cdots\cdots 형용사(술어)\cdots\cdots}$$

▶ 他的答案完全正确。

2 술어 부분 즉, 술부를 먼저 정리한다.

$$\boxed{부사+형용사}$$

▶ 他的答案**完全正确**。

3 술어가 서술하는 대상인 주어 부분 즉, 주부를 정리한다.

$$\boxed{관형어+(的)+주어(명사)}$$

▶ **他的答案**完全正确。

4 마지막으로 어순에 부합하는지 최종 확인한다.

$$\boxed{관형어+(的)+주어+부사+형용사(술어)}$$

▶ **他的答案完全正确。** 그의 답안은 완벽하게 정확하다.

예제로 감 익히기

Mission 1 다음 단어들을 순서에 맞게 나열하여 올바른 문장을 만드시오.

> 内容　十分　那本杂志　的　丰富

① 형용사인 '丰富 풍부하다'가 술어이므로, [부사+형용사]인 '十分丰富 매우 풍부하다'가 술부가 된다.
　→ ……十分丰富。

② '丰富'의 서술 대상인 '内容 내용'이 주어가 되고 '内容'은 '那本杂志 그 잡지'의 수식을 받는다. 이때 구조조사 '的'가 중간에서 둘 사이를 연결한다.
　→ 那本杂志的内容十分丰富。

　정답 那本杂志的内容十分丰富。 그 잡지의 내용은 매우 풍부하다.

内容 nèiróng 몡 내용 ｜ **十分** shífēn 튀 매우, 대단히 ｜ **杂志** zázhì 몡 잡지 ｜ **丰富** fēngfù 혱 풍부하다

Mission 2 다음 단어들을 순서에 맞게 나열하여 올바른 문장을 만드시오.

> 很　司机　诚实　确实　这个

① 형용사인 '诚实 진실되다'가 술어가 되고, 부사 '很'은 이를 수식한다. 형용사 술어문에서 술부는 주로 [부사(정도부사)+형용사]의 형태로 쓰이기 때문이다.
　→ ……很诚实。

② '诚实'의 서술 대상인 '司机 운전사'가 주어가 되고 '这个 이'가 이를 수식한다.
　→ 这个司机……很诚实。

③ 어기부사 '确实 분명히'는 [确实+정도부사+형용사]의 형태로 많이 쓰이므로 '确实很诚实'가 된다.
　→ 这个司机确实很诚实。

　정답 这个司机确实很诚实。 이 운전기사는 매우 진실되다.

司机 sījī 몡 운전사, 기사 ｜ **诚实** chéngshí 혱 진실되다 ｜ **确实** quèshí 튀 확실히, 분명히

쓰기 내공 TiP — 형용사 술어문

(1) 형용사란?
사람이나 사물의 성질·형상이나 동작의 상태 등을 나타낸다.

好 좋다, 冷 차갑다, 聪明 똑똑하다 → 성질

大 크다, 高 높다, 宽 넓다 → 형상

快 빠르다, 忙 바쁘다, 流利 유창하다 → 상태

(2) 형용사와 동사를 구별하는 방법

❶ 동사는 주로 동작이고 형용사는 성질이나 상태이다.
　吃 먹다 → 동작. 동사　　　好吃 맛있다 → 성질. 형용사

❷ 대부분의 동사는 청유형이 되지만 형용사는 안 된다.
　走 가자 (○) → 동사　　　学习 공부하자 (○) → 동사
　好 좋자 (✕) → 형용사　　聪明 똑똑하자 (✕) → 형용사

(3) 형용사의 용법

❶ 형용사는 주로 술어나 관형어가 된다. ★★★
　公园里的人非常**多**。 공원에 사람들이 매우 많다. → 술어
　明天有一个很**重要**的比赛。 내일 중요한 시합이 하나 있다. → 관형어

❷ 부사어, 보어, 주어, 목적어가 되기도 한다.
　我们**顺利**地完成了任务。 우리는 순조롭게 임무를 완성했다. → 부사어
　她把脏衣服洗**干净**了。 그녀는 더러운 옷을 깨끗하게 빨았다. → 보어
　骄傲使人落后。 교만은 사람을 퇴보하게 만든다. → 주어
　我喜欢**热闹**。 나는 떠들썩한 것을 좋아한다. → 목적어

(4) 형용사 술어문의 특징

❶ 술부는 주로 [부사+형용사]의 형태이다.
　这个孩子很**可爱**。 이 아이는 매우 귀엽다.

❷ 주부는 [관형어+(的)+중심어]의 형태로 비교적 길다.
　这件事对我的影响太**大**了。 이 일의 나에 대한 영향은 매우 크다.

> 한 문장을 두 부분으로 나누었을 때 주어까지를 주부(주어를 수식하는 관형어 포함), 그 뒤를 술부(부사어+술어+보어+목적어)라고 한다. ❶번 예문을 보면 '这个孩子'가 주부, '很可爱'이 술부가 된다.

❸ 형용사 술어문의 일반적인 어순은 [관형어+(的)+주어+부사+형용사]이다.

奶奶做 的 饺子 真 香。 할머니가 만드신 만두는 정말 맛있다.
관형어　　주어　부사　형용사

(5) 형용사 술어문에게 '很'이란? : '폼'이다.

❶ 일반적으로 형용사 술어문에서 형용사는 단독으로 쓰이지 않고 정도부사와 함께 쓰이기 때문에 형용사 술어 앞에 나오는 '很'은 '매우'의 의미보다는 형식적으로 쓰이는 경우가 많다. 만약 '매우'의 의미를 살리고 싶다면 '很'을 강조해서 읽거나 '很' 대신에 '非常 매우'이나 '特别 특히, 아주' 등의 단어를 쓸 수 있다.

我们的校园很大。 우리 학교는 크다.

今天非常暖和。 오늘은 매우 따뜻하다.

他的个子特别高。 그의 키는 아주 크다.

❷ 인사나 비교의 의미가 있는 문장에서는 형용사 단독으로 술어가 될 수 있다.

你好? 안녕하세요? → 인사

我的行李多，他的行李少。 나의 짐은 많고 그의 짐은 적다. → 비교

실력 다지기

1~5 제시된 단어를 어순에 맞게 조합하여 문장을 완성하시오.

1 真   饺子   做的   香   奶奶

2 标准   了   太   严格   这个

3 样子   很   睡醒时的   她   可爱

4 作者   的   很有名   那本小说

5 很热情   顾客   服务员   对   这家餐厅的

3 동사 술어문

Guide

매회 2문제 이상씩 출제되는 '동사 술어문'은 동사가 술어가 되는 문장을 가리킨다. '我明天去北京。 나는 내일 베이징에 간다.'에서는 동사 '去'가 술어가 되므로 이 문장은 '동사 술어문'이다. 그렇다면 '동사 술어문'은 어떤 식으로 문제가 나오며 어떻게 풀어야 하는지 살펴보도록 하자.

주의 동사 뒤에는 목적어(명사)가 온다! 대부분의 동사는 목적어를 취하기 때문에 동사 뒤에는 의미상 관련 있는 명사가 목적어로 온다.

쓰기 급소공략

1 제시어 중에 동사가 있다면 '동사 술어문'이 될 수 있다는 사실을 인식해야 한다.

> ……동사(술어)……

▶ 那个司机不太**适应**当地的气候。

2 의미상 동사의 영향을 받는 명사(목적어)를 동사 뒤에 위치시킨다.

> 동사+목적어

▶ 那个司机不太适应当地的**气候**。

3 주어를 찾는다.

> 주어+동사+목적어

▶ **那个司机**不太适应当地的气候。

4 나머지 단어들을 의미적으로 판단해서 주어와 술어, 목적어에 연결시킨다.

> 주어+부사+동사(술어)+관형어+목적어

▶ 那个司机**不太**适应**当地的**气候。 그 운전기사는 현지 날씨에 잘 적응하지 못했다.

예제로 감 익히기

Mission 1 다음 단어들을 순서에 맞게 나열하여 올바른 문장을 만드시오.

> 符合   太   他的看法   不   实际

① 동사 '符合 부합하다'는 '实际 실제'를 목적어로 취한다.
   → ……符合……实际。

② 주어는 '他的看法 그의 견해'가 될 것이다.
   → 他的看法……符合……实际。

③ '太'와 '不'는 '不太 그다지'의 형태로 동사 '符合'를 수식한다.
   → 他的看法不太符合实际。

정답 他的看法不太符合实际。 그의 견해는 실제와 그다지 부합하지 않는다.

符合 fúhé 동 부합하다 | 太 tài 부 너무 | 看法 kànfǎ 명 견해, 생각 | 实际 shíjì 명 실제

Mission 2 다음 단어들을 순서에 맞게 나열하여 올바른 문장을 만드시오.

> 儿童   欢迎   这个节目   很受

① [부사+동사] 구조인 '很受 많이 받다'는 '欢迎 환영하다'을 목적어로 취한다.
   → ……很受……欢迎。

② 환영을 받는 주체인 '这个节目 이 공연'가 주어가 된다.
   → ……这个节目很受……欢迎。

③ '儿童 아이'은 '欢迎'을 수식한다.
   → 这个节目很受儿童欢迎。

> '인기 있다'라고 할 때는 [受+사람+(的)+欢迎]의 형식으로 쓴다.
> 受大学生(的)欢迎 대학생들의 환영을 받다
> 受消费者(的)欢迎 소비자들의 환영을 받다

정답 这个节目很受儿童欢迎。 이 공연은 아이들의 많은 환영을 받는다.

儿童 értóng 명 아동, 아이 | 欢迎 huānyíng 동 환영하다 | 节目 jiémù 명 프로그램, 공연 | 受 shòu 동 받다

쓰기 내공 TIP — 동사 술어문

(1) 동사란?

동사는 동작·행위, 존재, 변화, 심리활동, 명령, 방향 등을 나타낸다.

看 보다, 说 말하다, 休息 휴식하다 → 동작·행위

丢 잃다, 存在 존재하다, 出现 출현하다, 死亡 사망하다 → 존재·출현·소실

增加 증가하다, 减少 감소하다, 提高 끌어올리다 → 변화

爱 사랑하다, 喜欢 좋아하다, 讨厌 싫어하다, 羡慕 부러워하다 → 심리

让 양보하다, 请 청하다, 使 시키다, 要求 요구하다, 禁止 금지하다 → 명령

来 오다, 去 가다, 上 오르다, 下 내려가다, 进 들어가다, 出 나오다 → 방향

(2) 동사 술어문의 특징

> 他已经找到了一个好工作。 그는 이미 좋은 일자리를 구했다.

❶ 동사는 목적어를 취할 수 있다. → 동사 '找'가 '工作'를 목적어로 취함.

❷ 동사는 각종 보어를 취한다. → '到'가 '找' 뒤에서 '목적 달성'을 의미하는 결과보어로 쓰였음.

❸ 동사 뒤에는 동태조사(了/过/着)가 올 수 있다. → '了'는 동작(找)이 '완성'되었음을 나타냄.

❹ 부사는 동사 앞에서 수식할 수 있다. → 부사 '已经'이 동사 '找'를 수식함.

❺ 목적어 앞에는 관형어가 오는 경우가 많다. → '一个好'가 목적어 '工作'를 수식하는 관형어로 쓰였음.

(3) 빈출 동목 호응구 ★★★

동사는 목적어를 동반하는 특징이 있다. 따라서 어떤 동사가 어떤 명사와 '동목 호응관계'를 이루는지 알아야 한다. 아래는 자주 출제되는 동목 호응관계를 정리한 것이니 반드시 모두 외우도록 한다.

❶ 符合 부합하다……规定 규정 / 标准 표준 / 实际 실제 / 要求 요구 / 需要 필요 / 条件 조건

　他的愿望不太符合实际。 그의 희망은 실제와 그다지 부합하지 않는다.

　这批产品的质量符合要求。 이번 제품의 품질은 요구에 부합한다.

❷ 引起 일으키다……注意 주의 / 重视 중시 / 兴趣 흥미 / 怀疑 의심 / 误会 오해 / 火灾 화재

　这件事情引起了顾客的注意。 이 일은 고객들의 주목을 끌었다.

　她的主张引起了我的兴趣。 그녀의 주장은 나의 흥미를 불러일으켰다.

❸ 适应 적응하다 …… 气候 기후 / 环境 환경 / 生活 생활 / 社会 사회 / 情况 상황 / 变化 변화

我适应新环境的能力很强。 나는 새로운 환경에 적응하는 능력이 매우 강하다.

他们早已适应了上海生活。 그들은 일찍이 상하이 생활에 적응했다.

❹ 提供 제공하다 …… 机会 기회 / 物资 물자 / 条件 조건 / 方便 편리 / 信息 정보 / 帮助 도움 / 服务 서비스 / 资料 자료 / 资金 자금

报纸提供很多信息。 신문은 많은 정보를 제공해 준다.

他们提供了很周到的服务。 그들은 매우 주도면밀한 서비스를 제공했다.

❺ 充满 가득하다 …… 信心 자신감 / 希望 희망 / 笑声 웃음소리 / 眼泪 눈물 / 阳光 햇빛 / 活力 활력 / 力量 힘 / 想象力 상상력

他的话让我充满了胜利的信心。 그의 말은 나로 하여금 승리의 자신감으로 충만하게 했다.

她的歌声里充满了热情和力量。 그녀의 노래는 열정과 힘으로 충만했다.

❻ 满足 만족시키다 …… 要求 요구 / 需要 필요 / 条件 조건

我们一定会满足旅客们的要求。 우리는 반드시 여행객들의 요구를 만족시킬 것이다.

我们公司的产品满足了所有法定条件。 우리 회사 제품은 모든 법적 기준에 부합했다.

(4) 동사를 목적어로 취하는 동사

❶ 동사 뒤에는 명사가 목적어로 오는 경우가 많으나 동사가 목적어로 오는 경우도 종종 있다.

동사+목적어(동사)

我喜欢吃北京烤鸭。 나는 베이징카오야 먹는 것을 좋아한다.

你太累了，需要好好休息一下。 너 너무 피곤하니까 잘 좀 쉴 필요가 있어.

我女儿最害怕去医院打针。 내 딸은 병원에 가서 주사 맞는 것을 가장 무서워한다.

❷ 물론 이들 동사는 명사를 목적어로 취할 수도 있다.

동사+목적어(명사)

她又聪明又漂亮，我很喜欢她。 그녀는 똑똑하고 예뻐서 나는 그녀를 좋아한다.

坐火车去上海需要十几个小时。 기차로 상하이에 가려면 열 몇 시간이 걸린다.

我们班的学生很害怕王老师。 우리반 학생들은 왕 선생님을 매우 무서워한다.

실력 다지기

1~5 제시된 단어를 어순에 맞게 조합하여 문장을 완성하시오.

1 很多人的   注意   那篇文章   引起了

2 这里的气候   适应了   已经   我   逐渐

3 参观的   对方公司   机会   提供了   一些

4 取得了   学习方法   很好的效果   姐姐的

5 正在   亚洲经济的   逐渐   提高   增长速度

정답 및 해설은 해설서 p.6

4 是자문과 관형어

Guide

'知识就是力量。 아는 것이 힘이다.' 이 문장에서 술어는 어디에 있을까? 그렇다. 바로 '是'이다. 이처럼 한 문장에서 '是'가 술어 역할을 하는 문장을 '是자문'이라고 하는데, 실제 시험에서 '是자문' 문제는 '관형어의 어순 배열'과 결합되어 매회 1문제씩 꾸준히 출제된다. 따라서 이 과에서는 '是자문'의 특징과 '관형어의 어순 배열', '的'에 대해서 공부해보도록 하자.

주의 관형어의 상징 '的'를 확실히 익히자! '我的妈妈 / 我妈妈 우리 엄마'처럼 '的'를 써도 되고 안 써도 되는 경우가 있는가 하면 '很好的房子 매우 좋은 집'처럼 꼭 써야 하는 경우가 있다. 이처럼 관형어 어순 배열에서는 '的'의 용법을 이해하는 것이 매우 중요하다.

쓰기 급소공략

1 제시어 중에 '是'가 있다면 '是자문'임을 인식해야 한다.

······是······

▶ 李四光先生**是**中国有名的地质学家。

2 주어 자리에는 사람이나 사물이 나오고 그 뒤에 '是'를 쓴다.

주어(사람 / 사물)＋是

▶ **李四光先生**是中国有名的地质学家。

3 '是자문'은 'A는 B이다'라고 해석되는데, 이때 B에 해당하는 단어 즉, 목적어는 맨 끝에 온다.

주어＋是＋목적어

▶ 李四光先生是中国有名的**地质学家**。

4 나머지 단어는 관형어의 어순 배열에 따라 목적어나 주어, 술어를 수식한다.

(관형어)＋주어＋(부사어)＋是＋(관형어)＋목적어

▶ 李四光先生是**中国有名的**地质学家。 리쓰광 선생은 중국의 유명한 지질학자이다.

예제로 감 익히기

Mission 1 다음 단어들을 순서에 맞게 나열하여 올바른 문장을 만드시오.

> 这是　可怕的　一次　交通事故

① 제시어에 '是'가 있는 것으로 보아 '是자문'이고, 주어는 '这', 술어는 '是'이다.
　→ 这是……

② 목적어는 명사인 '交通事故 교통사고'가 된다.
　→ 这是……交通事故。

③ 목적어를 수식하는 관형어의 어순은 [수량구＋형용사＋的＋중심어]이므로 '一次可怕的交通事故'의 순서가 된다.
　→ 这是一次可怕的交通事故。

정답 这是一次可怕的交通事故。 이것은 한 차례의 무서운 교통사고이다.

可怕 kěpà 형 무섭다 ｜ 一次 yícì 한 번 ｜ 交通事故 jiāotōngshìgù 명 교통사고

Mission 2 다음 단어들을 순서에 맞게 나열하여 올바른 문장을 만드시오.

> 经理　他　很有　的　是　经营能力

① 제시어에 '很有'가 있는 것으로 보아 '有'의 목적어로 명사가 와야 함을 알 수 있다. 따라서 제시어 중 목적어로 가장 적합한 것은 '经营能力 경영능력'이다.
　→ ……很有经营能力……

② '他'가 주어가 되고 '是'가 술어가 된다.
　→ 他是……很有经营能力……

③ '很有……能力 ~한 능력을 가지고 있다'는 동목구이다. 각종구가 명사를 수식할 때는 '的'를 써야 하므로 명사 '经理 사장'를 수식할 때 '的'가 있어야 한다.
　→ 他是很有经营能力的经理。

정답 他是很有经营能力的经理。 그는 뛰어난 경영능력을 가지고 있는 사장이다.

经理 jīnglǐ 명 사장, 매니저 ｜ 经营 jīngyíng 동 경영하다 명 경영 ｜ 能力 nénglì 명 능력

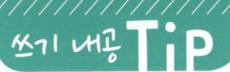 是자문

(1) '是자문'의 특징

❶ 'A는 B이다'의 형태로 해석된다.

知道就是力量。 아는 것이 힘이다.

❷ 주어는 주로 사람이나 사물이다.

他现在已经是大学生了。 그는 지금 이미 대학생이 되었다. → 사람

这是王老师写的一部小说。 이것은 왕 선생님이 쓰신 한 편의 소설이다. → 사물

❸ 주어는 비교적 짧으며 목적어 앞에는 종종 긴 관형어가 등장한다. ★★★

这是一件很漂亮的衣服。 이것은 매우 예쁜 옷이다.

> 이때 관형어의 일반적인 어순 배열은 [수사(一)+양사(件)+부사(很)+동사/형용사(漂亮)+的]이다.

❹ '是' 앞에 간혹 부사가 온다.

已经是 이미, 也是 역시, 就是 바로, 果然是 과연, 曾经是 일찍이

他以前曾经是老师。 그는 예전에 선생님이었다.

(2) '的'의 사용

'的'는 관형어의 상징이다. '的' 뒤에는 명사가 오고, 앞에는 여러 관형어가 올 수 있다. 관형어가 뒤의 명사를 수식할 때 구조조사인 '的'가 올 수도 있고 생략될 수도 있다. 아래 표를 통해서 '的'를 꼭 써야 할 때와 생략이 가능할 때를 비교해 보자.

'的' 생략 가능	'的' 생략 불가
① 대사+가족 ★★ 我(的)妈妈 우리 엄마 他(的)哥哥 그의 형	① 관형어가 대사가 아니거나 중심어(피수식어)가 가족이 아닐 때 小王的妈妈 샤오왕의 엄마 他的汽车 그의 차
② 복수대사+집단명사 我们(的)老师 우리 선생님 他们(的)工厂 그들의 공장	② 관형어가 복수대사가 아니거나 중심어가 집단명사가 아닐 때 他的老师 그의 선생님 他们的书 그들의 책
③ 단음절 형용사+명사 新房子 새 집 红衣服 빨간색 옷 好消息 좋은 소식	③ 정도부사+형용사+的+명사 ★★★ 很好的房子 아주 좋은 집 非常有名的演员 매우 유명한 배우

④ 색깔/재료/성질+명사 ★★★ **黑色**帽子 검은색 모자 → 색깔 **木头**椅子 나무의자 → 재료 **中国**地图 중국지도 → 성질	④ 각종 구가 관형어가 될 때 ★ **装工具**的箱子 공구를 담는 상자 → 동사구 **我喜欢**的人 내가 좋아하는 사람 → 주술구
⑤ 직업을 나타내는 단어가 관형어가 될 때 '的'를 쓰지 않음 **中文**老师 중국어 선생님 **网络**工程师 인터넷 기사	④ 명사/형용사/형용사 중첩/동사+的+명사 ★ **昨天**的电影 어제의 영화 → 명사 **便宜**的自行车 싼 자전거 → 형용사 **厚厚**的书 두꺼운 책 → 형용사 중첩 **参加**的人 참가한 사람 → 동사
⑥ 수량구는 '的'를 쓰지 않음 ★★ **一个**学生 학생 한 명 **这种**事情 이런 일	

(3) 관형어의 일반적인 어순

他 是 我 中学时代 一位 最要好的 朋友。 그는 내 중학교시절 가장 친한 친구이다.
　　　　① 　②　　　 ④　　 ⑤　　　 중심어

你 的 这 三本 新 杂志 真好看。 너의 이 세 권의 새 잡지는 참 재미있다.
① 　 ③ 　④ 　⑥　중심어

① 소유를 나타내는 명사/대사 : 我 / 你
② 시간, 장소를 나타내는 단어 : 中学时代
③ 지시대사 : 这
④ 수량구 : 一位 / 三本
⑤ 동사(구)/형용사(구)/개사구+的 : 最要好的
⑥ 단음절 형용사, 색깔/재료/성질 명사 : 新

> '新'과 같은 단음절 형용사는 단독으로 수식할 수 있으나, 2음절 이상의 형용사, 동사, 명사는 명사를 수식할 때 일반적으로 '的'를 써야 한다.

(4) 시험에 자주 나오는 관형어의 어순 배열 ★★★

❶ 수량구+동사구+的+중심어
　三位　参加会议　的　代表 회의에 참석한 세 명의 대표

❷ 수량구+형용사+的+성질명사+중심어
　一次　可怕　的　交通　事故 한 차례 무서운 교통사고

❸ 장소+수량구+중심어
　当地的　一位　律师 현지의 변호사 한 명

❹ 시간+형용사구+的+성질명사+중심어
　二十一世纪　最有名　的　京剧　演员 21세기 가장 유명한 경극 배우

실력 다지기

1~5 제시된 단어를 어순에 맞게 조합하여 문장을 완성하시오.

1 当地的   他   一位记者   是   母亲

2 演员   最有名的   他是   20世纪   京剧

3 当地儿童医院   的   他们   是   医生

4 老师   是责任感   合格的   最需要的   一个

5 参加   代表   他是不是   会议的

5 부사

> **Guide**
> 동사, 형용사는 술어가 되고 부사는 이 술어를 수식하는 품사이다. 부사는 술어를 수식함으로써 그 뜻을 더 풍부하게 만들어 주고, 문장 안에서 '부사어'의 기능을 한다. 부사는 매회 1문제 이상이 출제되며 여러 문형과 관련하여 출제된다. 중요한 것은 부사의 위치이다. 이번 과에서는 '부사가 다른 품사를 만났을 때의 위치 관계'와 '부사어의 어순 배열'에 대해서 배워보도록 하자.
>
> **주의** 부사는 주어 뒤, 술어 앞! 일부 부사를 제외하고 대부분의 부사는 주어 뒤, 술어 앞에 위치한다는 사실을 명심하자.

쓰기 급소공략

1 부사는 동사나 형용사 즉, 술어 앞에 온다.

주어＋부사＋술어(동사/형용사)

▶ 她**已经做**完了。 그녀는 이미 다 했다.
　　부사＋동사

2 개사가 있다면 부사는 개사 앞에 온다.

주어＋부사＋개사구＋술어

▶ 她**已经把**今天的作业做完了。 그녀는 이미 오늘 숙제를 다 끝냈다.
　　부사＋개사

3 조동사가 있다면 부사는 조동사 앞에 온다.

주어＋부사＋조동사＋개사구＋술어

▶ 我**不想**跟他结婚。 나는 그와 결혼하고 싶지 않다.
　　부사＋조동사

예제로 감 익히기

Mission 1 다음 단어들을 순서에 맞게 나열하여 올바른 문장을 만드시오.

> 已经　900　报名人数　超过

① 술어를 먼저 찾는다. 동사나 형용사가 주로 술어가 되므로 제시어 중에서는 '超过 초과하다'가 술어가 될 것이다. 동사 뒤에는 목적어가 오므로 '超过' 뒤에는 '900'이 와야 한다.
　→ ……超过900……

② '已经 이미'은 부사이므로 동사 '超过' 앞에 온다.
　→ ……已经超过900。

③ 자연스럽게 '报名人数 신청자 수'가 주어가 될 것임을 알 수 있다.
　→ 报名人数已经超过900。

정답　报名人数已经超过900。 신청자 수가 이미 900명을 넘었다.

报名 bàomíng 동 접수하다 | 人数 rénshù 명 사람 수 | 超过 chāoguò 동 초과하다, 넘다

Mission 2 다음 단어들을 순서에 맞게 나열하여 올바른 문장을 만드시오.

> 半瓶　只　牛奶　他每天　喝

① 제시어들을 봤을 때 주어가 될 수 있는 '他'가 포함된 '他每天 그는 매일'이 가장 앞에 나올 것이다.
　→ 他每天……

② 동사 '喝 마시다'는 [수사+양사+명사]의 조합인 '半瓶牛奶 반 병의 우유'를 목적어로 취할 것이다.
　→ 他每天……喝半瓶牛奶。

③ '只 단지'는 부사이므로 동사 '喝' 앞에 와야 한다.
　→ 他每天只喝半瓶牛奶。

정답　他每天只喝半瓶牛奶。 그는 매일 단지 반 병의 우유만 마신다.

半 bàn 수 절반, 반 | 瓶 píng 양 병[병을 세는 단위] | 牛奶 niúnǎi 명 우유 | 喝 hē 동 마시다

 부사

(1) 부사란?

동사는 동작을, 형용사는 성질이나 상태를 나타내고 부사는 동사와 형용사를 수식한다. 이때 부사는 동사와 형용사 앞에서 동작이나 성질의 정도, 범위, 시간, 빈도, 긍정·부정, 상태, 어기 등을 나타낸다.

(2) 부사의 종류 ★★★

정도부사	很 아주 极 극히 挺 매우 怪 꽤 太 너무 非常 매우 十分 매우 极其 극히 最 가장 更 더욱 比较 비교적 稍微 약간
범위 부사	都 모두 全 모두 共 총 一共 총 一起 함께 只 단지
시간/빈도부사	刚 막, 방금 刚刚 막, 방금 已 이미, 벌써 已经 이미, 벌써 曾经 일찍이 早 일찍이, 벌써 就 바로 正 지금 막~ 하고 있다 正在 지금 막~ 하고 있다 在 ~하고 있다 将 장차 (~일 것이다) 马上 바로 一时 일시적으로 一直 줄곧 一向 줄곧 从来 줄곧, 여지껏 总是 늘 突然 갑자기 忽然 갑자기 常常 자주 经常 자주 往往 종종 又 또 再 다시 还 또 反复 반복해서 重新 다시, 새로이
부정/긍정부사	不 아니다 没 않았다 不必 ~할 필요없다 别 ~하지 마라 一定 틀림없이 必须 반드시 ~해야 한다
상태/방식부사	突然 갑자기 忽然 갑자기 仍然 여전히 逐渐 점차 渐渐 점점 互相 서로
어기부사	确实 확실히, 정말로 可 정말 难道 설마 ~란 말인가? 竟然 뜻밖에 究竟 도대체, 어쨌든 到底 도대체, 마침내 偏偏 하필 简直 그야말로 反正 어쨌든 却 오히려 也许 아마 大约 대략, 아마 几乎 거의 果然 과연 千万 절대로, 반드시 故意 고의로

(3) 부사의 어법적 특징

❶ 부사는 주어 뒤에 오고 술어인 동사나 형용사 앞에서 이를 수식한다.

주어+부사+술어(동사/형용사)

我刚到了。 나는 막 도착했다. → 동사 수식

今天我特别愉快。 오늘은 매우 기분이 좋다. → 형용사 수식

❷ 일부 부사는 주어 앞에서 문장 전체를 수식할 수도 있다.

最好你去。 가장 좋기로는 네가 가는 것이다.

(4) 부사어의 어순 배열

❶ 부사어의 품사별 어순

```
주어＋부사＋조동사＋개사구＋술어(동사/형용사)
       부사어1  부사어2  부사어3
```

我 一直 想 跟您 商量这件事。 저는 줄곧 당신과 이 일을 상의하고 싶었어요.
　　부사　조동사　개사구

❷ 부사어의 의미상 어순

```
시간＋장소＋범위＋정도＋상태/방식＋대상/도구/방향
```

星期五， 我们 在教室里 只是 十分 简单地 用汉语 讨论了那个问题。
　시간　　　　　장소　　범위　정도　방식　　도구
금요일에 우리는 교실에서 단지 아주 간단하게 중국어로 그 문제를 토론했다.

❸ 부사어 어순의 예외

- 부사 '一起'는 개사 뒤에 오고, '再'는 조동사 뒤에 온다.
  我想跟爸爸一起去。 나는 아빠랑 함께 가고 싶다.
  我还能再见到你吗？ 너를 다시 볼 수 있을까?

- 부사가 뒤의 동사를 의미상으로 직접 제한할 경우 그 부사는 조동사 뒤에 온다.
  老人应该经常出去活动活动。 노인은 자주 밖에 나가서 활동을 해야 한다.
  我想继续上大学。 나는 계속해서 대학교에 다니고 싶다.
  夏天不能随便吃东西。 여름에는 음식을 함부로 먹어서는 안 된다.

(5) 정도부사의 특징 ★★★

❶ 정도부사는 주로 형용사를 수식하며 동사를 수식하지 않는다.
  他每天都很工作。(×) → 他每天都很忙。(○) 그는 매일 아주 바쁘다.

❷ 동사 중에서 '有, 受, 심리동사, 조동사'는 수식할 수 있다.
  他的这句话很有道理。 그의 이 말은 매우 일리가 있다.
  现在这种手机很受欢迎。 요즘 이런 휴대전화는 매우 인기있다.
  我很讨厌这种人。 나는 이런 사람이 정말 싫어. → 심리동사
  她是个很能自制的人。 그녀는 매우 자립심이 강한 사람이다. → 조동사

> 정도부사(很/更/非常/十分……)가 단독으로 제시되었을 경우 먼저 이들을 형용사(혹은 심리동사)와 결합시켜 제시어의 개수를 줄여야 한다.
> 很干燥 매우 건조하다
> 非常激动 굉장히 흥분하다
> 更容易 더 쉽다

(6) 빈출부사

❶ 大约 dàyuē (≒大概 dàgài) 대략 ★★★

뒤에 주로 수량사가 오지만 동사가 있을 경우 수량사 앞이나 동사 앞에 모두 올 수 있다. [大约＋동사＋수량사] / [동사＋大约＋수량사]

昨天参加会议的人有大约10多人。(○) 昨天参加会议的人大约有10多人。(○)
어제 회의에 참가한 사람은 대략 10여 명이다.

> 일반적으로 [大约＋동사＋수량사] 어순을 더 많이 쓴다.

❷ **逐渐** zhújiàn 점점, 점차

천천히 질서있게 진행됨을 나타내며, 상태부사로서 일반적으로 동사 바로 앞에 온다.
在实践中他逐渐改变了原来的看法。실천하면서 그는 원래 생각을 점차 바꾸었다.

❸ **都** dōu 모두

범위부사 '都'는 총괄되는 대상 뒤에 온다. 또한 일반적으로 복수의 의미를 가지고 있는 특정 단어(大家, 每, 所有, 任何, 什么, 到处)와 함께 쓰는 경향이 있다.

大家都同意。사람들 모두가 동의한다.
每个人都有自己的优点。모든 사람은 다 자신의 장점이 있다.
所有的问题都解决好了。모든 문제가 다 해결되었다.
任何困难都能克服。어떤 어려움도 다 극복할 수 있다.
什么困难都能克服。어떤 어려움도 다 극복할 수 있다.
真脏啊! 到处都是垃圾。정말 지저분해. 도처가 다 쓰레기야.

❹ **确实** quèshí 확실히, 정말로

어기부사로서 주어 바로 뒤에 오며 객관적인 상황에 대한 긍정을 나타낸다.[주어+确实+술어]
这部电影确实不错。이 영화는 정말 괜찮다.
他确实是这样说的。그는 확실히 이렇게 말했다.

❺ **再** zài 다시, 또 / **又** yòu 또 / **还** hái 더, 또

- '还, 再'는 아직 발생하지 않은 동작에, '又'는 이미 발생한 동작에 쓴다.
  明天我还想买一本。내일 한 권 더 사고 싶다.
  王老师不在, 你明天再来吧。왕 선생님은 안 계시니 내일 다시 오세요.
  今天他又没来上课。오늘 그는 또 수업에 오지 않았다.

- '再'는 아직 실현되지 않은 동작의 반복을 나타내고, 부사이지만 조동사 뒤에 온다.[조동사+再+동사]
  中国桂林我想再去一趟。중국 꾸이린에 나는 다시 한 번 가고 싶다.

- '再'는 조동사 뒤에, '还'는 조동사 앞에 위치한다.
  明年我还要再来中国。내년에 나는 또 중국에 오고 싶다.

❻ **在** zài ~하고 있다 / **正在** zhèngzài 지금 ~하고 있는 중이다 / **正** zhèng 때마침 ~하다

- 동작의 진행을 나타낸다.
  他在写信, 我在读小说。그는 편지를 쓰고 있고, 나는 소설을 읽고 있다.

- '正'은 동작 진행의 '시간'을, '在'는 동작 진행의 '상태'를 강조하며, '正在'는 '시간'과 '상태'를 모두 나타내는 특징이 있다. 또한 동사 뒤에 '着', 문장 끝에 '呢' 등의 어기조사가 와서 호응하기도 한다.
  他正在听着音乐。그는 지금 음악을 듣고 있는 중이다. → 상태와 시간 강조
  那个玩具小明正玩着呢。그 장난감은 샤오밍이 마침 가지고 놀고 있어. → 시간 강조

❼ **稍微** shāowēi 약간, 다소

수량이 많지 않거나 정도가 심하지 않음을 나타내고, '一下, 一点儿, 一些, 有点儿' 등의 단어와 호응한다.

- 稍微+동사+一下
  我想稍微休息一下。나는 조금 쉬고 싶다.

- 稍微+형용사+一点儿/一些
  我比你稍微高一点儿。 나는 너보다 키가 약간 더 크다.

- 稍微+有点儿+형용사
  学习稍微有点儿吃力。 공부가 약간 힘이 든다.

❽ **有点儿** yǒudiǎnr 조금 / **一点儿** yìdiǎnr 약간

- '有点儿'은 부사로서 형용사 앞에 오며 '어떤 기준이나 기대치와는 약간 차이가 있어서 좀 불만이다'라는 느낌을 나타낸다. [有点儿+형용사]
  这件毛衣颜色有点儿深，我不太喜欢。 이 스웨터의 색이 좀 진해서 나는 별로 마음에 안 든다.

- '一点儿'은 양사로서 형용사 뒤에 오고, '비교해서 약간의 차이가 있다'라는 객관적인 차이를 나타낸다. [형용사+一点儿]
  今天比昨天冷一点儿。 오늘은 어제보다 좀 춥다.

- '一点儿'은 양사이기 때문에 명사를 수식할 수도 있다. [一点儿+명사]
  周围一点儿声音也没有。 주위에는 조금의 소리도 없다.

- '一点儿'은 또한 [一点儿也不/没+동/형]의 형식으로 '조금도 ~하지 않다'라는 뜻의 관용구로도 많이 쓰인다.
  他一点儿也不知道事情的真相。 그는 사건의 진상에 대해서 조금도 모른다.

❾ **就** jiù 곧, 바로 / **才** cái 비로소, 겨우

- '就'는 동작이 쉽고 빠르게 이루어짐을 나타내고, '才'는 동작이 느리고 어렵게 발생함을 나타낸다.

就	早	快	容易(顺利)	大(숫자)	多(횟수)	强(능력)
才	晚	慢	不容易(不顺利)	小(숫자)	少(횟수)	弱(능력)

八点上课，他七点就来了。 8시 수업인데 그는 7시에 왔다. → 早
八点上课，他九点才来了。 8시 수업인데 그는 9시에야 왔다. → 晚

我看了一遍就记住了。 나는 한 번 보고 기억을 했다. → 快
他看了十遍才记住。 그는 열번을 보고 나서야 기억을 했다. → 慢

我去了一次就买到了。 나는 한 번 가서 바로 샀다. → 容易
他去了三次才买到。 그는 세 번을 가서야 샀다. → 不容易

她一天就看两场电影。 그녀는 하루에 두 편의 영화나 봤다. → 多
他一年才看两场电影。 그는 일년에 겨우 두 편의 영화를 봤다. → 少

这个东西一般两个人才拿得动，可他一个人就拿动了。
이 물건은 보통 두 사람이라야 들 수 있는데 그는 혼자서 옮겼다. → 强과 弱

- '只有……才……'는 '오직 ~해야만 비로소 ~하다'라는 뜻의 유일한 조건을 나타내고, '只要……就……'는 '~하기만 하면 ~하다'라는 뜻으로 여러 조건 중 하나를 말한다.
  这种中药只有去中国才能买到。 이 한약은 오직 중국에 가야만 살 수 있다.
  这种中药只要有钱就能买到。 이 한약은 돈만 있으면 살 수 있다.

실력 다지기

1~5 제시된 단어를 어순에 맞게 조합하여 문장을 완성하시오.

1 离不开   植物   阳光   都   任何

2 去过   母亲   没   农村   从来

3 发展   正在   经济   逐渐   国家的

4 两天   休息   我   再   还想

5 一共   这本书   页   600多

6 개사

Guide

'我他打了个电话。/ 今天昨天更冷。'이 무슨 뜻일까? 올바른 문장으로 고쳐보면 각각 '我给他打了个电话。 나는 그에게 전화를 걸었다. / 今天比昨天更冷。 오늘은 어제보다 더 춥다.'가 된다. 이와 같이 개사 '给'와 '比' 없이는 이 문장이 무슨 의미인지 알 수가 없다. 개사는 마치 우리 몸의 뼈와 뼈를 연결시키는 관절과 같은 존재로, 우리 몸에 관절이 없으면 몸을 움직일 수 없듯이 개사가 없으면 올바른 문장을 만들 수 없다. 개사도 매회 1문제 이상 출제되므로 잘 공부해두어야 한다.

 작은 고추(개사)가 맵다! 개사는 문장에 따라 '부사어', '관형어', '보어'가 될 수 있으며, 이는 문장의 내용을 구체적으로 표현함에 있어서 꼭 필요한 것이다. 홀대하지 말자!

쓰기 급소공략

1 제시어 중에 개사가 있다면 알맞은 명사를 찾아서 개사구를 만든다.

개사+명사

▶ 我已经**对**这个**城市**很熟悉了。

2 개사구 뒤에는 동사나 형용사가 온다.

개사구(개사+명사)+동사/형용사

▶ 我已经对这个城市**很熟悉了**。

3 나머지 단어는 주어나 관형어 등으로 쓴다.

주어+개사구(개사+관형어+명사)+동사/형용사

▶ **我**已经对**这个**城市很熟悉了。

4 이때 부사는 개사구 앞에 와야 한다.

주어+부사+개사구+동사/형용사

▶ 我**已经**对这个城市很熟悉了。 나는 이미 이 도시에 익숙해졌다.

예제로 감 익히기

Mission 1 다음 단어들을 순서에 맞게 나열하여 올바른 문장을 만드시오.

> 给经理   一个好主意   出了   售货员

① 동사가 술어가 되므로 '出 (생각을) 내다'가 술어가 되며 목적어로는 '一个好主意 하나의 좋은 생각'이 가장 적합하다.
  → ……出了……一个好主意

② 개사구는 동사 앞에서 동사를 수식하므로 '给经理 사장에게'는 '出' 앞에 온다.
  → ……给经理出了一个好主意。

> '给'는 '주다'의 의미로 동사도 되지만 '~에게'라는 뜻의 개사이기도 하다는 점에 주의하자.

③ 남은 단어 '售货员 판매원'은 자연스럽게 주어가 된다.
  → 售货员给经理出了一个好主意。

정답 售货员给经理出了一个好主意。 판매원은 사장에게 좋은 아이디어를 하나 내주었다.

给 gěi 깨 ~에게 동 주다 | 经理 jīnglǐ 명 사장 | 主意 zhǔyì 명 생각, 아이디어 | 出 chū 동 내다 | 售货员 shòuhuòyuán 명 판매원, 점원

Mission 2 다음 단어들을 순서에 맞게 나열하여 올바른 문장을 만드시오.

> 举行   这次全国运动会   在上海   也许   会

① 제시어로 봤을 때 '这次全国运动会 이번 전국체전'가 주어가 되고 유일한 동사인 '举行 거행하다'이 술어가 된다.
  → ……这次全国运动会……举行……

② 개사구 '在上海 상하이에서'는 동사(举行)를 수식하는 부사어로 쓰였다.
  → 这次全国运动会……在上海举行。

③ '也许'와 '会'는 각각 부사와 조동사이므로 [부사+조동사+개사구+술어]의 어순에 따라 '也许会'가 '在上海' 앞에 온다.
  → 这次全国运动会也许会在上海举行。

④ '也许'는 주어 앞에도 올 수 있는 부사이기 때문에 '也许这次全国运动会……。'도 답이 될 수 있다.
  → 也许这次全国运动会会在上海举行。

정답 这次全国运动会也许会在上海举行。 이번 전국체전은 아마 상하이에서 열릴 것이다.
    也许这次全国运动会会在上海举行。 아마 이번 전국체전은 상하이에서 열릴 것이다.

举行 jǔxíng 동 거행하다 | 全国 quánguó 명 전국, 나라 전체 | 运动会 yùndònghuì 명 운동회, 체육대회 | 也许 yěxǔ 부 어쩌면, 아마도

 **개사**

(1) 개사의 용법

❶ 개사는 다른 단어와 결합하여 개사구로서 부사어가 된다. 부사어가 된다는 것은 뒤의 술어를 수식한다는 것을 의미한다.

> 주어+부사어(개사+명사)+술어+목적어

学生对老师很尊敬。 학생은 선생님을 매우 존경한다.

老师对我们的学习和生活很关心。 선생님은 우리의 공부와 생활에 대해서 관심이 많다.

班主任比我更了解这个学生的情况。 담임선생님은 이 학생의 상황에 대해서 나보다 더 잘 안다.

我的一个老同学从上海来了。 나의 한 동창은 상하이에서 왔다.

❷ 개사는 다른 단어와 결합하여 관형어가 되는데 이때는 구조조사 '的'가 필요하다.

> 주어+술어+관형어(개사+명사)+的+목적어

人们对月球的研究, 以后还会继续下去。 사람들의 달에 대한 연구는 앞으로도 계속될 것이다.

我买了一本关于中国历史的书。 나는 중국 역사에 관한 책을 한 권 샀다.

❸ 개사는 다른 단어와 결합해서 보어가 된다.

> 주어+술어+보어(개사+명사)

鲁迅生于1881年。 루쉰 선생은 1881년에 태어났다.

他来自美国南部的一个城市。 그는 미국 남부의 한 도시에서 왔다.

我一定要把你送到飞机场。 나는 꼭 너를 공항까지 배웅해줄 것이다.

这趟火车是开往上海方向的。 이번 기차는 상하이 방향으로 가는 것이다.

> 보어가 될 수 있는 개사는 '于, 向, 自, 到, 在, 给, 往'인데, 이때 '对'는 보어가 될 수 없다는 점에 유의하자.

(2) 개사의 종류

当	~할 때	동작의 발생 시간을 나타냄	当我回来的时候, 他已经睡了。 내가 돌아왔을 때 그는 이미 자고 있었다.
在★	~에서	동작 발생의 시간이나 장소를 나타냄	人在生病的时候, 常常想念亲人。 사람은 아플 때 자주 가족을 그리워한다.
离★	~로부터	시간, 공간상의 거리를 나타냄	学校离家不太远。 학교는 집에서 그리 멀지 않다.
于	~에, ~보다	동사 뒤에서 보어로 쓰이며 장소나 시간을 나타냄	王明1998年毕业于北京大学。 왕밍은 1998년에 베이징대학을 졸업했다.

以	~로, ~로서	수단, 방식, 자격을 나타냄	出口量以很快的速度增加。 수출량이 놀라운 속도로 증가한다.
自	~로부터	시간, 장소의 기점을 나타냄	他的朋友来自世界各地。 그의 친구들은 세계 각국에서 왔다.
由	~가, ~이	행위의 주체를 나타냄	这件事由我负责。 이 일은 내가 책임진다.
沿	~길을 따라	뒤에 노선이 나옴	沿着这条路一直往前走吧。 이 길을 따라 줄곧 앞으로 가세요.
向★	~를 향해, ~에게	동작의 방향을 나타냄	我向大家表示谢意。 여러분들께 감사의 뜻을 전합니다.
往	~를 향해, ~로	동작의 방향을 나타냄	火车开往北京。 기차는 베이징으로 간다.
朝	~를 향해	동작이 겨냥하는 방향을 나타내고 동사 앞에만 옴	他朝我挥手，我朝他点头。 그는 나를 향해 손을 흔들었고 나는 그를 향해 고개를 끄덕였다.
对★	~에 대해	동작의 대상을 나타냄	老王对人很热情。 라오왕은 다른 사람들에게 매우 친절하다.
跟★	~와	비교나 행위 동작의 대상을 나타냄	我的爱好跟你差不多。 내 취미는 너와 비슷해.
和★	~와	동작의 대상을 나타냄	我想和你谈谈，好不好? 나 너와 얘기 좀 하고 싶어. 괜찮지?
为★	~을 위해	이익을 보는 사람을 이끔	为母校做点事是应该的。 모교를 위해서 일을 하는 것은 당연한 것이다.
给★	~에게, ~를 위해	동작을 받는 대상이나 이익을 보는 대상을 이끔	他给我们介绍了一个情况。 그는 우리에게 하나의 상황을 소개해 주었다.
根据	~에 근거하여, ~에 따라	동작의 근거를 이끔	学校根据学生的要求，新建了语音室。 학교는 학생들의 요구에 따라 어학실을 새로 지었다.
按照★	~에 따라	행위 동작의 기준이나 근거를 이끔	学校按照成绩分班。 학교는 성적에 따라 분반한다.
趁	(시기나 기회를) 틈타, 이용하여	+时机/机会……	我想趁这个机会学学汉语。 나는 이번 기회를 이용해서 중국어를 좀 공부해보고 싶어.
凭	~에 의지하여	+身份证/经验/什么……	凭学生证可以借书。 학생증으로 책을 빌릴 수 있다.
比★	~보다	비교의 대상을 이끔	你比我胖一点儿。 너는 나보다 좀 뚱뚱해.
替	~를 대신하여, ~를 위해서	동작 행위의 대상을 나타냄 (≒为/给)	我替你告诉他吧。 내가 너를 대신해서 그에게 알려줄게.

连	~조차도	주어나 목적어의 강조를 나타내며 뒤에 '都/也/还' 등과 호응함	他连饭也没吃就走了。 그는 밥도 안 먹고 갔다.
把★	~을, ~를	처리의 대상을 이끔	把钱还给了他。 돈을 그에게 돌려주었다.
将	~을	서면어에 자주 씀 (≒把)	我将计划案交给了领导。 나는 계획안을 상사에게 제출했다.
被★	~에 의해 ~당하다	피동을 나타냄	他们的秘密被发现了。 그들의 비밀이 탄로났다.
对于	~에 대해서	동작의 대상을 이끔	我们对于任何问题都要做具体分析。 우리는 어떤 문제에 대해서도 구체적인 분석을 해야 한다.
关于★	~에 관하여	관련 있는 사람이나 사물을 이끔	关于交通问题，我想再说两句。 교통문제에 관하여 저는 몇 마디 더 하고 싶습니다.
由于	~때문에	원인이나 이유를 나타냄	由于工作关系，我在北京留了几天。 업무 관계 때문에 나는 베이징에서 며칠 머물렀다.
除了	~을 제외하고	'外/以外/之外' 등의 단어와 호응함	除了小一点外，这套房子还可以。 좀 작은 것을 빼고는 이 집은 그럭저럭 괜찮다.
随着	~함에 따라서	문장 맨 앞에 와서 일정한 상황에서 출현할 수 있는 상황을 나타냄	随着经济的不断发展，人们的生活越来越好。 경제가 끊임 없이 발전함에 따라 사람들의 생활이 갈수록 좋아지고 있다.

(3) '在, 给, 比'의 용법

'在, 给, 比'는 개사이면서 동사이기도 하다. 따라서 문장 안에서 어떤 의미로 쓰였는지 잘 판단해야 한다.

小明不在家。 샤오밍은 집에 없다. → 동사

他在北京住了三年了。 그는 베이징에서 3년째 살고 있다. → 개사

> 개사 '在'는 동사 앞에 오기도 하고(부사어), 동사 뒤에 올 수도 있다(보어). '在'가 보어가 되는 경우는 주로 '把자문'에서이다.
> 别把衣服扔在沙发上。 옷을 소파에 던져놓지 마.

病人给大夫医疗费。 환자가 의사에게 의료비를 준다. → 동사

大夫给病人打针。 의사는 환자에게 주사를 놓고 있다. → 개사

我和你比远，不比快。 우리 누가 멀리 가는지 겨뤄 보자. 빨리가는 것은 말고. → 동사

他的热情比年轻人还高。 그의 열정은 젊은 사람보다 더 높다. → 개사

실력 다지기

1~5 제시된 단어를 어순에 맞게 조합하여 문장을 완성하시오.

1 有点儿   走   从那儿   远

2 遇到了   街上   我昨天   在   一个朋友

3 远   离友谊宾馆   吗   大使馆

4 对   熟悉   我   这个城市   很

5 把没做完的事   偶尔   我   带回家   会

7 把자문

Guide

'把자문'은 거의 2회에 한 번 꼴로 시험에 출제된다. 또한 '把자문'은 5, 6급에서도 많이 다뤄지는 문형이므로 그 특징에 대해서 확실하게 공부하도록 하자. '把자문'이란 목적어를 동사 앞으로 옮길 때 '把, 將'을 쓰는 문장으로, 이때 '把자구'는 뒤의 동사를 수식하는 부사어가 된다.

> **주의** '把'는 '개사'이다! '把'는 '~을/~를'의 뜻으로 개사이며 뒤에 오는 동사나 형용사를 수식하는 부사어가 된다는 사실을 기억하자.

쓰기 급소공략

1 제시어 중에 '把'가 있다면 '把자문' 문제임을 인식해야 한다.

……把……

▶ 美丽的山水画**把**我吸引住了。

2 먼저 동사를 찾아 '把'개사구 뒤에 놓는다.

把+……+동사

▶ 美丽的山水画把我**吸引**住了。

3 동작을 행하는 주체는 주어 자리에, 동작의 처치 대상은 '把' 뒤에 놓는다.

주어(행위 주체)+把+처치 대상+동사

▶ **美丽的山水画**把**我**吸引住了。

4 동사 뒤에 기타성분이 없다면 남은 제시어 중 적당한 단어를 기타성분으로 넣는다.

주어+把+처치 대상+동사+기타성분(형용사/수량구/了)

▶ 美丽的山水画把我吸引**住了**。 아름다운 산수화가 나를 매료시켰다.

예제로 감 익히기

Mission 1 다음 단어들을 순서에 맞게 나열하여 올바른 문장을 만드시오.

> 把房间　好了　马小姐　收拾　已经

① '收拾 정돈하다'가 동사이므로 처치 대상인 '房间 방'이 '把'와 함께 그 앞에 놓인다.
 → ……把房间收拾……

② '收拾'의 기타성분이 필요하므로 '好了'를 그 뒤에 놓는다.
 → ……把房间收拾好了。

③ '马小姐 미스 마'가 주어가 된다.
 → 马小姐……把房间收拾好了。

④ '已经 이미'은 부사이므로 '把' 앞에 와야 한다.
 → 马小姐已经把房间收拾好了。

정답 马小姐已经把房间收拾好了。 미스 마는 이미 방을 다 정리했다.

房间 fángjiān 몡 방 ｜ 收拾 shōushi 동 정리하다, 정돈하다

Mission 2 다음 단어들을 순서에 맞게 나열하여 올바른 문장을 만드시오.

> 扔在　香蕉皮　把　请　垃圾桶里

① 동사가 '扔在 ~에 던지다'의 형태로 제시되었기 때문에 뒤에는 장소를 나타내는 말(垃圾桶里 쓰레기통에)이 나와야 함을 알 수 있다.
 → ……扔在垃圾桶里。

② 처지의 대상은 '香蕉皮 바나나 껍질'이므로 '把'와 함께 동사 앞에 온다.
 → ……把香蕉皮扔在垃圾桶里。

③ 청유 · 부탁의 의미를 지닌 '请 ~해주세요'은 문장의 맨 앞에 온다.
 → 请把香蕉皮扔在垃圾桶里。

정답 请把香蕉皮扔在垃圾桶里。 바나나 껍질을 쓰레기통에 버려주세요.

> 개사 '在' 뒤에는 항상 '장소'나 '시간'을 나타내는 단어가 오는데, 일반명사일 경우 방위사 '上/里'를 써서 장소화시킨다.
> [在+명사+上/里]

扔 rēng 동 던지다, 버리다 ｜ 香蕉皮 xiāngjiāopí 바나나 껍질 ｜ 请 qǐng 동 요청하다 ｜ 垃圾桶 lājītǒng 몡 쓰레기통

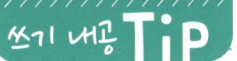 把자문

(1) '把자문'의 사용 목적

'把자문'을 쓰는 이유는 무엇일까? 중국어의 기본 어순에서 목적어는 동사 뒤에 온다. 즉, [동사+목적어]의 어순을 따른다. 하지만 '어떤 동작을 통해서 무슨 일이 발생했는가 혹은 어떤 결과가 있었는가'를 설명할 경우 '把자문'을 쓴다. 그래서 '把자문'을 '처치문'이라고도 부른다.

❶ 동작자의 동작 진행을 설명할 때는 [동사+목적어]의 어순으로 쓴다.

A : 小王**做什么**呢? 샤오왕은 뭐하고 있어?

B : 他**做作业**呢。그는 숙제를 하고 있어.

❷ 동작을 통해서 어떤 결과가 발생했음을 설명할 때는 '把자문'을 쓸 수 있다.

A : 作业做完了吗? 숙제 다했어? → 숙제를 어떻게 했는지 묻고 있음

B : 我早就**把**作业做完了。벌써 숙제를 끝냈지. → 숙제를 다 처리했다는 것을 강조함

(2) '把자문'의 특징

❶ '把자문'은 목적어를 어떻게 처치하는가를 강조하는 문형이다.

我看完了那本小说。나는 그 소설을 다 읽었다. → 일반 서술문

我**把**那本小说看完了。나는 그 소설을 다 읽었다. → 목적어에 대한 처치성을 강조

❷ 술어 뒤에는 기타성분이 온다.

我把那本小说看。(×) → 我把那本小说看**完了**。(○) 나는 그 소설을 다 읽었다.

- 술어 뒤에 오는 기타성분의 종류

각종 보어	你今年一定要把毕业论文写**完**。너 올해는 반드시 졸업논문을 완성해야 해. → 결과보어 我把药放**在桌子上**了。나는 약을 책상 위에 두었다. → 개사구 보어 她把戒指拿**起来**看了一下。그녀는 반지를 집어들어서 한번 살펴보았다. → 방향보어 我把课文读了**两遍**。나는 본문을 두 번 읽었다. → 수량보어
동사중첩	你把这些生词**写一写**。이 단어를 한번 써보세요. 现在我把我的意见**说说**。지금 제가 저의 의견을 한번 말해볼게요.
了/着	把杯子里的酒喝**了**! 잔 안의 술을 마셔! 别忘了把机票带**着**。비행기 티켓 챙기는 것 잊지마.
목적어	你把这件事告诉**他**。이 일을 그에게 알려줘.

❸ 부정부사, 부사, 조동사, 시간사 등이 부사어가 될 때는 '把' 앞에 위치한다. ★★★

> 주어+(부사)+(조동사)+把+처치 대상+술어+기타성분

我们**还没**把今天的作业写完。 우리는 아직 오늘의 숙제를 끝내지 못했다. → 부정부사
小张**已经**把房间打扫干净了。 샤오장은 이미 방을 깨끗이 청소했다. → 부사
我一个人就**能**把这些事情做完。 나 혼자서도 이 일들을 다 끝낼 수 있다. → 조동사

❹ 목적어는 지정된 것이어야 한다.
我把**一个**水果吃了。(×) → 我把**那个**水果吃了。(○) 나는 그 과일을 먹었다.
他把**有一个**人介绍给大家。(×) → 他把**这位**老师介绍给大家。(○) 그는 이 선생님을 모두에게 소개했다.

❺ 처치성이 없는 동사 즉, 비동작성 동사는 '把자문'에 쓸 수 없다.
他把这个事实**知道**了。(×) → 他**知道**这个事实了。(○) 그는 이 사실을 알게 되었다.
我把他**认识**了。(×) → 我**认识**他。(○) 나는 그를 알고 있다.
我把花香**闻到**了。(×) → 我**闻到**了花香。(○) 나는 꽃향기를 맡았다.

• '把자문'을 쓸 수 없는 비동작성 동사

지각·인지동사	看见 보았다 听见 들었다 闻见 냄새를 맡았다 感到 느끼다 感觉 느끼다 觉得 느끼다 以为 여기다 认为 여기다 知道 알다 懂 이해하다
심리동사	喜欢 좋아하다 爱 사랑하다 同意 동의하다 讨厌 싫어하다 生气 화내다 关心 관심을 가지다 怕 두려워하다 愿意 원하다
존재·동등동사	有 가지고 있다 在 있다 是 ~이다 不如 ~만 못하다 等于 ~과 같다
신체상태동사	站 서다 坐 앉다 躺 눕다 蹲 쪼그리고 앉다 趴 엎드리다 跪 무릎을 꿇다
방향동사	来 오다 去 가다 上 오르다 下 내려가다 起来 일어나다 过去 건너가다

❻ 동사 뒤에 '在, 到, 给' 등의 보어가 나오면 명사와 결합시킨다.

> 주어+把+처치 대상+동사+在/到/给+명사성 단어

你把这些东西放**在**桌子上吧。 이 물건들을 탁자 위에 올려놔라.
我已经把那份文件寄**给**他了。 나는 이미 그 문서를 그에게 부쳤다.

(3) 주어가 없는 '把자문'

'把자문' 중에는 주어가 없는 경우도 있는데, 대체로 명령문이 그렇고 일부 평서문도 주어가 없을 수 있다.

别忘了把机票带着。 비행기표 챙기는 것 잊지마라. → 명령문
不如把这件事告诉大家。 이 일을 모두에게 말하는 것이 낫겠다. → 평서문

실력 다지기

1~5 제시된 단어를 어순에 맞게 조합하여 문장을 완성하시오.

1   一下   行李   把   你   收拾

2   竟然   这次机会   教授   放弃了   把

3   一定   交给   请你   他   把这封信

4   光了   花店的玫瑰   买   把   人们

5   桌子上   把   他   那杯茶   放在

8 被자문

> **Guide**
>
> '被자문'은 '把자문'과 비슷하게 시험에서 약 3회에 한 번 꼴로 출제된다. 또한 '被자문' 역시 5, 6급에서 비중있게 다뤄지므로 정확하게 이해하도록 해야 한다. '被자문'이란 동사 '被'개사구가 뒤의 동사를 수식하는 부사어가 되는 문장이다.
>
> **주의** '被'는 '동사'가 아니라 '개사'이다! '被'를 '당하다'로 해석해서 동사로 잘못 생각해서는 안 된다. '被'는 '~에 의해서'의 뜻인 개사이다.

쓰기 급소공략

1 제시어 중에 '被'가 있다면 '被자문' 문제임을 인식해야 한다.

……被……

▶ 他从来没被老师批评过。

2 가장 먼저 동사를 '被'개사구 뒤에 놓는다.

被+……+동사

▶ 他从来没被老师**批评**过。

3 동작을 당하는 대상을 주어 자리에, 동작을 행하는 주체는 '被' 뒤에 놓는다.

주어(동작의 대상)+被+동작 주체+동사

▶ **他**从来没**被老师**批评过。

4 기타성분이 될 수 있는 단어를 동사 뒤에 놓는다.

주어+被+동작 주체+동사+기타성분

▶ 他从来没被老师批评**过**。

5 부사와 조동사는 '被' 앞에 위치시킨다.

주어+부사+조동사+被+동작 주체+동사+기타성분

▶ 他**从来没**被老师批评过。 그는 선생님께 꾸중을 들어본 적이 없다.

예제로 감 익히기

Mission 1 다음 단어들을 순서에 맞게 나열하여 올바른 문장을 만드시오.

> 响声　吵醒了　外面的　被　他

① [동사+기타성분]의 형식으로 쓰인 '吵醒了 시끄러워서 깼다'가 술어 자리에 오고 그 동작의 대상인 '他'가 주어가 된다.
　→ 他……吵醒了。

② '吵 시끄럽다'의 주체는 '外面的响声 밖에서 나는 소리'이므로 '被外面的响声'이 '吵醒' 앞에 부사어로 온다.
　→ 他被外面的响声吵醒了。

정답 他被外面的响声吵醒了。 그는 밖의 시끄러운 소리에 잠이 깼다.

响声 xiǎngshēng 명 소리 ｜ 吵醒 chǎoxǐng 동 떠들어서 잠을 깨우다, 시끄러워 잠이 깨다 ｜ 外面 wàimiàn 명 바깥

Mission 2 다음 단어들을 순서에 맞게 나열하여 올바른 문장을 만드시오.

> 更容易　接受　儿童　好玩的游戏　被

① 동사 '接受 받아들이다'의 대상인 '游戏 놀이'가 주어 자리에 온다.
　→ 好玩的游戏……接受。

② '接受'하는 주체는 '儿童 아이'이므로 '被儿童'이 '接受' 앞에 온다.
　→ 好玩的游戏……被儿童接受。

③ 부사어인 '更容易 훨씬 쉽다'는 '被' 앞에 와야 한다.
　→ 好玩的游戏更容易被儿童接受。

정답 好玩的游戏更容易被儿童接受。 재미있는 게임은 더 쉽게 아이들에게 받아들여진다.

更 gèng 부 더 ｜ 容易 róngyì 형 쉽다 ｜ 接受 jiēshòu 동 받아들이다 ｜ 儿童 értóng 명 아동 ｜ 好玩 hǎowán 형 재미있다 ｜ 游戏 yóuxì 명 놀이, 게임

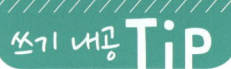 被자문

(1) '被자문'의 기본 어순 ★★★

> 주어＋(부사)＋被＋동작 주체＋동사＋기타성분

(2) '被자문'의 특징

❶ '被자문'은 '把자문'을 반대로 표현한 문장이다.

她把我们骗了。그녀는 우리를 속였다.

我们被她骗了。우리는 그녀에게 속았다. → 주어는 동작(骗)의 대상인 '我们'이, '被' 뒤에는 동작의 주체인 '她'가 옴.

❷ 술어 뒤에는 기타성분이 온다.

我们被她骗。(×) → 我们被她骗了。(○) 우리는 그녀에게 속았다.

• 술어 뒤에 오는 기타성분의 종류

각종 보어	爷爷被弹钢琴的声音吵醒了。할아버지는 피아노 소리에 잠이 깼다. → 결과보어 小王被大家批评了一顿。샤오왕은 사람들에게 한바탕 꾸지람을 들었다. → 동량보어 我刚出门又被他叫了回来。나는 문을 나서자마자 그에게 또 불려 들어갔다. → 방향보어
了/过	面包已经被他吃了。빵은 이미 그가 먹어 버렸다. 我从来没被批评过。나는 지금까지 야단을 맞아본 적이 없다.

❸ 부정부사, 부사, 조동사 등이 부사어가 될 때는 '被' 앞에 위치한다.

他从来没被老师批评过。그는 여태껏 선생님에게 혼난 적이 없다. → 부정부사

3号桌已经被别人预订了。3번 테이블은 이미 다른 사람에 의해 예약되었다. → 부사

你不会被她忘掉。너는 그녀에게 잊혀지지 않을 것이다. → 조동사

❹ 주어는 지정된 것이어야 한다.

一本书被她借走了。(×) → 那本书被她借走了。(○) 그녀가 그 책을 빌려 갔다.

有一个学生被老师批评了。(×) → 小李被老师批评了。(○) 샤오리는 선생님께 혼이 났다.

❺ 심리활동, 인지상태를 나타내는 동사도 '被자문'에 쓸 수 있다.

那件事被他知道了。그 일은 그에게 알려졌다.

你的话被小王听见了。너의 말을 샤오왕이 들었다.

❻ '被' 뒤에 오는 동작 주체가 생략될 수도 있다. [주어＋被＋(동작 주체)＋술어] ★★★

那个房间已经被打扫干净了。그 방은 이미 깨끗이 청소되었다.

실력 다지기

1~5 제시된 단어를 어순에 맞게 조합하여 문장을 완성하시오.

1 张工程师   修好了   被   我的电脑

2 被   他   那个电影   哭了   感动得

3 寄   都   学生的成绩   被   回国了

4 被以前的同学   还没   忘记   他

5 我   吸引   被   美丽的山水画   住了

9 연동문

Guide

술어가 두 개 이상 나오는 문장은 '연동문'과 '겸어문'이 있다. 이번 과에서는 '연동문'에 대해서 집중적으로 살펴보도록 한다. '연동문'은 대략 3회에 걸쳐 한 번씩 출제된다. 하지만 쓰기 제2부분과 독해력을 키우기 위해서는 정확하게 이해를 해야 한다. '我去图书馆看书。나는 책을 보러 도서관에 간다.'에서 처럼 주어(我) 하나에 두 개의 술어(去, 看)가 연용되어 하나의 주어를 서술하는 문장을 연동문이라고 한다.

> **주의** 연동문에서 '去'나 '来'는 술어1 자리에 온다! 우리말 해석(~하러 간다)대로 '我们借书去图书馆。'으로 써서는 안 되고, 연동문에서 '去/来'는 술어1 자리에 온다(我们去图书馆借书。)는 것을 명심하자.

쓰기 급소공략

1 제시어 중 술어가 두 개 이상 있다면 '연동문'임을 인식해야 한다.

> 술어1……술어2

▶ 锻炼, 去

2 하나의 주어에 술어는 동작이 일어나는 순서대로 배열한다.

> 주어＋술어1＋……＋술어2＋……

▶ 我偶尔会**去**健身房**锻炼**身体。

3 의미상 술어와 어울리는 명사를 목적어로 위치시킨다.

> 주어＋술어1＋목적어1＋술어2＋목적어2

▶ 我偶尔会去**健身房**锻炼**身体**。

4 부사와 조동사는 술어1 앞에 위치시킨다.

> 주어＋부사＋조동사＋술어1＋목적어1＋술어2＋목적어2

▶ 我**偶尔会**去健身房锻炼身体。 나는 가끔 헬스장에 가서 신체를 단련한다.

예제로 감 익히기

Mission 1 다음 단어들을 순서에 맞게 나열하여 올바른 문장을 만드시오.

> 我　去天坛公园　看看　陪父母　想

① 제시어를 보면 주어가 '我', 동사가 '去, 看看, 陪' 3개가 나왔으므로 연동문임을 알 수 있다.
　→ 我, 去, 看看, 陪

② 연동문은 동작이 일어나는 순서대로 동사를 배열한다.
　→ 我……陪父母去天坛公园看看。

③ '想 ~하고 싶다'은 조동사이므로 동사1(陪) 앞에 온다.
　→ 我想陪父母去天坛公园看看。

　정답 我想陪父母去天坛公园看看。 나는 부모님을 모시고 천단공원에 가보고 싶다.

天坛公园 Tiāntángōngyuán 고유 천단공원 | 陪 péi 동 모시다, 동반하다 | 想 xiǎng 조동 ~하고 싶다

Mission 2 다음 단어들을 순서에 맞게 나열하여 올바른 문장을 만드시오.

> 坐在　看　他　沙发上　杂志

① 하나의 주어(他)에 '坐, 看' 2개의 동사가 제시되었으므로 연동문임을 알 수 있다.
　→ 他, 坐, 看

② 동작이 일어나는 순서대로 동사를 배열한다.
　→ 他坐在……看……

③ '坐在'에서 '在' 뒤에는 시간이나 장소가 와야 하므로 '沙发上 소파에'이 들어가야 하고, '杂志 잡지'가 '看'의 목적어임을 알 수 있다.
　→ 他坐在沙发上看杂志。

　정답 他坐在沙发上看杂志。 그는 소파에 앉아서 잡지를 본다.

沙发 shāfā 명 소파 | 杂志 zázhì 명 잡지

쓰기 내공 TiP — 연동문

(1) 연동문의 기능

연동문에서 술어1과 술어2 사이에는 목적, 방식, 인과, 발생 순서 등의 연관성이 있다.

他去医院看病。 나는 병원에 진찰받으러 갔다. → 목적

我明天坐飞机去广州。 나는 내일 비행기를 타고 광저우에 간다. → 방식

他看了那封信高兴极了。 그는 그 편지를 보고 매우 기뻤다. → 인과

你应该吃了药再休息。 너는 약을 먹고 쉬어야 해. → 발생 순서

(2) 연동문의 특징

❶ 연동문의 술어는 일어나는 순서대로 배열한다. ★★★

他们用汉语聊天。 그들은 중국어로 이야기한다. → ①用 ②聊天

下课后我们去商店买点东西。 수업을 마치고 우리는 상점에 물건을 좀 사러 갔다. → ①下课 ②去 ③买

❷ 부사, 부정부사, 조동사는 술어1 앞에 온다.

```
주어 + 부사/부정부사/조동사 + 술어1 + (목적어1) + 술어2 + (목적어2)
```

他马上去学校找孩子。 그는 곧바로 학교에 가서 아이를 찾았다. → 부사

他们没用汉语谈话。 그들은 중국어로 이야기하지 않았다. → 부정부사

我想去美国学习英语。 나는 미국에 가서 영어를 배우고 싶다. → 조동사

❸ 동태조사 '了'는 일반적으로 술어2 뒤 혹은 문장 끝에 온다.

```
주어 + 술어1 + 목적어1 + 술어2 + (了) + 목적어2 + (了)
```

我去了书店买一本书。(×) → 我去书店买了一本书。(○) 나는 서점에 가서 책을 한 권 샀다.

我们坐了飞机去上海。(×) → 我们坐飞机去上海了。(○) 우리는 비행기를 타고 상하이에 갔다.

❹ 술어1이 끝나고 술어2가 시작됨을 나타낼 때 '了'는 술어1 뒤에 온다.

```
주어 + 술어1 + 了 + 목적어1 + 술어2 + 목적어2
```

我下了课找你。 수업 마치면 널 찾아갈게.

他喝了一杯茶就走了。 그는 차 한 잔을 마시고 바로 가 버렸다.

你应该吃了药再休息。 너는 약을 먹고 나서 쉬어야 해.

실력 다지기

1~5 제시된 단어를 어순에 맞게 조합하여 문장을 완성하시오.

1 上班   自行车   老师每天   骑

2 掉下了   忍不住   她   眼泪

3 陪妹妹   散散步   去公园   你   吧

4 休息   需要   他们   一会儿   坐下来

5 购物的人   利用节假日   多   去香港   越来越

10 겸어문

> **Guide**
> '겸어문'이란 '他的话使我十分生气。 그의 말은 나로 하여금 매우 화나게 했다.'처럼 '주어가 목적어로 하여금 ~하게 만들다'라는 의미를 가진 문장이다. 겸어문은 대략 4회에 한 번 꼴로 시험에 출제된다. 하지만 쓰기 제2부분의 문장을 만들 때 꼭 필요한 문형이며, 듣기나 독해 등 중국어 표현 전반에 걸쳐 매우 자주 쓰이는 표현 방식이므로 정확하게 이해하고 넘어가야 한다.

주의 겸어란 '겸하는 성분'이라는 뜻이다! 즉, 겸어란 술어1의 '목적어'이면서 술어2의 '주어'인 것을 말하며 이것이 연동문과의 다른 점이다.

쓰기 급소공략

1 제시어 중에 사역동사(让/使/叫)나 '请'이 있다면 겸어문 문제라는 것을 인식해야 한다.

```
……让/使/叫/请……
```

▶ 电脑**使**我们学到了很多知识。

2 겸어동사(让/使/叫/请)가 아닌 동사는 술어2가 되며 술어2의 주어를 겸어 자리에 놓는다.

```
술어1(让/使/叫/请)+겸어+술어2
```

▶ 电脑使**我们学到了**很多知识。

3 술어2하게 만든 주체를 주어 자리에 놓고 술어2의 의미상 목적어를 그 뒤에 놓는다.

```
주어+술어1(让/使/叫/请)+겸어+술어2+목적어
```

▶ **电脑**使我们学到了很多**知识**。

4 나머지 제시어는 주어나 겸어, 술어2, 목적어를 수식할 수 있다.

```
주어+술어1(让/使/叫/请)+겸어+술어2+(관형어)+목적어
```

▶ 电脑使我们学到了**很多**知识。 컴퓨터는 우리로 하여금 많은 지식을 배우게 했다.

예제로 감 익히기

Mission 1 다음 단어들을 순서에 맞게 나열하여 올바른 문장을 만드시오.

> 我   非常   这个消息   高兴   让

① '让'을 제외하면 '高兴 기쁘다'이 술어2가 됨을 알 수 있다.
  → ……让……高兴。

② '高兴'하는 주체는 사람이므로 겸어는 '我'가 된다.
  → ……让我……高兴。

> 사람(我)이라고 무조건 주어 자리에 놓아선 안 된다. 특히 겸어문의 경우 사물(消息)이 주어가 되는 경우도 많다는 점을 명심하자.

③ 부사 '非常 매우'은 형용사를 수식하므로 '高兴' 앞에 오고, '这个消息 이 소식'가 주어가 된다.
  → 这个消息让我非常高兴。

정답 这个消息让我非常高兴。 이 소식은 나로 하여금 매우 기쁘게 했다.

非常 fēicháng 부 매우, 아주 │ 消息 xiāoxi 명 소식 │ 高兴 gāoxìng 형 기쁘다

Mission 2 다음 단어들을 순서에 맞게 나열하여 올바른 문장을 만드시오.

> 让他   重感冒   请假休息   不得不

① '让'을 제외하면 '请假休息 휴가를 내고 휴식하다'가 동사성 단어이기 때문에 술어2가 됨을 알 수 있다.
  → ……让他……请假休息……

② 주어는 주로 명사성 단어가 오므로 '重感冒 독감'가 주어가 된다.
  → 重感冒……让他……请假休息……

③ '不得不 어쩔 수 없이 ~하다'는 뒤에 어쩔 수 없이 하게 되는 동작이 와야 하므로 '不得不' 뒤에 '请假休息'가 와야 한다.
  → 重感冒让他不得不请假休息。

> 만일 '不得不'가 '让' 앞에 오면 '让'을 수식하게 되면서 감기가 어쩔 수 없이 그에게 시켰다는 의미가 되어버린다. 하지만 원문의 의미는 감기 때문에 어쩔 수 없이 휴가를 내고 싶은 것이기 때문에 '不得不'는 '请假休息'를 수식해야 한다.

정답 重感冒让他不得不请假休息。 독감이 그로 하여금 어쩔 수 없이 휴가를 내고 쉬도록 했다.

休息 xiūxi 동 쉬다, 휴식하다 │ 重感冒 zhònggǎnmào 독감 │ 不得不 bùdébù 부 어쩔 수 없이 │ 请假 qǐngjià 동 휴가를 신청하다

쓰기 내공 TIP - 겸어문

(1) 겸어문이란?

我请他来。 나는 그를 (오도록) 초청했다.

이때 '他'는 '请'의 목적어로 동목구를 이루고 있다. 또한 '他'는 '来'의 주어이기도 하다. 바로 이 '他'처럼 술어1(请)의 목적어이기도 하고 술어2(来)의 주어이기도 한 성분을 '겸어'라고 하고 이런 문장을 '겸어문'이라고 한다.

(2) 겸어문의 일반적인 어순 ★★★

> 주어+사역동사(让/使/叫/请)+겸어+술어

张老师常常让我们互相帮助。 장 선생님은 자주 우리에게 서로 도우라고 말씀하신다.
他的话使我十分生气。 그의 말은 나로 하여금 매우 화나게 했다.
等他回来，叫他给我打电话，好吗？ 그가 돌아오면 나에게 전화하라고 해주세요.
我请他唱了一首歌。 나는 그에게 노래 한 곡을 부르라고 청했다.

> 주어+심리동사(喜欢/鼓励/批评/原谅)+겸어+술어

大家都喜欢这孩子懂事。 모두가 이 아이가 철이 들었다고 좋아한다.
你原谅他年纪小、没经验。 그가 나이가 어려 경험이 없다는 점을 용서해주세요.
教师批评他学习不努力。 선생님은 그가 공부를 열심히 하지 않는다고 야단쳤다.
老师鼓励我好好学习。 선생님은 내게 열심히 공부하라고 격려하셨다.

> 어떤 동사들이 겸어문을 만드는가를 아는 것이 중요하다.
> 겸어문을 구성할 수 있는 동사들: 让, 使, 叫, 请, 喜欢, 鼓励, 批评, 原谅

(3) '请' 겸어문

'请' 겸어문은 주어가 없을 수도 있고, 또한 겸어 없이 술어2가 바로 올 수도 있다.

请你不要大声说话。 큰 소리로 말하지 말아 주세요. → [(주어)+请+겸어+술어]
请重新排列一下顺序。 다시 순서를 배열해 주세요. → [(주어)+请+(겸어)+술어]

(4) 동태조사 '了'의 위치

마지막으로 끝난 동작 뒤(술어2)에 '了'를 넣어서 동작이 완료되었음을 나타내므로 겸어문에서 동태조사 '了'는 술어2 뒤에 온다.

我让他写了一封信。 나는 그에게 편지 한 통을 쓰라고 했다.

大家让我介绍了一下那里的情况。 모두가 나에게 그곳의 상황을 좀 소개해달라고 했다.

(5) 부사어의 위치

겸어문에서 술어1과 술어2 앞에는 모두 부사어가 올 수 있다. 부사어를 어디에 놓을지는 의미상 수식 관계에 따라 결정하며, 어기부사 '简直 정말, 却 오히려, 竟然 뜻밖에, 几乎 거의, 确实 확실히, 정말로'나 빈도부사 '经常 자주, 常常 항상' 등은 주로 술어1 앞에 위치한다.

李老师经常让我们互相帮助。 이 선생님은 자주 우리로 하여금 서로 돕게 하신다.

他的话确实使我很生气。 그의 말은 정말로 나를 화나게 했다.

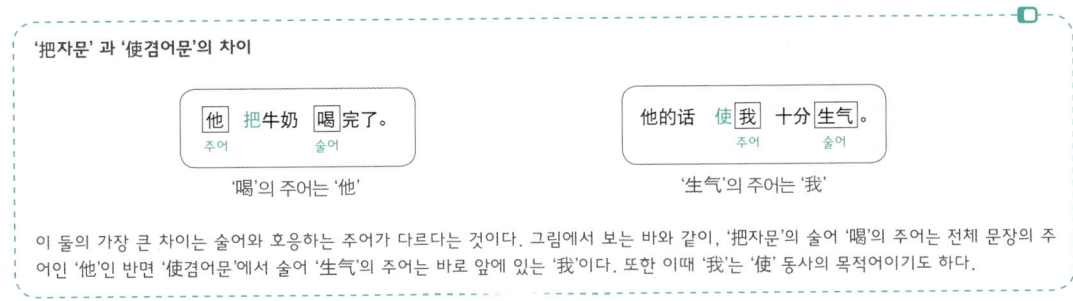

'把자문'과 '使겸어문'의 차이

이 둘의 가장 큰 차이는 술어와 호응하는 주어가 다르다는 것이다. 그림에서 보는 바와 같이, '把자문'의 술어 '喝'의 주어는 전체 문장의 주어인 '他'인 반면 '使겸어문'에서 술어 '生气'의 주어는 바로 앞에 있는 '我'이다. 또한 이때 '我'는 '使' 동사의 목적어이기도 하다.

실력 다지기

1~5 제시된 단어를 어순에 맞게 조합하여 문장을 완성하시오.

1 李教授   他的话   很感动   让

2 这里的情况   了解了   使   那个报道   大家

3 表扬   弟弟爱   邻居们都   帮助别人

4 介绍   吧   给我们   一下   请你

5 请我们   到他家去   他   做客   常常

정답 및 해설은 해설서 P.21

11 보어

> **Guide**
> 보어는 정도보어, 결과보어, 개사구보어, 가능보어, 방향보어, 수량보어 등 총 6개가 있는데, 실제 시험에 자주 출제되는 것은 정도보어이므로 이를 집중적으로 살펴보자. 하지만 중국어에서 보어는 매우 광범위하게 활용되므로 각 보어의 어법적 특징과 용법도 잘 알아두자.
>
> **동사나 형용사 뒤에 오는 것이 보어다!** 부사어는 동사나 형용사 앞에서 이를 수식하지만 보어는 동사나 형용사 뒤에서 그 의미를 보완해주며 보어는 구조조사 '得'를 쓰고 부사어는 '地'를 쓴다는 점에 주의하자.

쓰기 급소공략

1 제시어 중 [술어+得] 형태가 나오면 '정도보어'임을 인식해야 한다. 단, '得'가 단독으로 나왔을 때는 조동사(~해야만 한다)가 될 수 있다는 점에 주의하자.

> 술어(동사/형용사)+得

▶ 我们公司**发展得**很不错。

2 [술어+得] 뒤에는 일반적으로 [정도부사+형용사]가 온다.

> 술어+得+정도부사(很/十分/特别)+형용사

▶ 我们公司发展得**很不错**。

3 나머지 단어는 주로 [관형어+주어]의 형태로 '주부'를 만든다.

> (관형어)+주어+술어+得+(很)+정도보어

▶ **我们公司**发展得很不错。 우리 회사는 괜찮게 발전했다.

예제로 감 익히기

Mission 1 다음 단어들을 순서에 맞게 나열하여 올바른 문장을 만드시오.

> 英文   很流利   说得   小王的

① '说得 말하는 것이'는 뒤에 정도보어를 이끌므로 [很＋형용사] 형태인 '很流利 매우 유창하다'가 와야 한다.
→ ……说得很流利。

② 주어는 '英文 영어'이지만 제시어 중 그를 수식하는 관형어 '小王的 샤오왕의'가 있으므로 [관형어＋주어] 형식의 주부가 된다.
→ 小王的英文说得很流利。

정답 小王的英文说得很流利。 샤오왕의 영어는 매우 유창하다.

英文 yīngwén 뗑 영문, 영어 | 流利 liúlì 혱 유창하다

Mission 2 다음 단어들을 순서에 맞게 나열하여 올바른 문장을 만드시오.

> 很详细   这本书的   讲   得   语法内容

① 제시어 중 '很详细 매우 상세하다'가 있으므로 '得'는 정도보어를 이끄는 구조조사임을 알 수 있다. 따라서 [동사＋得＋很＋형용사]의 순으로 나열한다.
→ ……讲得很详细。

② 정도보어 문장에서는 주부가 [관형어＋주어]의 형태로 비교적 길게 만들어진다고 했으므로 '这本书的语法内容 이 책의 어법 내용'이 주부가 된다.
→ 这本书的语法内容讲得很详细。

정답 这本书的语法内容讲得很详细。 이 책의 어법 내용은 아주 상세하게 설명되어 있다.

详细 xiángxì 혱 상세하다 | 讲 jiǎng 동 설명하다, 이야기하다, 말하다 | 语法 yǔfǎ 뗑 어법 | 内容 nèiróng 뗑 내용

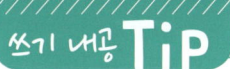 보어

정도보어

(1) 정도보어란?

동사나 형용사 뒤에서 동작이나 성질이 도달한 정도를 나타내는 보어를 정도보어라고 한다.

(2) 정도보어의 기본 어순

주어+술어(동사/형용사)+得+정도보어(형용사구/동사(구)/주술구/고정격식)

他玩得很开心。 그는 즐겁게 놀았다. → 형용사구

他高兴得都跳起来了。 그는 뛸듯이 기뻤다. → 동사구

他写文章写得手疼。 그는 손이 아플 정도로 글을 썼다. → 주술구

我把老师留的作业忘得一干二净。 나는 선생님이 내준 숙제를 까맣게 잊었다. → 고정격식

주어+술어(심리동사/형용사)+得+정도보어(很/要命/要死/不得了/不行/得慌)

这种东西，我家里多得很。 이런 물건은 우리 집에 얼마든지 있어.

听了我的话，他气得要命。 내 말을 듣고 그는 화가 머리끝까지 났다.

这里的冬天冷得要死。 이곳의 겨울은 너무 추워.

一听要考试，大家都紧张得不得了。 시험 친다는 얘기를 듣고 모두가 잔뜩 긴장했다.

这种点心甜得不行。 이 과자는 너무 달아.

最近太忙了，累得慌。 최근에 너무 바빠서 피곤해 죽을 지경이다.

주어+술어(심리동사/형용사)+정도보어(极了/透了/死了/坏了)

他今天高兴极了。 그는 오늘 기분이 정말 좋다.

这个人坏透了。 이 사람 정말 나빠요.

今天热死了！ 오늘 정말 덥네.

听说妈妈住院，把我吓坏了。 엄마가 입원하셨다는 얘기를 듣고 나는 깜짝 놀랐다.

> 시험에 가장 자주 나오는 정도보어의 형태는 [술어+得+정도부사+형용사]이다. 이 형태를 꼭 기억하자.
> 这篇报道写得很详细。 이 보도는 매우 상세하게 쓰여졌다.

(3) 정도보어의 특징

❶ 정도보어 앞에는 동사나 형용사가 와야지 명사는 올 수 없다. 따라서 술어 뒤에 목적어가 올 경우, 반드시 술어를 한 번 더 쓰고 정도보어를 써야 한다.

他说汉语得很流利。(×) → 他说汉语说得很流利。(○) 그는 중국어를 매우 유창하게 한다.

❷ 혹은 앞의 술어는 생략하고 목적어를 바로 써서 [주어+명사(목적어)+술어+得+정도보어]의 순으로 쓸 수 있다.
他说汉语得很流利。(×) → 他汉语说得很流利。(○) 그는 중국어를 매우 유창하게 한다.

❸ 정도보어 앞에는 '很, 非常' 등과 같은 정도부사가 올 수 없다.
这场足球比赛很精彩极了。(×) → 这场足球比赛精彩极了。(○) 이번 축구 시합 끝내주게 재미있다.
屋里非常热死了, 去外边吧。(×) → 屋里热死了, 去外边吧。(○) 방안이 너무 더우니 밖에 나가자.

결과보어

(1) 결과보어란?

동사 뒤에 위치하여 동작이나 상태의 결과를 설명해주는 성분을 결과보어라고 한다.

做作业 숙제를 하다 → 단순동작　　　　做完作业 숙제를 다 했다 → 결과보어

(2) 결과보어의 종류

完	동작의 완성	我已经看完了这本小说。 나는 이미 이 소설책을 다 보았다.
好	동작의 완료(바라던 결과 획득)	我们商量好了, 明天就动身。 우리는 내일 출발하기로 의의를 마쳤다.
到	구체적인 목표 달성	她买到了这本词典。 그녀는 이 사전을 샀다.
	어떤 결과에 이르렀음	我们碰到了一个困难的问题。 우리는 곤란한 문제에 부딪혔다.
着 zháo	목적 달성	小孩子已经睡着了。 아이는 이미 잠들었다.
	동작의 결과(주로 부정적)	慢点儿来, 别摔着了! 천천히 와, 넘어지지 말고!
上	합치다	请你把窗户关上, 好吗? 창문 좀 닫아 주실래요?
	목적 달성	我弟弟今年考上清华大学了。 내 남동생은 올해 칭화대학에 합격했다.
开	분리, 이탈, 개방	大家都打开了书。 모두가 책을 펼쳤다.
对	동작의 옳음	你说对了。 네 말이 옳아.
错	동작의 그름	我写错了, 重写一遍。 잘못 썼어요. 다시 한번 쓸게요.

掉	사물의 제거	别擦掉黑板上的字。 칠판의 글자를 지우지 마세요.
走	분리, 이탈	他把他的东西都搬走了。 그는 그의 물건을 모두 옮겨 갔다.
住	고정	红灯一亮，车都停住了。 빨간불이 들어오자 차들이 모두 멈췄다.
见	동작의 결과 인식	你看见小王了吗？ 너 샤오왕 봤어?
光	아무것도 없음	我到教室时，人都走光了。 내가 교실에 도착했을 때 사람들은 이미 다 가고 없었다.
遍	두루 다다를 수 있는 범위	我找遍了所有的地方，也没找到我的书。 나는 모든 곳을 다 찾아봤지만 내 책을 찾지 못했다.

(3) 결과보어의 특징

❶ 동사와 결과보어 사이에는 어떤 성분도 들어갈 수 없다.

我已经写了完作业。(×) → 我已经写完了作业。(○) 나는 이미 숙제를 끝냈다.

天亮的时候，他叫了醒我。(×) → 天亮的时候，他叫醒了我。(○) 날이 밝았을 때 그는 나를 깨웠다.

❷ 결과보어의 부정은 '没'를 쓰며 결과보어 뒤에 '了'를 쓰지 않는다.

我还没写完了作业。(×) → 我还没写完作业。(○) 나는 아직 숙제를 다하지 못했다.

他没叫醒了我。(×) → 他没叫醒我。(○) 그는 나를 깨우지 않았다.

❸ [동사+결과보어] 뒤에 '了, 过'는 쓸 수 있으나 '着'는 쓸 수 없다.

我早就安排好了日程。(○) 나는 일찍이 스케줄을 다 안배해 놓았다.

我以前看见过这种植物。(○) 나는 전에 이런 식물을 본 적이 있다.

我看见着他走了。(×) → 我看见他走了。(○) 나는 그가 가는 것을 보았다.

개사구보어

(1) 개사구보어란?

일부 개사가 개사구를 이루어 술어 뒤에 와서 '시간, 처소, 방향' 등을 나타내는 것을 개사구보어라고 한다.

(2) 개사구보어의 기본 어순

술어(동사)+개사(在/到/向/往/于/自/给)+(了/过)+목적어+(了)

他把书放在桌子上了。 그는 책을 책상 위에 올려놓았다.

我们把她送到了火车站才回来。 우리는 그녀를 기차역까지 배웅해주고 돌아왔다.

孩子们渴望着能飞向蓝天。 아이들은 푸른 하늘로 날아가기를 갈망하고 있다.

我登上了飞往北京的航班。 나는 베이징행 비행기를 탔다.

他生于1977年。 그는 1977년에 태어났다.

她来自美国。 그녀는 미국에서 왔다.

他交给王老师作业了。 그는 왕 선생님께 숙제를 제출했다.

(3) 개사구보어의 특징

❶ 결과보어와 마찬가지로 동사와 개사 사이에 어떤 성분도 들어가지 못한다.

放了在桌子上。(×) → 放在了桌子上。(○) 책상 위에 놓았다.

交了给老师。(×) → 交给了老师。(○) 선생님께 제출했다.

❷ 개사구보어 용법은 '把자문'이나 '被자문'에 자주 활용된다. ★★★

> 주어＋把／被＋목적어＋동사＋개사＋시간／장소

他把客人送到了机场。 그는 손님을 공항까지 모셔다 드렸다.

病人被送到了医院。 환자는 병원으로 보내졌다.

가능보어

(1) 가능보어란?

동작이 어떤 결과나 상태에 이를 수 있는지 없는지를 나타내는 보어이다.

(2) 가능보어의 기본 어순

> 동사／형용사＋得了／不了 (deliǎo / bùliǎo)

我肚子疼，今天的参观去不了了。 나는 배가 아파서 오늘 참관은 갈 수가 없다.

我们一定赢得了他们。 우리는 틀림없이 그들을 이길 수 있다.

他比小李大不了几岁。 그는 샤오리보다 몇 살 많지 않을 것이다. (예상)

> 동사／형용사＋得／不＋결과보어／방향보어

电话号码太复杂了，我记不住。 전화번호가 너무 복잡해서 나는 기억하지 못한다. → 결과보어

这个包裹太重了，你这个小孩拿不起来。 이 소포는 너무 무거워서 너 같은 아이는 들 수 없다. → 방향보어

(3) 가능보어의 특징

❶ 가능보어의 긍정형은 '得'를 쓰고, 부정형은 '得'를 '不'로 바꾼다.

电话号码不复杂，我记得住。 전화번호가 복잡하지 않아서 나는 기억할 수 있다. → 긍정형

电话号码太复杂了，我记不住。 전화번호가 너무 복잡해서 나는 기억 못한다. → 부정형

❷ 긍정형식일 때는 동사 앞에 '能'을 쓸 수 있지만, 부정형식을 나타내고자 긍정형 가능보어 앞에 '不能'을 쓸 수는 없다.

这座山我能爬得上去。(○) 이 산을 나는 올라갈 수 있다.

这座山我不能爬得上去。(×) → 这座山我爬不上去。(○) 이 산을 나는 못 올라간다.

❸ 목적어는 가능보어 뒤, 주어 앞, 동사 앞 등에도 올 수 있다.

我看得清楚电影屏幕上的字。 나는 영화 스크린에 있는 글자를 정확하게 볼 수 있다. → 가능보어 뒤

这本小说我一个星期看得完。 이 소설 나는 일주일이면 다 읽을 수 있다. → 주어 앞

他们河南话都听得懂。 그들은 허난 말도 이해할 수 있다. → 동사 앞

❹ [동사+방향보어]가 가능보어가 될 때의 형식은 [동사+得/不+上/下/进/出/回/过/起+来/去]이다.

拿得上来 들 수 있다 ↔ 拿不上来 들 수 없다　　　　走得回去 돌아갈 수 있다 ↔ 走不回去 돌아갈 수 없다

방향보어

(1) 방향보어란?

방향보어는 동사 뒤에서 동작의 방향을 보충설명해주는 보어로, 단순방향보어와 복합방향보어가 있다. 방향보어는 동작의 방향을 나타낼 뿐만 아니라 파생된 의미도 있으므로 주의해서 공부하도록 한다.

(2) 방향보어의 종류

❶ 단순방향보어 [동사+来/去]

她买来一本书。 그녀는 책을 한 권 사왔다.

他向山跑去。 그는 산을 향해 뛰어갔다.

❷ 복합방향보어 [동사+上/下/进/出/回/过/起/到+来/去]

她从上海买回来一本字典。 그녀는 상하이에서 사전 하나를 사서 돌아왔다.

下课后，孩子们都跑出去了。 수업이 끝나자 아이들은 모두 뛰어 나갔다.

(3) 방향보어와 목적어의 어순

> 동사+장소목적어+来/去+了 → 단순방향보어

他进来屋了。(×) → 他进屋来了。(○) 그는 방안으로 들어왔다.

> 동사+上/下/进/出/回/过/起+장소목적어+来/去+了 → 복합방향보어

他们跑回来了学校。(×) → 他们跑回学校来了。(○) 그들은 학교로 뛰어 들어왔다.

> 동사+(일반명사 목적어)+来/去+(일반명사 목적어) → 아직 발생하지 않음

他要给我带回一本书来。 그는 나에게 주려고 책 한 권을 가지고 돌아올 것이다.
他要给我带回来一本书。 그는 나에게 주려고 책 한 권을 가지고 돌아올 것이다.

> 동사+来/去+了+일반명사 목적어 → 이미 발생함

她带来了一套纪念邮票。 그녀는 한 세트의 기념우표를 가지고 왔다.

> 동사+起+목적어+来 → 起来: '시작, 지속'의 의미

他突然问起来那件事了。(×) → 他突然问起那件事来了。(○) 그는 갑자기 그 일에 대해서 묻기 시작했다.

> 이합동사의 동사 부분+上/下/进/出/回/过/起+이합동사의 목적어 부분+来

说话起来(×) → 说起话来(○) 말을 하기 시작하다
回头过来(×) → 回过头来(○) 고개를 돌리다

> 방향보어와 목적어의 어순 관계는 비교적 복잡해서 실제 4, 5급 시험에서는 거의 출제되지 않는다. 하지만 6급 시험을 준비하기 위해서는 알아두는 것이 좋다.

수량보어

(1) 수량보어란?

수량보어는 동작이 진행된 횟수나 시간의 길이를 나타내는 보어로, 주로 수량사나 시간을 나타내는 단어가 수량보어가 된다. 수량보어에는 동량보어, 시량보어, 비교수량보어 등이 있다.

这部电影我已经看了三遍了。 이 영화 나는 벌써 세 번이나 봤다. → 동량보어

我休息了一个星期。 나는 일주일을 쉬었다. → 시량보어

我比你早来一个月。 나는 너보다 한 달 일찍 왔다. → 비교수량보어

(2) 동량보어

동작 행위가 진행된 횟수를 나타내며 동량사가 동량보어가 된다.

❶ 동량보어의 기본 어순

> 주어+동사+了/过+동량보어+(목적어)

我试了一下这件衣服。 나는 이 옷을 한번 입어 보았다.
他住过一次医院。 그는 병원에 한 번 입원한 적이 있다.

❷ 동량보어와 목적어의 위치

> 주어+동사+(동량보어)+목적어(지명/인명)+(동량보어)

他去过三次中国。(○)　他去过中国三次。(○) 그는 중국에 세 번 가봤다.
我去医院看过两次小王了。(○)　我去医院看过小王两次了。(○) 나는 병원에 가서 샤오왕을 두 번 본 적이 있다.

> 주어+동사+목적어(인칭대사)+동량보어

我看过三次他。(×) → 我看过他三次。(○) 나는 그를 세 번 본 적이 있다.
他找了半天你。(×) → 他找了你半天。(○) 그는 너를 한참이나 찾았어.

(3) 시량보어

시량보어는 동작, 상태가 지속된 시간의 길이를 나타내며 시량사가 시량보어가 된다.

❶ 시량보어의 기본 어순

> 주어+동사+일반명사 목적어+동사+시량보어

我学汉语学了三年。 나는 중국어를 3년 공부했다.

❷ 시량보어와 목적어의 위치

> 주어+동사+了+시량보어+(的)+일반명사 목적어 ★★★

我看了两个小时(的)电视。 나는 두 시간 동안 TV를 보았다.

> 주어+동사+목적어(인칭대사/처소사)+시량보어

老师等了十多分钟你。(×) → 老师等了你十多分钟。(○) 선생님께서는 너를 십여 분 동안 기다리셨다.
我来一年多中国了。(×) → 我来中国一年多了。(○) 나는 중국에 온지 1년이 넘었다.

(4) 비교수량보어

주로 비교문에서 쓰이며 형용사 뒤에서 비교의 차이를 나타낸다.

❶ 비교수량보어의 기본 어순

> 주어+比+목적어+형용사+비교수량보어

他比我大三岁。 그는 나보다 세 살이 많다.

❷ 비교의 수량은 반드시 술어 뒤에 와야 한다.

他的书比我的一些多。(×) → 他的书比我的多一些。(○) 그의 책은 내 것보다 약간 더 많다.

실력 다지기

1~10 제시된 단어를 어순에 맞게 조합하여 문장을 완성하시오.

1 被　　光　　他　　水　　了　　喝

2 我的　　不太　　乒乓球　　打得　　好

3 父亲的话　　记在　　一定要　　心里　　你　　把

4 激动　　那位　　说不出话来　　得　　老人

5 打扫得　　很　　他　　把自己的房间　　干净

6 他　　得　　厉害　　病　　不太

7 说服不了　　我想了　　他　　也　　许多办法

8 在房间里　　我想　　一天　　安安静静地待

9 整理得　　复习笔记　　很　　小王的　　详细

10 觉　　三个小时　　我昨晚　　睡了　　只

12 존현문

> **Guide**
> '桌子上有几个苹果。 탁자 위에 사과 몇 개가 있다.'처럼 어떤 장소에 어떤 사람이나 사물이 존재·출현·소실됨을 나타내는 문장을 존현문이라고 한다. 존현문 문제는 출제 빈도가 그렇게 높지는 않지만 출제가 될 경우 오답률이 높다. 하지만 일단 존현문이라는 것이 무엇인지만 안다면 절대 틀릴 수 없는 문제 유형이므로 잘 공부해 두도록 하자.

 존현문에서 주어 자리에는 장소를 나타내는 말이 온다! 존현문에서 가장 중요한 것은 주어 자리에는 사람이나 사물이 아니라 장소를 나타내는 단어(처소사)가 온다는 것이다.

쓰기 급소공략

1 제시어에 처소사와 존재동사가 있다면 존현문 문제임을 인식해야 한다.

> 처소사, 존재동사

▶ 门口, 站着

2 처소사를 주어 자리에, 존재동사를 술어 자리에 놓는다.

> 주어(처소사)+술어(존재동사+(着))

▶ **门口站着**那个年轻人。

3 술어 뒤에 목적어로 존재 대상이 온다.

> 주어+술어+목적어(존재 대상-사람/사물)

▶ 门口站着那个**年轻人**。

4 존재 대상 앞에는 수량구 관형어나 묘사성 관형어가 온다.

> 주어+술어+수량구 관형어/묘사성 관형어+목적어

▶ 门口站着**那个**年轻人。 문앞에는 그 젊은이가 서 있었다.

예제로 감 익히기

Mission 1 다음 단어들을 순서에 맞게 나열하여 올바른 문장을 만드시오.

> 着   一群狮子   森林里   住

① '森林里 숲속'가 처소사이므로 주어 자리에 온다.
→ 森林里……

② 주어 다음에는 존재동사가 와야 하므로 '住着 살고 있다'가 와야 한다.
→ 森林里住着……

③ 목적어 자리에는 존재 대상이 오므로 '一群狮子 사자 한 무리'가 목적어가 된다.
→ 森林里住着一群狮子。

정답 森林里住着一群狮子。 숲 속에는 한 무리의 사자들이 살고 있다.

着 zhe 조 ~하고 있다 | 群 qún 양 무리 | 狮子 shīzi 명 사자 | 森林 sēnlín 명 숲 | 住 zhù 동 머물다, 살다

Mission 2 다음 단어들을 순서에 맞게 나열하여 올바른 문장을 만드시오.

> 开过来   汽车   前边   一辆

① 처소사인 '前边 앞쪽'이 주어 자리에 온다.
→ 前边……

② 출현의 의미를 가지고 있는 '开过来 운전하여 다가오다'가 술어 자리에 와야 한다.
→ 前边开过来……

③ 목적어 자리에는 출현 대상이 와야 하므로 '一辆汽车 차 한 대'가 목적어가 된다.
→ 前边开过来一辆汽车。

정답 前边开过来一辆汽车。 앞에서 차 한 대가 다가왔다.

开 kāi 동 운전하다, 조종하다 | 过来 guòlái 동 다가오다 | 汽车 qìchē 명 자동차 | 前边 qiánbiān 명 앞쪽 | 辆 liàng 양 대[차량을 세는 단위]

쓰기 내공 TiP — 존현문

(1) 존현문이란?

어떤 장소나 시간에 사람이나 사물의 존재, 출현, 소실 등을 나타내는 문장을 의미한다.

桌子上有一本书。 책상 위에 한 권의 책이 있다. → 존재

昨天来了几个客人。 어제 손님 몇 분이 오셨다. → 출현

邻居家死了一只猫。 이웃집에서 고양이 한 마리가 죽었다. → 소실

(2) 존현문의 어순 ★★★

존현문은 크게 [주어+술어+목적어]의 어순을 이루는데, 주어 자리에는 주로 처소사 즉, 장소를 나타내는 단어가 오고 술어 자리에는 존재동사가 오며 목적어 자리에는 존재 대상이 온다.

> 주어(처소사)+술어(존재동사+(着))+목적어(존재 대상)

教学楼的后边是宿舍楼。 강의동 뒤쪽은 기숙사 건물이다.
→ 주어(처소사): 教学楼的后边 / 술어(존재동사): 是 / 목적어(존재 대상): 宿舍楼

房顶上站着一个人。 지붕 위에 한 사람이 서 있다.
→ 주어(처소사): 屋顶上 / 술어(존재동사): 站 / 목적어(존재 대상): 一个人

(3) 존현문의 특징

❶ 존현문의 목적어는 일반적으로 확정적이지 않은 것이 오며, 목적어 앞에는 대부분 수량구 관형어나 묘사성 관형어가 온다.

桌子上放着一朵漂亮的红花。 책상 위에 한 송이의 아름다운 빨간 꽃이 놓여 있다.
→ 목적어: 花 / 수량구 관형어: 一朵 / 묘사성 관형어: 漂亮, 红

大楼里走出来李小东。(×) → 大楼里走出来一个人。(○) 빌딩에서 한 사람이 걸어 나왔다.
→ 리샤오동은 특정 인물이므로 존현문에 쓸 수 없다. 따라서 확정적이지 않은 목적어 '一个人'을 써야 한다.

❷ 존재의 상태나 방식을 나타낼 경우, 술어가 지속의 의미가 있을 때 일반적으로 동사 뒤에 '着'를 붙인다.

墙上挂着几幅山水画。 벽에는 산수화 몇 폭이 걸려 있다.

❸ 처소사 앞에는 일반적으로 '在'나 '从' 등의 개사는 쓰지 않는다. ★★★

在柜子上放着一台电视机。(×) → 柜子上放着一台电视机。(○) 선반 위에 TV 한 대가 놓여 있다.
从剧场里出来了很多观众。(×) → 剧场里出来了很多观众。(○) 극장에서 많은 관중들이 나왔다.

실력 다지기

1~5 제시된 단어를 어순에 맞게 조합하여 문장을 완성하시오.

1 摆着   椅子   几把   客厅里

2 只   小电影院   五十个人   坐得下   这个

3 一件   事故   严重的   发生了   高速公路上

4 是   运动场   宿舍楼前   一个

5 一座桥   前面   有   博物馆的

13 비교문

> **Guide**
> 비교문은 1년에 1~2회 정도 출제된다. 그중에서 주로 '比'가 들어가는 비교문이 많이 출제되므로 이번 과에서는 '比'가 들어가는 비교문의 특징에 대해서 정확하게 이해하도록 하자.
>
> **주의** '没有, 不如'도 비교문이다! 예를 들면, '我没有你那么忙。 나는 너만큼 바쁘지는 않아.' 혹은 '我不如你。 나는 너만 못해.' 등도 비교문의 일종이며 이밖에 다양한 비교문이 있다는 점에 주의하자.

쓰기 급소공략

1 제시어 중에 '比'가 있다면 비교문 문제임을 인식해야 한다.

……比……

▶ ……比……

2 주어는 비교적 구체적이며 '比' 뒤에는 비교 대상이 온다.

주어＋比＋비교 대상

▶ 他比我重两公斤。

3 [比＋비교 대상]은 개사구로, 뒤에는 동사나 형용사 혹은 주술구가 술어로 온다.

주어＋개사구(比＋비교 대상)＋술어(동사/형용사/주술구)

▶ 他比我**重**两公斤。

4 술어 뒤에는 수량사가 와서 구체적인 비교의 차이를 나타낼 수 있다.

주어＋比＋비교 대상＋술어＋수량사(비교의 차이)

▶ 他比我重**两公斤**。 그는 나보다 2kg이 더 무겁다.

5 술어 앞에는 '更, 还' 등의 부사가 올 수 있으며 부정부사 '不'는 '比' 앞에 와서 '不比'의 어순을 이룬다.

주어＋부정부사(不)＋比＋비교 대상＋부사(更/还)＋술어

▶ 他比我**更(还)**胖。 그는 나보다 더 뚱뚱하다. / 我**不**比他胖。 나는 그보다 뚱뚱하지 않다.

예제로 감 익히기

Mission 1 다음 단어들을 순서에 맞게 나열하여 올바른 문장을 만드시오.

> 去年　增加了　比　三分之一　参加的人数

① 비교문에서 주어는 비교적 구체적이므로 '参加的人数 참석한 사람 수'가 주어가 되고 '去年 작년'이 비교 대상이 된다.
→ 参加的人数比去年……

② '比'개사구 뒤에는 동사나 형용사가 술어로 오므로 동사인 '增加 증가하다'가 와야 한다.
→ 参加的人数比去年增加了……

③ 술어 뒤에는 비교의 차이를 나타내는 수량보어가 오므로 '增加' 뒤에는 '三分之一 3분의 1'가 온다.
→ 参加的人数比去年增加了三分之一。

정답 参加的人数比去年增加了三分之一。 참가한 사람 수가 작년보다 1/3이 늘었다.

去年 qùnián 명 작년 | 增加 zēngjiā 동 증가하다, 늘다 | 三分之一 sānfēnzhīyī 3분의 1, 1/3 | 参加 cānjiā 동 참석하다, 참가하다 | 人数 rénshù 명 인원수

Mission 2 다음 단어들을 순서에 맞게 나열하여 올바른 문장을 만드시오.

> 好　比吃药　效果　打针

① '比吃药 약을 먹는 것보다'로 제시되었으므로 주어는 '打针 주사를 맞다'이 된다.
→ 打针比吃药……

② '比'개사구 뒤에는 술어가 오는데 주술구 또한 술어가 될 수 있으므로 '效果好 효과가 좋다'가 술어가 된다.
→ 打针比吃药效果好。

> **주술구는 술어가 될 수 있다!**
> '他个子很高. 그는 키가 크다.'는 말이 되지만 '他很高个子 그는 큰 키'는 문장이 될 수 없다. '高个子 큰 키'는 명사성 단어로 술어가 될 수 없기 때문이다. 반면, '个子很高 키가 크다'는 '주술구'로서 술어가 될 수 있다. 마찬가지로 '打针效果好. 침은 효과가 좋다.'는 문장이 되지만 '打针好效果 침은 좋은 효과'는 문장이 될 수 없다.

정답 打针比吃药效果好。 주사를 맞는 것이 약을 먹는 것보다 효과가 좋다.

吃药 chīyào 동 약을 먹다 | 效果 xiàoguǒ 명 효과 | 打针 dǎzhēn 동 주사를 놓다

쓰기 내공 TIP — 비교문

(1) '比'비교문

❶ '比'비교문에서 '比'개사구는 뒤의 술어를 수식하는 부사어가 된다. ★★★

> 주어 + 比 + 목적어(비교 대상) + (更/还) + 술어(형용사/동목구)
> └─── 개사구(부사어) ───┘

今天比昨天冷。 오늘은 어제보다 춥다.
他比我更喜欢打篮球。 그는 나보다 농구를 더 좋아한다.

❷ 술어 앞에는 '更, 还'만을 쓸 수 있고 '很, 非常' 등의 정도부사는 쓸 수 없다.

今天比昨天很冷。(×) → 今天比昨天更(还)冷。(○) 오늘은 어제보다 더 춥다.

❸ '比자문'을 부정할 때는 '不'를 '比' 앞에 놓는다. [주어+不+比+목적어+술어]

今天比昨天不热。(×) → 今天不比昨天热。(○) 오늘은 어제보다 덥지 않다.

❹ '倒 오히려, 竟 뜻밖에, 毕竟 어쨌든, 一直 줄곧' 등 부사도 일반적으로 '比' 앞에 온다. [주어+부사+比+목적어+술어]

她毕竟比你小，你应该让着她。 그녀는 어쨌든 너보다 어리니까 네가 마땅히 양보해야 한다.

❺ 비교의 차이를 구체적으로 나타내는 비교문의 어순

> 주어 + 比 + 목적어(비교 대상) + 술어(형용사) + 得多/多了 → 차이가 많이 남을 나타냄

他比我高得多。 그는 나보다 훨씬 더 크다.
苹果比香蕉便宜多了。 사과는 바나나보다 훨씬 싸다.

> 주어 + 比 + 목적어(비교 대상) + 술어(형용사) + 一点儿/一些 → 차이가 조금 있음을 나타냄

他比我高一点儿。 그는 나보다 조금 크다.
广州的冬天比上海暖和一些。 광저우의 겨울은 상하이보다 조금 따뜻하다.

> 주어 + 比 + 목적어(비교 대상) + 술어(형용사) + 구체적 차이
> → 얼마나 차이가 있는지 구체적인 수치로 나타냄

他比我大三岁。 그는 나보다 3살이 많다.
一班比二班多五个学生。 1반은 2반보다 5명이 더 많다.

> 주어 + 比 + 목적어(비교 대상) + 早/晚/多/少 + 동사 + 수량보어
> → '早/晚/多/少'는 '比' 앞이 아니라 반드시 동사 앞에 위치해야 한다.

他今天比我早来了十分钟。 그는 오늘 나보다 10분 더 일찍 왔다.
他今天比平时少吃一顿饭。 그는 오늘 평소보다 한 그릇 더 적게 먹었다.

(2) '有'비교문

'有'비교문의 '有'는 '达到 ~정도에 이르다'의 뜻이다.

> 주어＋有/没有＋목적어(비교 대상)＋(这么/那么)＋술어

他有你(这么)高。 그는 너만큼 키가 크다.

我们的家乡没有北京(那么)冷。 우리의 고향은 베이징만큼 춥지 않다.

(3) '不如'비교문

❶ '不如'비교문의 어순

> 주어＋不如＋목적어(비교 대상)＋(这么/那么)＋(술어)

哥哥不如弟弟(那么)聪明。 형은 동생만큼 똑똑하지 못하다.

他工作不如你(这么)认真。 그는 일을 너만큼 열심히 하지는 않는다.

❷ 의미는 '有'비교문과 유사하다. 그러나 '有'비교문은 술어를 생략할 수 없지만 '不如'비교문은 술어를 생략할 수 있다.

我的成绩没有他。(×) → 我的成绩没有他那么好。(○) 나의 성적은 그만큼 좋지 못하다.

我的成绩不如他。(○) 나의 성적은 그만 못하다.

(4) 기타 비교문

> 주어＋和/跟＋목적어(비교 대상)＋一样＋(술어(형용사))

我和他的个子一样。 나와 그의 키는 같다.

她的衣服跟我的一样漂亮。 그녀의 옷은 내 것과 마찬가지로 예쁘다.

> 주어＋和/跟＋목적어(비교 대상)＋相同

我的笔记本和他的相同。 나의 노트는 그의 것과 같다.

> 주어＋和/跟＋목적어(비교 대상)＋差不多＋(술어(형용사))

他的成绩和我差不多。 그의 성적은 나와 비슷하다.

我的个子跟她差不多高。 내 키는 그녀와 비슷하게 크다.

실력 다지기

1~5 제시된 단어를 어순에 맞게 조합하여 문장을 완성하시오.

1 减轻   上个月   我的体重   了   比

2 一点儿也不   差   工作能力   比老张   我的

3 不如她   我的   远远   打球水平

4 喜欢   她   一样   运动   跟我

5 比那座山   一些   这座山   高

14 빈출 어휘 총정리

> **Guide**
> 쓰기 제1부분은 어법 이론도 중요하지만 그보다 제시된 단어의 뜻을 아는 것이 더 중요하다. 뜻을 모르면 어법적으로 판단할 수 없기 때문이다. 따라서 지난 2년간 출제되었던 문장 중에서 가장 많이 나왔던 단어들과 그리고 앞으로 출제될 가능성이 가장 큰 단어들을 품사별로 정리하였다. 누구나 알만한 단어는 제외시켰으며 비교적 어려운 단어와 중요한 단어들을 위주로 정리하였다. 쓰면서 외우기 보다는 뜻만이라도 알 수 있도록 하자.

(1) 명사

亚洲 Yàzhōu	아시아	大使馆 dàshǐguǎn	대사관	家具 jiājù	가구
顺序 shùnxù	순서	加油站 jiāyóuzhàn	주유소	计划 jìhuà	계획
责任感 zérèngǎn	책임감	西红柿炒鸡蛋 xīhóngshì chǎo jīdàn	토마토 계란 볶음 (요리)	专业 zhuānyè	전공
狮子 shīzi	사자	游戏 yóuxì	오락, 게임	肚子 dùzi	배
香蕉皮 xiāngjiāopí	바나나 껍질	工资 gōngzī	임금	牙膏 yágāo	치약
垃圾桶 lājītǒng	휴지통	区别 qūbié	차이	手巾 shǒujīn	수건
当地 dāngdì	현지	标准 biāozhǔn	표준, 기준	塑料袋 sùliàodài	비닐봉지
消息 xiāoxi	소식	植物 zhíwù	식물	主管 zhǔguǎn	담당자, 책임자
缺点 quēdiǎn	단점	降水 jiàngshuǐ	강수	研究生 yánjiūshēng	대학원생
优点 yōudiǎn	장점	售货员 shòuhuòyuán	판매원, 점원	沙发 shāfā	소파
友谊 yǒuyì	우의	硕士 shuòshì	석사	警察 jǐngchá	경찰
页 yè	페이지	教授 jiàoshòu	교수	邻居 línjū	이웃
叶子 yèzi	나뭇잎	敲门声 qiāoménshēng	노크 소리	职业 zhíyè	직업

(2) 동사

招聘 zhāopìn	채용하다	接受 jiēshòu	받아들이다	扔 rēng	버리다
拉进 lājìn	(거리를) 좁히다	收拾 shōushi	정리하다, 정돈하다	结束 jiéshù	끝나다, 마치다
离不开 líbùkāi	떠나지 못하다	组成 zǔchéng	구성하다	熟悉 shúxī	숙지하다, 잘 알다
申请 shēnqǐng	신청하다	集合 jíhé	집합하다	超过 chāoguò	초월하다, 뛰어넘다
打扰 dǎrǎo	괴롭히다, 방해하다	符合 fúhé	부합하다	排列 páiliè	배열하다
吵醒 chǎoxǐng	시끄럽게 해서 깨다/깨우다	激动 jīdòng	흥분하다, 감동하다	陪 péi	함께하다, 모시다
睡醒 shuìxǐng	잠에서 깨다	害羞 hàixiū	부끄러워하다	继续 jìxù	계속하다
适应 shìyìng	적응하다	积累 jīlěi	쌓다, 축적하다	讨论 tǎolùn	토론하다
引起 yǐnqǐ	야기하다, 일으키다	擦 cā	닦다	发展 fāzhǎn	발전하다
交 jiāo	(친구를) 사귀다, 건네다, 제출하다	养成 yǎngchéng	(습관을) 기르다	取得 qǔdé	취득하다, 얻다
掉光 diàoguāng	다 떨어지다	鼓励 gǔlì	격려하다	关注 guānzhù	관심을 가지다
干杯 gānbēi	건배하다	推动 tuīdòng	추진하다	流行 liúxíng	유행하다
拒绝 jùjué	거절하다	邀请 yāoqǐng	초청하다, 초대하다	放弃 fàngqì	포기하다, 버리다

(3) 형용사

酸 suān	시다	骄傲 jiāoào	거만하다, 교만하다	难受 nánshòu	괴롭다, 슬프다
辣 là	맵다	详细 xiángxì	상세하다	直接 zhíjiē	직접적이다
咸 xián	짜다	干燥 gānzào	건조하다	湿润 shīrùn	습윤하다
诚实 chéngshí	진실하다	幽默 yōumò	유머러스하다	粗心 cūxīn	세심하지 못하다
实际 shíjì	실제의	严重 yánzhòng	심각하다	像 xiàng	비슷하다, 닮다

窄 zhǎi	좁다	活泼 huópo	활발하다	精彩 jīngcǎi	훌륭하다, 멋지다
轻松 qīngsōng	홀가분하다, 수월하다	浪漫 làngmàn	낭만적이다	有趣 yǒuqù	재미있다

(4) 부사

逐渐 zhújiàn	점점	最好 zuìhǎo	가장 좋기는	大概 dàgài	대략, 아마
到底 dàodǐ	도대체	必须 bìxū	반드시 (~해야 한다)	重新 chóngxīn	다시, 새로이
究竟 jiūjìng	도대체	从来 cónglái	여태껏, 지금껏	不得不 bùdébù	어쩔 수 없이
好像 hǎoxiàng	마치	忽然 hūrán	갑자기	竟然 jìngrán	뜻밖에
仍然 réngrán	여전히	互相 hùxiāng	서로	尽管 jǐnguǎn	얼마든지
及时 jíshí	제때에	准时 zhǔnshí	정각에	按时 ànshí	제때에
肯定 kěndìng	틀림없이	恐怕 kǒngpà	아마도	偶尔 ǒuěr	가끔
千万 qiānwàn	절대로, 꼭	确实 quèshí	확실히, 정말로	稍微 shāowēi	약간, 조금
实在 shízài	정말, 참으로	往往 wǎngwǎng	종종	也许 yěxǔ	아마
永远 yǒngyuǎn	영원히	尤其 yóuqí	특히	正好 zhènghǎo	때마침, 딱, 꼭
只好 zhǐhǎo	어쩔 수 없이	至少 zhìshǎo	적어도	专门 zhuānmén	특별히, 일부러

(5) 개사

由 yóu	~가, ~이	关于 guānyú	~에 관하여	根据 gēnjù	~에 근거하여
按 àn	~에 따라서	把 bǎ	~을	为 wèi	~를 위해
按照 ànzhào	~에 따라서	被 bèi	~에 의해	对 duì	~에 대해(서), ~에 대하여
往 wǎng	~(을) 향해	与 yǔ	~와	以 yǐ	~으로, ~을 가지고

제 2부분

쓰기 제2부분은 총5문항으로, 주어진 사진과 어휘를 보고 문장을 만드는 유형이다. 주어진 어휘의 의미와 쓰임을 잘 알고 자신의 수준에 맞는 표현을 얼마나 정확하게 구사할 수 있는지 테스트한다.

주어진 사진과 어휘 보고 문장 만들기

- 명사 제시어
- 동사 제시어
- 형용사 제시어
- 자주 틀리는 어법 및 표현

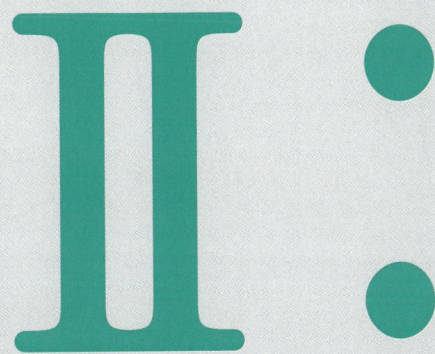

1 명사 제시어

> **Guide**
> 쓰기 제2부분에서 가장 많이 제시되는 단어는 명사로, 5문항 중 적게는 1문항, 많게는 3문항이 출제된다. 명사는 주로 주어나 목적어가 되므로 명사 제시어가 주어졌다면 주어나 목적어로 삼아서 '是자문'이나 '동사 술어문', '형용사 술어문' 등으로 문장을 만드는 것이 좋다.
>
> **주의** 단어의 뜻을 정확하게 이해하고 품사를 구분할 것! 제시된 단어가 어떤 뜻이고 어떤 품사인지 모른다면 거기에 맞는 정확한 작문을 할 수 없으므로 품사를 구분할 줄 알아야 한다.

쓰기 급소공략

1 명사 제시어와 어울릴 수 있는 동사나 형용사를 떠올린다.

만일 제시어가 '汗 땀'이라면 관련 있는 동사로 '出 나다'를 떠올려 '他出了很多汗。 그는 땀을 매우 많이 흘렸다.'이라고 표현할 수 있어야 한다. 만일 제시어가 '沙发 소파'라면 '舒服 편하다'를 떠올려서 '这个沙发很舒服。 이 소파는 매우 편하다.'라고 작문하는 것이다.

2 사진 속 상황의 특징을 설명할 수 있는 단어를 연상한다.

사진 속에 등장하는 구체적인 사물 하나 하나를 다 나타낼 필요는 없다. 제시어와 사진에서 보여지는 가장 중심적인 내용(出/汗, 沙发/舒服)을 연결시켜 작문하면 된다.

3 제시어를 주어나 목적어에 위치시켜 是자문이나 형용사 술어문, 동사 술어문을 만든다.

제시어 京剧
京剧是一个很受欢迎的表演。 경극은 매우 인기 있는 공연이다. → 주어(是자문)

제시어 衣服
这件衣服很漂亮。 이 옷은 매우 예쁘다. → 주어(형용사 술어문)

제시어 信用卡
这家商场能用信用卡吗？ 이 상점에서는 신용카드를 쓸 수 있나요? → 목적어(동사 술어문)

예제로 감 익히기

Mission 1 사진을 보고 제시된 어휘를 사용하여 문장을 만드시오.

手机

① 사진과 제시어 분석

제시어 '手机 휴대전화'는 명사이고, 사진은 한 여성이 휴대전화로 통화를 하고 있는 모습이다. 전화를 하면서 즐겁게 웃고 있으므로 '그녀는 휴대전화로 이야기하는 것을 좋아한다' 혹은 '새 휴대전화를 하나 샀다'와 같이 작문할 수 있다. 또한 '현대인은 휴대전화와 떨어질 수 없다'라는 내용으로 현대인과 휴대전화의 관계에 대해서 쓰는 것도 좋다.

② 관련 표현 정리

离不开手机 líbùkāi shǒujī 휴대전화와 떨어질 수 없다
喜欢用手机 xǐhuan yòng shǒujī 휴대전화 사용하는 것을 좋아하다
方便的交流工具 fāngbiàn de jiāoliú gōngjù 편리한 교류 도구

③ 모범답안

现代人离不开手机。 현대인은 휴대전화를 떠날 수 없다.
她很喜欢用手机聊天。 그녀는 휴대전화로 이야기하는 것을 좋아한다.
手机是一个很方便的交流工具。 휴대전화는 편리한 교류 도구이다.
今天她买了一部新手机。 오늘 그녀는 새 휴대전화를 하나 샀다.
对她来说, 手机是一个很重要的东西。 그녀에게 있어서 휴대전화는 매우 중요한 물건이다.

现代人 xiàndàirén 명 현대인 | 聊天 liáotiān 동 이야기하다, 떠들다 | 重要 zhòngyào 형 중요하다 | 东西 dōngxi 명 물건

쓰기 내공 TIP --- 명사 제시어

(1) [주-술-목] 구조에서 시작하기

명사는 주로 주어나 목적어가 되므로 가장 쉽게는 '是자문'이나 동사 술어문을 이용해서 문장을 만들 수 있다. 따라서 주어진 명사 제시어를 주어나 목적어 자리에 넣어서 '주어는 ~이다'나 '주어는 목적어를 ~하다'라는 식의 작문을 할 수 있다.

信心

❶ 뼈대 구성

일단 '信心 자신감'을 목적어로 쓴다면 동사는 '充满 ~로 가득하다'이나 '很有…… ~이 있다'가 생각나야 한다.

她 充满 信心。 그녀는 자신감으로 충만하다.
주어 술어 목적어

她 很有 信心。 그녀는 매우 자신감이 있다.
주어 술어 목적어

❷ 주어 수식하기

주어 앞에 관형어를 붙여서 좀 더 완벽한 작문을 할 수 있다. 예를 들어 그녀(她)를 운동선수(运动员)로 바꿀 수 있고, 더 나아가 구체적인 운동 종목(高尔夫球)을 넣음으로써 좀 더 정확하게 묘사할 수도 있다. 혹은 '是자문'을 써서 주어에 대해 설명할 수도 있다.

这个运动员充满信心。 이 운동선수는 자신감으로 충만하다. → 주어 교체
这个高尔夫球运动员充满信心。 이 골프 선수는 자신감으로 충만하다. → 관형어로 주어 수식
她是一个充满信心的运动员。 그녀는 자신감이 충만한 운동선수이다. → 是자문

❸ 술어 수식하기

개사구나 부사와 같이 술어를 수식하는 부사어를 넣어 문장을 더욱 풍부하게 만들 수 있다.

她 对这次比赛 充满 信心。 그녀는 이번 시합에 대해 자신감으로 가득 차있다.
  개사구 술어

信心 对一个运动员来说 十分 重要。 자신감은 운동선수에게 있어 매우 중요하다.
  개사구 부사 술어

❹ 접속사 넣기

접속사를 사용해서 복문으로 만들 수 있다. 하지만 간결하게 하나의 문장으로 정리하는 것이 어법 오류를 줄일 수 있으므로 굳이 접속사를 쓸 필요는 없다.

这次比赛她赢了，所以充满信心。
그녀는 이번 시합에서 승리를 해서 자신감이 충만하다.

> '信心 자신감'은 명사이기 때문에 '很'의 수식을 바로 받을 수 없고 '很有 信心'이라고 써야 한다. 그러나 '自信 자신 있는'은 형용사이기 때문에 '很 自信'이라고 할 수 있다. '信心'과 '自信'을 혼동하지 않도록 하자.

(2) 자유롭게 상상하되 연관성을 갖춰 쓰기

帽子

❶ 제시어에 맞는 단어 떠올리고 생각 확장하기

그림을 보고 가장 먼저 떠올려야 하는 단어는 '戴 착용하다'이다. 간단하게 '这个男人戴着帽子。이 남자는 모자를 쓰고 있다.'와 같이 작문할 수도 있지만 좀 더 상상력을 동원해서 모자와 관련 있는 내용을 추가시켜 문장을 만들 수도 있다.

他外出时总是戴帽子。 그는 외출할 때 늘 모자를 쓴다.

他戴了一顶黑色的帽子。 그는 검은색 모자를 썼다.

这顶帽子很适合他戴。 이 모자는 그에게 매우 잘 어울린다.

他戴上帽子，看起来更帅。 그는 모자를 쓰면 더 멋있어 보인다.

这个戴帽子的男人是个很有名的演员。 이 모자를 쓴 남자는 매우 유명한 배우이다.

❷ 단어가 떠오르지 않을 때 다른 표현 방식 찾기

만일 '戴'가 생각나지 않는다면 어떻게든 다른 방식으로 표현해야 한다. 즉, 술어를 '戴'로 쓰지 말고 '买 사다'나 '贵 비싸다' 등의 단어로도 쓸 수 있다. 중요한 것은 여러 가지 방식으로 생각할 수 있는 다양한 시각을 갖는 것이다.

他的帽子看起来很贵。 그의 모자는 매우 비싸 보인다.

昨天他买了一顶新帽子。 어제 그는 새 모자를 하나 샀다.

❸ 빈출 명사

명사 제시어 문제는 그 명사와 호응할 수 있는 동사나 형용사를 많이 아는 것이 중요하다. 가장 쉽고 자주 사용되는 모범 문장을 하나씩 외워 두면 응용하여 쉽게 문장을 만들 수 있다. 아래의 4급 필수 명사와 예문을 암기함으로써 내공을 쌓도록 하자.

爱情 àiqíng 사랑, 애정	爱情没有国界。 사랑은 국경이 없다.
笔记本电脑 bǐjìběn diànnǎo 노트북 컴퓨터	我很想买这台笔记本电脑。 나는 이 노트북 컴퓨터를 정말 사고 싶다.
材料 cáiliào 재료, 자료	做菜需要的材料都准备好了。 요리에 필요한 재료는 모두 준비되었다.
长城 Chángchéng 만리장성	外国人很喜欢来长城看看。 외국인은 만리장성에 와서 보는 것을 매우 좋아한다.

窗户 chuānghù 창문	他们在擦窗户。 그들은 창문을 닦고 있다.
代表 dàibiǎo 대표	他是我们公司的营业代表。 그는 우리 회사의 영업 대표이다.
导游 dǎoyóu 관광 가이드	导游是一个很有意思的职业。 관광 가이드는 매우 재미있는 직업이다.
对话 duìhuà 대화	对话是最好的沟通方法。 대화는 가장 좋은 소통 방법이다.
翻译 fānyì 통역, 번역, 통역사	翻译是一件很难的事。 통역은 매우 어려운 일이다.
方向 fāngxiàng 방향	不管做什么都先要确定正确的方向。 어떤 일을 하든 먼저 정확한 방향을 정해야 한다.
风景 fēngjǐng 풍경	这里有很多吸引人的风景。 이곳은 매력적인 풍경이 매우 많다.
个子 gèzi 키	这个女孩比男孩个子更高。 이 여자아이는 남자아이보다 키가 더 크다.
顾客 gùkè 고객, 손님	这家餐厅有很多顾客。 이 식당에는 손님이 많다.
广告 guǎnggào 광고	这里到处都是广告。 여기는 온통 광고이다.
海洋 hǎiyáng 바다	海洋里生活着很多种生物。 바닷속에는 많은 종류의 생물들이 살고 있다.
汗 hàn 땀	男的在帮女的擦汗。 남자가 여자의 땀을 닦아주고 있다.
航班 hángbān 운항편, 항공편	因为在下一场大雨，所有航班都取消了。 큰 비가 내려서 모든 항공편이 취소됐다.
好处 hǎochù 좋은 점, 이익	电脑给我们的生活带来了很多好处。 컴퓨터는 우리의 생활에 많은 이익을 가져다 주었다.
号码 hàomǎ 번호	请说一下您的电话号码。 당신의 전화번호를 좀 말씀해 주세요.
盒子 hézi 상자	请您猜猜这个盒子里有什么东西。 이 상자 안에 무슨 물건이 있는지 맞춰보세요.
护士 hùshi 간호사	最近男护士越来越多了。 최근에 남자 간호사가 갈수록 많아지고 있다.
活动 huódòng 활동, 행사	广场上正举办纪念活动。 광장에서 기념 행사가 진행되고 있다.

机会 jīhuì 기회	我一定要抓住这个机会。 나는 반드시 이 기회를 잡을 것이다.	
集合 jíhé 집합	集合地点就在校门口。 집합 장소는 학교 정문 앞이다.	
记者 jìzhě 기자	记者的工作有时很危险。 기자의 일은 때로 매우 위험하다.	
计划 jìhuà 계획	我在安排暑假的学习计划。 나는 여름방학 학습 계획을 세우고 있다.	
技术 jìshù 기술	这项工作需要很高的技术水平。 이 일은 높은 기술 수준을 필요로 한다.	
交通 jiāotōng 교통	这里的交通太乱了。 이곳의 교통은 매우 혼잡하다.	
精神 jīngshen 생기, 힘, 기운	昨天我没睡好，所以今天没精神。 어제 나는 잠을 잘 못 자서 오늘 기운이 없다.	
经验 jīngyàn 경험	他的工作经验很丰富。 그의 업무 경험은 매우 풍부하다.	
礼貌 lǐmào 예의, 매너	这个人很有礼貌。 이 사람은 예의가 참 바르다.	
密码 mìmǎ 비밀번호	我忘了信用卡的密码。 나는 신용카드의 비밀번호를 잊어버렸다.	
耐心 nàixīn 인내심	这个运动员很有耐心。 이 운동선수는 인내심이 강하다.	
脾气 píqì 성격	他的脾气很不好。 그의 성격은 매우 좋지 않다.	
气候 qìhòu 기후	这里的气候很凉快。 이곳의 기후는 매우 시원하다.	
区别 qūbié 차이	这些手机没有什么区别。 이 휴대전화들은 별 차이가 없다.	
日记 rìjì 일기	我每天用汉语写日记。 나는 매일 중국어로 일기를 쓴다.	
失败 shībài 실패	承认失败不是一件容易的事。 실패를 인정하는 것은 쉬운 일이 아니다.	
售货员 shòuhuòyuán 판매원	这个售货员在说明产品的特点。 이 판매원은 제품의 특징을 설명하고 있다.	
速度 sùdù 속도	开车速度太快容易发生交通事故。 운전 속도가 너무 빠르면 교통사고가 일어나기 쉽다.	

网球 wǎngqiú 테니스	我很喜欢打网球。 나는 테니스 치는 것을 매우 좋아한다.
温度 wēndù 온도	地球的温度每年都上升。 지구의 온도는 매년 상승하고 있다.
污染 wūrǎn 오염	环境污染越来越严重。 환경 오염이 갈수록 심각해지고 있다.
误会 wùhuì 오해	他的话引起了她的误会。 그의 말은 그녀의 오해를 불렀다.
消息 xiāoxi 소식	她在告诉男的不好的消息。 그녀는 남자에게 좋지 않은 소식을 알려주고 있다.
信用卡 xìnyòngkiǎ 신용카드	她喜欢用信用卡购物。 그녀는 신용카드로 쇼핑하는 것을 좋아한다.
压力 yālì 스트레스	最近他工作压力很大。 최근에 그는 업무 스트레스가 매우 많다.
演员 yǎnyuán 배우, 연기자	他是我国很有名的演员。 그는 우리나라에서 매우 유명한 배우이다.
阳光 yángguāng 햇빛	这儿的阳光很充足。 이곳의 햇빛은 충분하다.
钥匙 yàoshi 열쇠	没有钥匙就不能进房间。 열쇠가 없으면 방에 들어갈 수 없다.
饮料 yǐnliào 음료	商店里有很多种饮料。 상점에 많은 종류의 음료가 있다.
友谊 yǒuyì 우의, 우정	希望我们的友谊永远不变。 우리의 우정이 영원히 변치 않기를 바란다.
羽毛球 yǔmáoqiú 배드민턴	很多人在公园打羽毛球。 많은 사람들이 공원에서 배드민턴을 치고 있다.
约会 yuēhuì 약속	他今天有一个很重要的约会。 그는 오늘 중요한 약속이 있다.
知识 zhīshi 지식	多读书可以增长知识。 책을 많이 읽으면 지식을 늘릴 수 있다.
质量 zhìliang 품질	这里的产品都质量非常高。 이곳 제품은 모두 품질이 뛰어나다.
座位 zuòwèi 좌석, 자리	这里有很多空座位。 이곳에는 많은 빈 좌석이 있다.

실력 다지기

1~15 사진을 보고 제시된 어휘를 사용하여 문장을 만드시오.

1

信用卡

2

音乐

3

减肥

4

消息

5

垃圾

6  考试

7  报纸

8  兴趣

9  手表

10  爱好

11  安全带

12 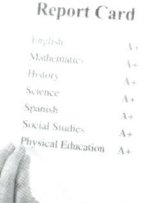 成绩

13  水果

14  照片

15  信心

2 동사 제시어

> **Guide**
> 동사 제시어 또한 명사 제시어 못지 않게 많이 출제되는데, 5문항 중 적게는 1문항, 많게는 3문항이 출제된다. 동사는 주로 술어나 관형어가 되므로 동사 제시어가 주어졌다면 술어나 관형어로 삼아서 동사 술어문을 만드는 것이 좋다.

> **주의** 동사와 자주 호응하는 명사를 함께 암기하자! 동사는 형용사와 달리 목적어를 동반할 수 있으므로 동사와 자주 호응하는 명사를 함께 암기해야 한다.

쓰기 급소공략

1 동사 제시어와 어울릴 수 있는 명사를 떠올린다.

만일 제시어가 '收拾 청소하다'일 경우 호응할 수 있는 명사는 '房间 집, 방'이 된다. 따라서 이 둘을 연결시켜서 '她收拾房间。 그녀는 방을 청소한다.'이라고 작문할 수 있다.

2 사진 속 상황의 특징을 설명할 수 있는 단어를 연상한다.

만일 사진에 밀대가 그려져 있는데 이 단어가 떠오르지 않는다면 상상력을 동원하여 '她每天都要收拾房间。 그녀는 매일 청소한다.'이라고 표현할 수도 있다.

3 그림의 특징을 가장 잘 살릴 수 있는 내용으로 제시어를 술어로 위치시켜 동사 술어문을 만든다.

제시어 동사가 모두 목적어를 취할 필요는 없다. 예를 들어, '(제시어: 破) 鸡蛋被打破了。 계란이 깨졌다.', '(제시어: 尝) 你尝一尝, 味道怎么样? 한번 맛을 봐봐, 맛이 어때?'처럼 목적어 없이 피동문이나 복문으로 만들 수도 있다.

예제로 감 익히기

Mission 1 사진을 보고 제시된 어휘를 사용하여 문장을 만드시오.

担心

① 사진과 제시어 분석

한 여자가 머리를 감싸 쥐고 있고, 제시어도 '걱정하다'라는 뜻의 동사 '担心'이므로 '~을 걱정하고 있다'라는 식의 작문을 할 수 있다. '~때문에 걱정하다'라고 표현할 때는 '为……感到担心' 혹은 '担心……'라고 쓴다.

② 관련 표현 정리

让别人担心 ràng biérén dānxīn 다른 사람을 걱정하게 만들다

担心考试 dānxīn kǎoshì 시험을 걱정하다

为……感到担心 wèi……gǎndào dānxīn ~때문에 걱정하다

千万别 qiānwànbié 절대로 ~하지 마라

只是担心 zhǐshì dānxīn 단지 걱정만 하다

③ 모범답안

不要让别人担心。 다른 사람을 걱정하게 하지 마라.

她很担心这次考试。 그녀는 이번 시험을 매우 걱정하고 있다.

她为找工作感到担心。 그녀는 일자리 구하는 문제로 걱정하고 있다.

千万别担心，我会帮你的。 절대로 걱정하지마. 내가 널 도와줄게.

只是担心，不付出努力，是没有用的。 단지 걱정만 하고 노력을 하지 않는다면 소용없는 일이다.

不要 búyào ~하지 마라, ~해서는 안 된다 | 付出 fùchū 동 지불하다, 들이다 | 努力 nǔlì 명 노력 | 没有用 méiyǒuyòng 소용없다

쓰기 내공 TIP — 동사 제시어

(1) [주-술-목] 구조에서 시작하기

동사는 주로 술어가 되므로 가장 쉽게는 동사 술어문을 이용해서 문장을 만들 수 있다. 따라서 주어진 동사 제시어를 술어 자리에 넣어서 '주어는 ~한다'라는 식의 작문을 할 수 있다.

表扬

❶ 뼈대 구성

엄마가 아이를 칭찬하는 모습이다. 따라서 동사인 '表扬 칭찬하다'이 술어가 되므로 다음과 같은 문장을 만들 수 있다.

妈妈 表扬 孩子。엄마가 아이를 칭찬한다.
주어 술어 목적어

❷ 상상을 통해 내용에 살 붙이기

'妈妈表扬孩子。'라고만 하면 너무 단순한 느낌이 들므로, 이때는 주어나 술어, 목적어 앞에 수식어구를 붙일 수 있다. 혹은 아예 구조를 바꿔서 '자주 아이를 칭찬하는 것은 매우 좋은 교육방법이다'와 같이 '是자문'으로 작문할 수도 있다.

妈妈**经常**表扬孩子。엄마는 자주 아이를 칭찬해 주었다. → 부사어 추가

父母**应该**经常表扬孩子。부모는 자주 아이를 칭찬해 주어야 한다. → 조동사 추가

经常表扬孩子**是**很好的教育方法。자주 아이를 칭찬하는 것은 매우 좋은 교육 방법이다. → 是자문

(2) 목적어 없이 작문하기

동사는 일반적으로 목적어를 취할 수 있지만 때로는 사진 속 상황이 굳이 목적어를 동반할 필요가 없거나 제시된 동사가 목적어를 동반할 수 없을 때가 있다. 이럴 경우에는 목적어를 찾지 말고 그런 상황이 된 배경을 동사 앞쪽에서 표현하는 방식으로 작문할 수 있다.

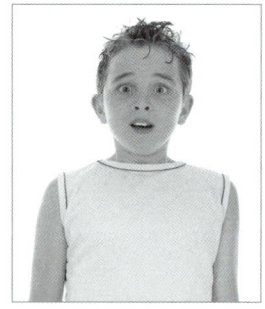

吃惊

❶ 뼈대 구성

남자아이가 놀라는 모습이다. 따라서 동사인 '吃惊 놀라다'이 술어가 되므로 다음과 같은 문장을 만들 수 있다.

他 非常 吃惊。 그는 매우 놀랐다.
주어 부사어 술어

❷ 상상을 통해 내용에 살 붙이기

'他非常吃惊。'이라고만 쓰면 단순해 보일 수 있으므로, 이 아이가 왜 놀랐는지에 대해 설명하면서 내용을 보충할 수 있다.

他看了以后非常吃惊。 그는 보고 나서 매우 놀랐다.
他听了以后非常吃惊。 그는 듣고서 매우 놀랐다.

❸ 기타 예제

练习 表演前要好好练习一下。 공연 전에 잘 연습해야 한다.

失望 没通过面试，他很失望。 면접에 통과하지 못해서 그는 매우 실망했다.

(3) 상용 동목구

동사 제시어 문제는 단어 뜻을 몰라서 정확하게 문장을 만들지 못하는 경우가 종종 있다. 그러므로 최대한 많은 동사의 뜻을 공부하고, 상용 동목구를 암기함으로써 응용력을 키워야 한다.

安排 ānpái 안배하다	安排日程 일정을 안배하다　安排计划 계획을 안배하다　安排工作 업무를 안배하다 安排活动 활동을 안배하다
保护 bǎohù 보호하다	保护环境 환경을 보호하다　保护眼睛 눈을 보호하다　保护身体 몸을 보호하다
抱 bào 안다	抱小孩儿 아이를 안다　抱希望 희망을 안다
毕业 bìyè 졸업하다	大学毕业 대학을 졸업하다　毕业典礼 졸업식

表达 biǎodá (의사·감정 등을) 표현하다	表达爱情 애정을 표현하다　表达意见 의견을 표현하다
擦 cā 닦다, 문지르다	把窗户擦干净 창문을 깨끗이 닦다　擦黑板 칠판을 닦다　擦窗户 창문을 닦다
参观 cānguān 참관하다	参观博物馆 박물관을 참관하다　参观展览会 전람회를 참관하다　参观大学 대학을 참관하다
超过 chāoguò 추월하다, 초과하다	超过范围 범위를 뛰어넘다　超过一个小时 한 시간을 초과하다
吃惊 chījīng 놀라다	感到吃惊 놀라다　让人很吃惊 사람을 놀래키다
抽烟 chōuyān 담배 피우다	禁止抽烟 흡연을 금지시키다　不要抽烟 담배 피우지 마세요
出差 chūchāi 출장가다	去上海出差 상하이로 출장가다　出差回来 출장에서 돌아오다
打扮 dǎbàn 꾸미다, 치장하다	打扮得很漂亮 매우 예쁘게 꾸미다　打扮得很难看 꾸밈이 매우 나쁘다
打扰 dǎrǎo 방해하다	打扰学习 공부를 방해하다　打扰休息 휴식을 방해하다　打扰工作 업무를 방해하다
戴 dài 착용하다	戴帽子 모자를 쓰다　戴戒指 반지를 끼다　戴眼镜 안경을 쓰다
道歉 dàoqiàn 사과하다	向他道歉 그에게 사과하다　要求道歉 사과를 요구하다
掉 diào 떨어지다	掉光了 다 떨어지고 없다　掉眼泪 눈물을 떨구다　掉进河里 강에 빠지다
调查 diàochá 조사하다	调查商品 상품을 조사하다　调查实情 실정을 조사하다
丢 diū 잃어버리다, 버리다	丢脸 체면을 잃다　丢东西 물건을 잃어버리다
断 duàn 끊어지다	树枝断了 나뭇가지가 부러졌다　腿断了 다리가 부러졌다
访问 fǎngwèn 방문하다	访问工厂 공장을 방문하다　访问农村 농촌을 방문하다
放弃 fàngqì 포기하다	放弃权利 권리를 포기하다　放弃机会 기회를 포기하다　放弃留学 유학을 포기하다
符合 fúhé 부합하다	符合条件 조건에 부합하다　符合规定 규정에 부합하다　符合标准 기준에 부합하다
负责 fùzé 책임지다	由我来负责 내가 책임지겠다　负责工作 일을 책임지다
改变 gǎibiàn 바꾸다, 변하다	改变主意 생각을 바꾸다　改变观点 관점을 바꾸다　改变发型 헤어스타일을 바꾸다

感动 gǎndòng 감동하다	感动读者 독자를 감동시키다　被电影感动了 영화에 감동받았다 感动得哭了 감동해서 울었다	
感谢 gǎnxiè 감사하다	非常感谢 매우 감사합니다　感谢老师 선생님께 감사드립니다	
购物 gòuwù 쇼핑하다	上街购物 거리로 나가 물건을 사다　购物环境 쇼핑 환경	
估计 gūjì 짐작하다, 예상하다	估计损失 손실을 예상하다　估计重量 무게를 짐작하다 结果难以估计 결과를 예측하기 힘들다	
鼓励 gǔlì 격려하다, 장려하다	鼓励学生 학생을 격려하다　鼓励努力学习 열심히 공부할 것을 격려하다	
鼓掌 gǔzhǎng 손뼉을 치다, 박수하다	热烈鼓掌 박수갈채를 보내다　鼓掌欢迎 박수로 환영하다	
挂 guà 걸다	挂衣服 옷을 걸다　挂画儿 그림을 걸다	
逛 guàng 거닐다	逛街 거리를 거닐다　逛商店 쇼핑하다	
怀疑 huáiyí 의심하다	受到怀疑 의심받다　怀疑别人 다른 사람을 의심하다	
激动 jīdòng 흥분하다, 감동하다	激动得说不出话来 감동해서 말이 나오지 않는다　非常激动 매우 흥분하다	
寄 jì 우편물을 부치다	寄电子邮件 이메일을 보내다　寄一封信 편지를 보내다　寄包裹 소포를 부치다	
坚持 jiānchí 견지하다, 계속하다	坚持意见 의견을 고수하다　坚持锻炼 운동을 계속하다　坚持下去 계속 해 나가다	
交 jiāo 제출하다	交给老师 선생님에게 제출하다　交答卷 답안지를 제출하다	
交流 jiāoliú 교류하다	交流意见 의견을 교류하다　交流文化 문화를 교류하다	
禁止 jìnzhǐ 금지하다	禁止抽烟 흡연을 금지하다　禁止拍照 사진 촬영을 금지하다 禁止进入 진입을 금지하다	
竞争 jìngzhēng 경쟁하다	竞争激烈 경쟁이 치열하다　参与竞争 경쟁에 참여하다	
举办 jǔbàn 열다, 개최하다	举办婚礼 결혼식을 올리다　举办宴会 연회를 열다 举办奥运会 올림픽을 개최하다　举办慈善活动 자선활동을 열다	
拒绝 jùjué 거절하다	拒绝要求 요구를 거절하다　拒绝请求 부탁을 거절하다 拒绝邀请 요청을 거절하다　拒绝交税 납세를 거부하다	
咳嗽 késou 기침하다	不停地咳嗽 끊임없이 기침하다　咳嗽得很厉害 기침이 매우 심하다	

浪费 làngfèi 낭비하다	浪费粮食 식량을 낭비하다　浪费时间 시간을 낭비하다　浪费物资 물자를 낭비하다
陪 péi 모시다, 함께 하다	陪父母 부모님을 모시다　陪客人 손님을 모시다　陪朋友 친구를 데리다
批评 pīpíng 꾸짖다, 나무라다	批评错误 잘못을 나무라다　接受批评 비판을 받아들이다　批评学生 학생을 꾸짖다
骗 piàn 속이다	受骗 사기당하다　骗人 남을 속이다
破坏 pòhuài 파괴하다, 부서지다	破坏环境 환경을 파괴하다　破坏团结 단결을 방해하다 破坏建筑 건물을 파괴하다　破坏平和 평화를 파괴하다
缺少 quēshǎo 부족하다	缺少资源 자원이 부족하다　缺少水 물이 부족하다 缺少资金 자금이 부족하다　缺少人员 인원이 부족하다
扔 rēng 버리다	扔石头 돌을 던지다　扔垃圾 쓰레기를 버리다　乱扔衣服 옷을 함부로 던지다
失望 shīwàng 실망하다	让人失望 실망시키다　对你失望 너에게 실망하다
适应 shìyìng 적응하다	适应环境 환경에 적응하다　适应时差 시차에 적응하다　适应能力 적응력
收拾 shōushi 정리하다, 정돈하다	收拾行李 짐을 정리하다　收拾房间 방을 치우다
提供 tígōng 제공하다	提供服务 서비스를 제공하다　提供机会 기회를 제공하다　提供教育 교육을 제공하다
推 tuī 밀다	推开窗户 창문을 밀어 열다　推开门 문을 밀어 열다
引起 yǐnqǐ 야기하다, 불러 일으키다	引起注意 주의를 불러일으키다　引起误会 오해를 불러일으키다 引起疾病 질병을 일으키다
招聘 zhāopìn 직원을 모집하다	招聘职员 신입사원을 뽑다　招聘广告 모집 광고
整理 zhěnglǐ 정리하다	整理材料 자료를 정리하다　整理房间 방을 정리하다　整理照片 사진을 정리하다
重视 zhòngshì 중시하다	重视教育 교육을 중시하다　重视艺术 예술을 중시하다　重视科学 과학을 중시하다
注意 zhùyì 주의하다, 신경 쓰다	注意休息 휴식에 주의하다　注意安全 안전에 주의하다　注意健康 건강에 주의하다
赚 zhuàn 돈을 벌다, 이익을 남기다	赚钱 돈을 벌다　赚生活费 생활비를 벌다　赚了很多钱 많은 돈을 벌었다
尊重 zūnzhòng 존중하다	尊重老人 노인을 존중하다　尊重老师 선생님을 존중하다 尊重别人 다른 사람을 존중하다

실력 다지기

1~15 사진을 보고 제시된 어휘를 사용하여 문장을 만드시오.

1
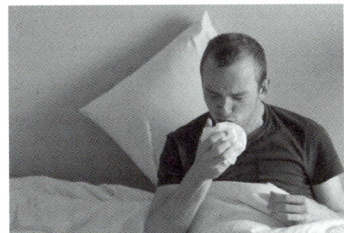
咳嗽

2

照顾

3

打扫

4

抽烟

5

毕业

6  猜

7  害羞

8  掉

9  醒

10  出差

11  理发

12  擦

13  逛

14  教

15  招聘

3 형용사 제시어

> **Guide**
> 형용사는 매 시험마다 1~2문항 정도가 출제된다. 형용사는 문장 안에서 주로 술어, 관형어, 부사어, 보어 등으로 쓰이므로 형용사 제시어 문제는 '형용사 술어문'이나 '是자문'을 만드는 것이 가장 좋다.

 형용사 제시어를 동사로 착각해서 뒤에 목적어를 동반하여 작문하는 경우(这个东西很危险她。→ 她觉得这个东西很危险。그녀는 이 물건이 매우 위험하다고 생각한다.)가 있다. 이는 어법상 맞지 않는 표현이므로 주의하자.

쓰기 급소공략

1 제시된 형용사는 [정도부사(很/非常/十分/真/特别/有点儿……)+형용사]의 형태로 술어를 만든다.

형용사 술어문의 '很'은 '매우'라는 의미를 나타내기보다는 습관적으로 쓴다. 따라서 형용사가 술어가 된다면 [很+형용사]의 형태로 쓰는 습관을 길러야 한다. (예: 这个小女孩很活泼。이 여자아이는 활발하다.) 만일 정도를 강조하고 싶다면 '非常/十分/真/特别' 등을 쓸 수 있고 정도가 약하다면 '有点儿'을 쓸 수 있다. (예: 昨晚没睡好，现在有点儿困了。어젯밤에 잠을 잘 못 자서 지금 조금 졸리다.)

2 주어는 [지시대사+수량구+명사]의 형태로 만드는 것이 좋다.

형용사 술어문은 술어가 간단하기 때문에 주어를 비교적 길게 만드는 것이 좋다. 따라서 주어는 [지시대사+수량구+명사]의 형태로 만들도록 한다. (예: 这个小女孩儿很活泼。이 여자아이는 매우 활발하다.) 혹은 앞에 수식어구를 붙여서 의미상으로 더 구체적으로 만드는 것이 좋다. (예: 她讲的笑话真有意思。그녀가 말한 농담은 정말 재미있다.)

3 문장이 너무 간단할 경우 연동문이나 겸어문을 만든다.

'他很吃惊。그는 놀랐다.'과 같이 문장이 너무 간단하면 좋은 점수를 받을 수 없기 때문에 이럴 경우 연동문(听了这个消息，他很吃惊了。이 소식을 듣고 그는 매우 놀랐다.)이나 겸어문(这个消息让他很吃惊。이 소식은 그를 매우 놀라게 했다.)으로 써서 더 구체적인 내용의 문장을 만들 수 있다.

예제로 감 익히기

Mission 1 사진을 보고 제시된 어휘를 사용하여 문장을 만드시오.

难受

① 사진과 제시어 분석

제시어 '难受 괴롭다, 견딜 수 없다'는 형용사이고, 사진은 축구 선수가 괴로워하고 있는 모습이다. 따라서 큰 시합에서 지고 괴로워하는 선수의 모습이나 그 마음을 나타내는 문장을 쓰는 것이 좋다.

② 관련 표현 정리

觉得很难受 juéde hěn nánshòu 매우 괴롭다
比赛输了 bǐsài shū le 시합에서 졌다
让他很难受 ràng tā hěn nánshòu 그를 매우 힘들게 하다
别太难受了 bié tài nánshòu le 너무 괴로워하지 마라

③ 모범답안

他觉得很难受。 그는 매우 괴로워하고 있다.
比赛输了，他很难受。 시합에서 져서 그는 괴로워하고 있다.
比赛的结果让他很难受。 시합의 결과가 그를 매우 괴롭게 하고 있다.
他突然头疼了，很难受。 그는 갑자기 머리가 아파서 몹시 괴로워하고 있다.
别太难受了，还有很多机会呢。 너무 괴로워하지 마. 더 많은 기회가 있잖아.

比赛 bǐsài 명 경기, 시합 동 시합하다 | 输 shū 동 지다, 패하다 | 结果 jiéguǒ 명 결과 | 突然 tūrán 부 갑자기 | 头疼 tóuténg 동 머리가 아프다 | 别太……了 biétài……le 너무 ~하지 마라 | 机会 jīhuì 명 기회

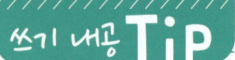 형용사 제시어

(1) 형용사 제시어 문장 만들기

❶ 술부 만들기

제시된 형용사를 [정도부사+형용사]나 [형용사+정도보어]의 형태로 술부를 만들 수 있다.

제시어	술부의 형태	
	정도부사(很/非常/十分/真/特別)+형용사	형용사+정도보어(极了/不得了/厉害)
可爱	很可爱 / 非常可爱 / 真可爱	可爱极了 / 可爱得不得了
香	很香 / 真香 / 特别香	香极了 / 香得不得了
舒服	很舒服 / 特别舒服	舒服极了 / 舒服得不得了
凉快	很凉快 / 特别凉快	凉快极了 / 凉快得不得了
激动	很激动 / 非常激动 / 特别激动	激动极了 / 激动得不得了
干净	很干净 / 特别干净	干净极了 / 干净得不得了
疼	很疼 / 真疼 / 特别疼	疼得不得了 / 疼得厉害

- 真 zhēn 실제로, 확실히: 긍정의 어기를 강하게 함

- 极了 jíle 극히, 몹시: 주로 긍정적인 의미의 형용사 뒤에 와서 형용사의 성질이나 상태가 극에 달했음을 나타냄

- 不得了 bùdéliǎo 매우 심하다: 정도가 매우 심함을 의미하며 긍정적·부정적 의미의 단어와 모두 어울릴 수 있음

- 厉害 lìhai 대단하다, 심하다: 매우 높은 정도를 나타내며 주로 부정적인 의미의 형용사 뒤에 옴

❷ 주부 만들기

주부(관형어+주어)를 만들 때는 주로 [지시대사+수량구+명사]의 형태로 비교적 구체적으로 만드는 것이 좋다.

这(지시대사) 两只(수량구) 小猫(명사) 真可爱。 이 고양이 두 마리는 참 귀엽다.

这(지시대사) 些(수량구) 花(명사) 闻起来很香。 이 꽃들은 냄새를 맡아보면 매우 향긋하다.

❸ 연동문, 겸어문 만들기

연동문이나 겸어문을 만들어서 좀 더 구체적인 내용의 문장을 만들 수 있다.

走在海边, 感觉很凉快。 해변을 걸으면 상쾌한 느낌이 든다. → 연동문

这个消息让他非常激动。 이 소식은 그로 하여금 매우 흥분하게 만들었다. → 겸어문

❹ 보어 만들기

형용사가 때로는 보어가 될 수도 있다.

这个杯子装满了咖啡。 이 잔에는 커피가 가득 담겨 있다. → 결과보어

这条小路被打扫得很干净。 이 오솔길은 매우 깨끗하게 청소되어 있다. → 정도보어

❺ '是자문' 만들기

형용사 제시어를 '是자문'으로 만들 때는 [是+수사+양사+형용사(제시어)+的+명사]의 어순으로 쓰는 것이 좋다.

这**是**一只很**可爱**的小猫。 이것은 매우 귀여운 새끼 고양이이다.

这**是**一个很**舒服**的沙发。 이것은 매우 편한 소파이다.

(2) 양사의 종류

형용사 술어문은 주부가 비교적 긴 특징이 있는데 그때 명사에 어울리는 전용 양사를 써 주는 것이 좋다. 각각의 양사가 어떤 명사와 어울리는지 파악한 다음 대표적인 예 한두 가지를 외워두면 유용하게 쓸 수 있다.

명량사	사용 대상	호응하는 명사
把	손잡이가 있는 물건, 나이	钥匙 열쇠 伞 우산 刀子 칼 椅子 의자 年纪 나이 岁数 연령
杯	잔	水 물 茶 차 酒 술 牛奶 우유 咖啡 커피
本	책	书 책 杂志 잡지 词典 사전 小说 소설
笔	금액, 금전, 교역 등에 관계된 것	钱 돈 生意 사업 账 장부 收入 수입 财产 재산 经费 경비
场	문예, 자연현상, 연출, 체육활동	雪 눈 雨 비 病 병 电影 영화 音乐会 음악회 球赛 경기 战争 전쟁
朵	꽃, 구름	花 꽃 云 구름
份	서류, 일	工作 일 礼物 선물 报纸 신문
封	편지	信 편지 电报 전보 电子邮件 전자메일
幅	그림	画儿 그림
副	쌍을 이루는 물건, 얼굴 표정	眼镜 안경 手套 장갑 样子 표정
个	전용 양사가 없는 명사에 두루 쓰이며, 전용 양사가 있는 명사에도 쓰일 수 있음	女孩 여자아이 苹果 사과 国家 국가 公司 회사 星期 요일
家	가정, 가게, 기업(주로 영리 목적)	工厂 공장 商店 상점 银行 은행 饭店 식당
架	받침대가 있는 물건, 기계장치	飞机 비행기 相机 카메라 钢琴 피아노
间	방(문과 창이 있는 곳)	房子 집 教室 교실
件	옷, 일, 사건, 개체의 사물	衣服 옷 衬衫 셔츠 行李 짐 事情 일
棵	그루, 포기, 식물	树 나무 草 풀 白菜 배추
块	덩어리, 조각 모양	钱 돈 糖 설탕 面包 빵 饼干 비스킷 手表 시계

辆	차량	车 차　汽车 자동차　自行车 자전거
批	사람의 무리, 사물의 한 무더기	货 물품　产品 상품　同学 학우
篇	편(일정한 형식을 갖춘 문장)	文章 문장　论文 논문　作文 작문
片	얇고 작은 사물, 작게 잘라진 부분	肉 고기　草地 풀밭　药 약　面包 빵　树叶 나뭇잎　笑声 웃음소리
首	시, 노래	诗 시　歌 노래
所	(비영리의) 집, 학교, 건물	学校 학교　医院 병원
台	기계, 차량, 연극의 공연 횟수	电视 텔레비전　电脑 컴퓨터　机器 기계　冰箱 냉장고
套	세트, 벌, 조	衣服 옷　房子 집　家具 가구　邮票 우표
条	가늘고 긴 것, 가늘고 긴 느낌의 유형·무형의 것	毛巾 손수건　裤子 바지　裙子 치마　鱼 물고기　消息 소식　新闻 뉴스　意见 의견　狗 개　蛇 뱀　路 길　河 강
项	가지, 항, 조목, 조항	工程 공정　工作 일　调查 조사　研究 연구　任务 임무
张	넓은 표면을 가진 것	纸 종이　票 표　照片 사진　桌子 책상　床 침대　嘴 입　脸 얼굴
只	쌍을 이루는 물건의 하나를 셈, 금수를 셈	眼睛 눈　耳朵 귀　手 손　脚 다리　猫 고양이
座	산·건축물·교량 따위의 비교적 크고 든든한 것이나 고정된 물체	山 산　桥 다리　楼 건물　城市 도시

(3) 빈출 형용사

형용사 제시어 문제의 경우 단어의 뜻을 몰라서 제대로 작문하지 못하는 경우가 많다. 그러므로 4급에 자주 나오는 형용사들의 뜻을 정확하게 이해하도록 하자. 형용사는 주로 술어, 관형어, 보어로 쓰이므로 이들 자리에 놓는 연습을 위주로 하는 것이 좋다.

这个苹果还没成熟。 이 사과는 아직 익지 않았다. → 술어

我终于找到了一个理想的工作。 나는 드디어 마음에 드는 일자리를 찾았다. → 관형어

他的作业做得太马虎了。 그의 숙제는 너무 대충했다. → 보어

安全 ānquán 안전하다	这样很不安全。 이렇게 하는 것은 매우 안전하지 못하다.
抱歉 bàoqiàn 미안해하다	真抱歉, 让您久等了。 정말 미안합니다. 당신을 오래 기다리게 했습니다.
差不多 chàbuduō 거의 비슷하다	他俩个子差不多。 그들 둘은 키가 비슷하다.

吵 chǎo 시끄럽다	我的房间正对着马路，吵得厉害。 내 방은 대로와 마주하고 있어서 매우 시끄럽다.
诚实 chéngshí 진실되다	他可是一个很诚实的孩子。 그는 정말 진실된 아이이다.
得意 déyì 대단히 만족하다	受到表扬，她很得意。 칭찬을 받고 그녀는 매우 만족했다.
烦恼 fánnǎo 걱정하다, 고민스럽다	一直找不到满意的工作，他很烦恼。 줄곧 마음에 드는 일자리를 찾지 못해서 그는 매우 걱정한다.
丰富 fēngfù 풍부하다	在修理电脑方面，他有很丰富的经验。 컴퓨터를 고치는 방면에 있어서 그는 매우 풍부한 경험을 가지고 있다.
复杂 fùzá 복잡하다	这个问题很复杂。 이 문제는 매우 복잡하다.
干燥 gānzào 건조하다	这里的夏天很干燥。 이곳의 여름은 매우 건조하다.
孤单 gūdān 외롭다	老人一个人住，很孤单。 노인이 혼자 살면 매우 외롭다.
害羞 hàixiū 부끄러워하다	第一次在这么多人面前讲话，他有些害羞。 처음으로 이렇게 많은 사람들 앞에서 말을 하니 그는 약간 부끄러웠다.
合适 héshì 알맞다, 적당하다	他觉得这样做不太合适。 그는 이렇게 하는 것이 그다지 적절하지 않다고 생각한다.
活泼 huópo 활발하다	这个小孩子很活泼。 이 아이는 매우 활발하다.
激动 jīdòng 흥분하다, 감동하다	他激动得流下了眼泪。 그는 감동해서 눈물을 흘렸다.
积极 jījí 적극적이다	遇到问题，应该积极解决。 문제에 부딪히면 적극적으로 해결해야 한다.
骄傲 jiāoào 자랑스럽다, 거만하다	这个人太骄傲了，谁也看不起。 이 사람은 너무 거만해서 누구든지 다 깔본다.
紧张 jǐnzhāng 긴장하다	第一次参加面试，他紧张得不得了。 처음으로 면접을 보는 거라서 그는 매우 긴장했다.
可怜 kělián 가엾다, 불쌍하다	这个孩子从小就失去了父母，很可怜。 이 아이는 어릴 때 부모님을 잃어서 매우 불쌍하다.
可惜 kěxī 안타깝다, 애석하다	这个家具还可以用，扔了怪可惜的。 이 가구는 더 쓸 수 있는데, 버리기에 너무 아깝다.
苦 kǔ 쓰다, 힘들다	这个感冒药味道好苦啊！ 이 감기약은 매우 쓰다!

宽 kuān 넓다	这么宽的道路都堵车了。 이렇게 넓은 도로가 차로 꽉 막혔다.	
懒 lǎn 게으르다	他一有时间就躺在沙发上，很懒。 그는 기회만 있으면 소파에 눕는다. 참 게을러.	
冷静 lěngjìng 냉정하다	遇到问题要保持冷静。 문제를 만났을 때 냉정을 유지해야 한다.	
理想 lǐxiǎng 이상적이다	我终于找到了一份理想的工作。 나는 드디어 마음에 드는 일을 구했다.	
厉害 lìhai 대단하다, 심하다	你咳嗽得很厉害，要不要去医院看看？ 너 기침을 심하게 하는데 병원에 가봐야 하지 않겠니?	
流利 liúlì 유창하다	他只学了半年汉语，但说得很流利。 그는 중국어를 반년 밖에 배우지 않았는데 매우 유창하게 말한다.	
乱 luàn 어지럽다	我心里很乱，想一个人在家。 나는 마음이 복잡해서 혼자 집에 있고 싶다.	
麻烦 máfan 번거롭다	这件事看起来容易，其实做起来麻烦得很。 이 일은 쉽게 보이지만 사실 직접 해보면 매우 번거롭다.	
马虎 mǎhu 대충하다, 세심하지 못하다	他的作业做得太马虎了。 그의 숙제는 너무 대충했다.	
耐心 nàixīn 인내심 있다, 참을성 있다	他很耐心地听着大家的意见。 그는 매우 참을성 있게 모두의 의견을 듣고 있다.	
轻松 qīngsong (마음이) 홀가분하다, (일이) 수월하다	今天没有作业，很轻松。 오늘은 숙제가 없어서 매우 홀가분하다.	
穷 qióng 가난하다	他小的时候家里很穷，常常没东西吃。 그는 어렸을 때 집이 가난해서 자주 먹을 것이 없었다.	
热闹 rènào 떠들썩하다, 붐비다	快到春节了，街上也热闹起来了。 곧 추석이라 거리도 붐비기 시작했다.	
深 shēn 깊다	这条河很深，要是有人掉进水里就无法出来。 이 강은 매우 깊어서 사람이 빠지면 빠져나올 수 없다.	
顺利 shùnlì 순조롭다	最近他的工作不太顺利。 요즘 그의 일이 그다지 순조롭지 못하다.	
酸 suān 맛이 시다	这种水果特别酸，普通人吃不了。 이 과일은 매우 셔서 보통 사람은 먹을 수 없다.	
危险 wēixiǎn 위험하다	这座山太高了，爬山有点危险。 이 산은 너무 높아서 등산하기에는 좀 위험하다.	
无聊 wúliáo 무료하다, 심심하다	无聊的时候，我常常去看电影。 무료할 때 나는 자주 영화를 보러 간다.	

| 咸 xián
짜다 | 这道菜太咸了，你到底放了多少盐了？
이 요리 너무 짜다. 너 도대체 소금을 얼마나 넣은 거니? |
|---|---|
| 详细 xiángxì
상세하다 | 记者对这一事件做了详细的报道。
기자는 이 사건에 대해서 상세한 보도를 했다. |
| 辛苦 xīnkǔ
고생스럽다, 힘들다 | 虽然现在很辛苦，但总有一天得到好结果。
비록 지금은 힘들지만 언젠가는 좋은 결과를 얻을 거야. |
| 兴奋 xīngfèn
흥분하다 | 晚上喝了一杯咖啡，兴奋得一夜没有睡好。
저녁에 커피를 한 잔 마셨더니 흥분되어서 밤새 잠을 잘 못 잤어. |
| 幸福 xìngfú
행복하다 | 他终于跟女朋友结婚了，幸福极了。
그는 드디어 여자친구와 결혼해서 매우 행복하다. |
| 严格 yángé
엄격하다 | 他对自己的要求非常严格。
그는 자신에 대한 요구가 매우 엄격하다. |
| 严重 yánzhòng
심각하다 | 环境污染越来越严重。
환경 오염이 갈수록 심각해지고 있다. |
| 勇敢 yǒnggǎn
용감하다 | 遇到困难要勇敢面对。
어려움을 만났을 때는 용감하게 맞서야 한다. |
| 优秀 yōuxiù
우수하다 | 他以优秀的成绩从大学毕业了。
그는 우수한 성적으로 대학을 졸업했다. |
| 幽默 yōumò
유머러스하다 | 现在幽默的男人很受女人的欢迎。
요즘은 유머러스한 남자가 여자들에게 인기가 많다. |
| 有趣 yǒuqù
재미있다 | 这本书的内容很有趣，于是我也买了一本。
이 책 내용이 매우 재미있어서 나도 한 권 샀다. |
| 友好 yǒuhǎo
사이가 좋다, 우호적이다 | 他们俩的关系一直很友好。
그들 둘의 관계는 줄곧 매우 좋았다. |
| 愉快 yúkuài
즐겁다, 기쁘다 | 昨天是我二十岁生日，过得非常愉快。
어제는 나의 스무 번째 생일이었는데 매우 즐겁게 보냈다. |
| 正确 zhèngquè
올바르다, 정확하다 | 我认为作者的看法很正确。
나는 작가의 생각이 매우 정확하다고 생각한다. |
| 主动 zhǔdòng
주동적이다 | 他做什么工作都很主动。
그는 무슨 일을 하던 모두 주동적이다. |
| 著名 zhùmíng
유명하다 | 他是韩国最著名的科学家。
그는 한국에서 가장 유명한 과학자이다. |
| 准确 zhǔnquè
확실하다 | 这个数据计算得很准确。
이 데이터는 계산이 매우 정확하다. |
| 仔细 zǐxì
자세하다 | 他又仔细地检查了一遍，没有发现问题。
그는 또 한 번 자세히 점검을 해봤지만 문제를 발견하지 못했다. |

실력 다지기

1~15 사진을 보고 제시된 어휘를 사용하여 문장을 만드시오.

1

差不多

2

丰富

3

得意

4

懒

5

礼貌

6  流利

7  暖和

8  轻松

9 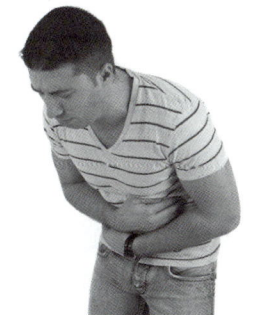 疼

10  凉快

11  酸

12  友好

13  圆

14  幸福

15  热闹

4 자주 틀리는 어법 및 표현

> **Guide** 학생들의 답안을 보면 자주 틀리는 어법이나 표현 등은 대체로 정해져 있다. 부사의 위치, 개사의 혼용, 把자문의 어순 등이 그것이다. 이번 과에서는 특히 자주 틀리는 표현들을 정리해 보고 다음 번에는 절대 틀리지 않게 확실히 자신의 것으로 만들도록 하자.

(1) '都'는 주어 뒤 술어 앞에 위치해야 한다.

- 학생 작문: 这几天气温低，都我们觉得很冷。
- 작문 의도: 요 며칠 기온이 낮아서 우리 모두는 춥다고 느낀다.
- 수정 작문: 这几天气温低，我们都觉得很冷。
- 지적 사항: '都'는 서술문에서 대상을 총괄할 때 총괄 대상 뒤에 써야 한다. [주어(총괄 대상)+都+술어]
- 기타 예문
  听到这个消息大家都很高兴。 이 소식을 듣고 모두가 다 기뻐했다.
  老师和同学都非常关心她。 선생님과 학우들은 모두 그녀에 대해서 대단히 관심을 갖고 있다.

(2) '很'은 형용사 중첩 앞에 쓸 수 없다.

- 학생 작문: 她穿着很漂漂亮亮的衣服。
- 작문 의도: 그녀는 매우 예쁜 옷을 입고 있다.
- 수정 작문: 她穿着漂漂亮亮的衣服。 / 她穿着很漂亮的衣服。
- 지적 사항: 정도부사 '很'은 형용사 앞에서 정도를 나타낸다. 하지만 형용사 중첩은 이미 그 자체가 의미가 심화된 상태이기 때문에 '很'을 쓸 수 없다. 따라서 형용사 중첩 형태만 쓰던지 [很+형용사]로 써야 한다. '很'뿐만 아니라 '太, 十分, 比较, 特别, 非常' 등의 정도부사도 형용사 중첩 앞에 올 수 없다.
- 기타 예문
  母亲紧紧地抱着自己的孩子。 / 母亲很紧地抱着自己的孩子。 엄마는 자신의 아이를 꼭 껴안고 있다.
  房间里干干净净的。 / 房间里很干净的。 방안은 매우 깨끗하다.

(3) '很'은 '比, 越来越' 등과 함께 쓸 수 없다.

- 학생 작문: 他的汉语说得比我很流利。 / 我们的课文越来越很难了。

- 작문 의도: 그의 중국어는 나보다 훨씬 유창하다. / 우리의 본문은 갈수록 어려워졌다.
- 수정 작문: 他的汉语说得比我流利。/ 我们的课文越来越难了。
- 지적 사항: '比 ~보다'나 '越来越 점점 ~해지다' 자체가 이미 '정도의 비교'의 의미가 있기 때문에 '很'과 같은 정도부사와 함께 쓸 수 없다. '比' 비교문에서는 '很'을 빼야 하며, '越来越'는 항상 단독으로 형용사와 결합한다는 것을 잊지 말자.
- 기타 예문: 원래 작문 의도처럼 '훨씬'이나 '더'라는 의미를 살리고 싶다면 아래와 같이 쓸 수 있다.
  他的汉语说得比我更流利。그의 중국어는 나보다 더 유창하다.
  他的汉语说得比我流利得多。그의 중국어는 나보다 훨씬 유창하다.

(4) '就'와 '才'를 혼용한다.

- 학생 작문: 我们这儿离北京很远，我们坐了二十多个小时的火车就到了。
- 작문 의도: 우리가 있는 이곳은 베이징으로부터 매우 멀리 있어서 우리는 20여 시간 동안 기차를 타고서야 겨우 도착했다.
- 수정 작문: 我们这儿离北京很远，我们坐了二十多个小时的火车才到了。
- 지적 사항: '就'는 동작 행위가 '일찍, 빨리, 순조롭게' 발생했을 때 쓰고, '才'는 동작 행위가 '늦게, 천천히, 어렵게' 발생했을 때 쓴다. 베이징에서 멀리 떨어져 있고, 도착하기까지 20여 시간이 걸렸다고 했으므로 '就'가 아니라 '才'를 써야 한다.
- 기타 예문
  八点上课，他七点就来了。8시 수업인데 그는 7시에 벌써 왔다.
  八点上课，他九点才来。8시 수업인데 그는 9시가 되어서야 왔다.

(5) '也'와 '又'를 혼용한다.

- 학생 작문: 我最喜欢我小妹妹，她也聪明也漂亮。
- 작문 의도: 나는 나의 여동생을 가장 좋아하는데 그녀는 똑똑하고 예쁘다.
- 수정 작문: 我最喜欢我小妹妹，她又聪明又漂亮。
- 지적 사항: 부사 '也'와 '又'는 모두 두 동작이나 상태가 동시에 존재함을 나타내지만 '也……也……'는 일반적으로 동사 앞에 쓰고, '又……又……'는 동사, 형용사 앞에 모두 쓸 수 있다. 위 작문의 '聪明'과 '漂亮'은 모두 형용사이므로 '又……又……'를 써야 한다.
- 기타 예문
  也说也笑 얘기도 하고 웃는다
  又吃又喝 먹고 마신다

(6) '又'와 '再'를 혼용한다.
- 학생 작문: 请你给我们又照一张，好吗?
- 작문 의도: 우리에게 사진 한 장을 다시 찍어주시겠어요?
- 수정 작문: 请你给我们再照一张，好吗?
- 지적 사항: 부사 '又'와 '再'는 모두 똑같은 동작의 반복을 나타내지만 '又'는 이미 발생한 동작에 쓰고, '再'는 아직 발생하지 않은 동작에 쓴다. 위 작문에서는 아직 발생하지 않은 상황인 '사진을 찍어줄 것'을 부탁하고 있으므로 '又'가 아니라 '再'를 써야 한다.
- 기타 예문
  刚才那句话我没听懂，老师又说了一遍。 방금 전의 말을 나는 잘 이해하지 못해서 선생님이 다시 한 번 말씀해주셨다.
  刚才那句话我没听懂，请老师再说一遍。 방금 선생님 말씀을 이해 못해서 그러는데 선생님 다시 한 번 더 말씀해주세요.

(7) '把자문'을 써야 하는데 '把'가 없다.
- 학생 작문: 我放照相机在包里了。
- 작문 의도: 나는 사진기를 가방 안에 넣어 두었다.
- 수정 작문: 我把照相机放在包里了。
- 지적 사항: 어떤 동작을 통해서 목적어에 변화가 생기게 하는 문장에서는 '把자문'을 써야 한다. 위 작문에서 목적어인 '照相机 사진기'는 '放 놓다'의 동작을 통해서 '包里 가방 속'로 이동되었으므로 '把자문'을 써야 한다. 특히 동사가 [동사+在/到/给]의 형태일 때는 반드시 '把자문'을 써야 한다.
- 기타 예문
  我把那本书放在桌子上了。 나는 그 책을 책상 위에 올려 놓았다.
  昨天他亲自把我们送到机场了。 어제 그는 직접 우리를 공항까지 배웅해주었다.
  你可以把这个东西借给我吗? 너는 이 물건을 나에게 빌려줄 수 있니?

(8) '从'과 '离'를 혼용한다.
- 학생 작문: 飞机场从我家很远。
- 작문 의도: 공항은 우리 집에서 매우 멀다.
- 수정 작문: 飞机场离我家很远。
- 지적 사항: '从 ~에서'과 '离 ~로부터'는 모두 장소를 나타내는 말과 결합하여 개사구를 이룬다. '从'은 동작이 발생한 공간적 출발점을 나타내기 때문에 [주어+从+처소사+동작동사]의 형식으로 '동사 술어문'에 쓰인다. 그러나 떨어진 거리를 나타내는 '离'는 [주어+离+처소사+近/远/有]와 같이 일반적으로 형용사가 술어가 되므로 행위동작을 나타내는 동사 술어문에서는 쓰이지 않는다.

- 기타 예문

  同学们从世界各地来到了韩国。 학우들은 세계 각지에서 한국으로 왔다.

  我的家离这儿比较近。 우리 집은 여기에서 비교적 가깝다.

(9) '感兴趣' 뒤에 목적어를 바로 쓴다.

- 학생 작문: 我很感兴趣这本书。

- 작문 의도: 나는 이 책에 대해서 관심이 많다.

- 수정 작문: 我对这本书很感兴趣。

- 지적 사항: '感兴趣'는 동사 '感 느끼다'과 명사 '兴趣 흥미'가 결합된 형태이며 동목관계를 이루고 있다. 따라서 뒤에는 또 다른 목적어가 올 수 없는데, 만일 목적어가 온다면 [对+목적어(대상)+很感兴趣]의 형식이 되어야 한다.

- 기타 예문

  我对中国的文化很感兴趣。 나는 중국의 문화에 대해서 관심이 많다.

  老师对同学们的生活很感兴趣。 선생님은 학생들의 생활에 대해서 관심이 많다.

(10) '给'를 쓰지 말아야 할 때 쓴다.

- 학생 작문: 他给我告诉这件事。

- 작문 의도: 그는 나에게 이 일을 알려주었다.

- 수정 작문: 他告诉我这件事。

- 지적 사항: '告诉 알려주다'는 이중목적어를 가지는 동사이다. 이중목적어를 가지는 동사는 [告诉+간접목적어(사람)+직접목적어(사물)]와 같이 '给'를 쓰지 않고 바로 간접목적어와 직접목적어가 와야 한다. '告诉' 이외에도 '给, 送, 还, 通知, 教, 问, 回答' 등이 있는데 이들 동사를 쓸 때는 '给'를 개사로 넣지 않도록 주의하자.

- 기타 예문

  他现在上高中一年级，我教他英语。 그는 고등학교 1학년에 다니고 있고 나는 그에게 영어를 가르친다.

  我问他现在的情况怎么样。 나는 그에게 지금의 상황이 어떤지 물었다.

4급 쓰기

新 HSK 쓰기 영역은 제1부분, 제2부분으로 나뉘며, 총 15문항이다.
쓰기 영역 실전 모의고사 3세트로 마지막 실력 점검을 해본다.

모의고사

- 모의고사 1
- 모의고사 2
- 모의고사 3

三、书写

第一部分

第86~95题：完成句子。

例如：那座桥   800年的   历史   有   了

那座桥有800年的历史了。

86. 爱情故事   这   真实的   一个   是

87. 扩大了   事业范围   好几倍   他的

88. 有点儿   他觉得   难受   肚子

89. 一张   挂   墙上   中国地图   着

90. 都   要求   他各方面条件   符合

91. 李小姐   这个房子   继续租   想

92. 又   刚修好的   弄坏了   电脑   被

93. 进行得   调查   很顺利   昨天的

94. 顺序   请   一下   重新   排列

95. 超过   午睡时间   半小时   最好不要

第二部分

第96~100题：看图，用词造句。

例如：　　　　　　　　乒乓球　　　　她很喜欢打乒乓球。

96.　　　　　　　　　堵车

97.　　　　　　　　　朵

98.　　　　　　　　　生

99.　　　　　　　　　压力

100.　　　　　　　　　着急

三、书写

第一部分

第85~95题：完成句子。

例如：那座桥　　800年的　　历史　　有　　了

那座桥有800年的历史了。

85. 听听　　哥哥　　大夫的　　想　　意见

86. 激动　　哭了　　爸爸　　得　　他

87. 当时　　的　　建筑风格　　那是　　最流行

88. 直接　　别人的邀请　　最好　　拒绝　　不要

89. 吵醒了　　外面的　　爷爷　　被　　敲门声

90. 这是　　一个　　笑话　　的　　关于老师和学生

91. 这座城市　　那位出租车司机　　非常　　对　　熟悉

92. 直接的关系　　没有　　成功和大学　　并

93. 提供　　火车上　　免费的　　吗　　饮料

94. 下个月去　　旅游　　打算　　中国　　我

95. 看电影　　喜欢　　我　　在网上　　或电视剧

第二部分

第96~100题：看图，用词造句。

例如：　　　　　乒乓球　　　　她很喜欢打乒乓球。

96.　　　　　幽默

97.　　　　　许多

98.　　　　　等

99.　　　　　朋友

100.　　　　　讨论

三、书写

第一部分

第86~95题：完成句子。

例如：那座桥　　800年的　　历史　　有　　了

那座桥有800年的历史了。

86. 办　　去大使馆　　我现在　　签证

87. 怀疑　　能力　　不要　　自己的

88. 完全　　想法　　我们俩的　　相反

89. 那个学生　　很有趣　　讲的　　故事　　都

90. 密码　　姐姐　　把　　忘记了　　信用卡的

91. 应该　　尊重　　互相　　人与人之间

92. 每个人的　　是　　保护环境　　责任

93. 很吃惊　　大家　　这条消息　　让

94. 严格　　那个领导　　要求非常　　对我们

95. 又能　　这台电脑　　工作了　　正常　　终于

第二部分

第96~100题：看图，用词造句。

例如：  乒乓球　　她很喜欢打乒乓球。

96.  爬山　　97.  方便

98.  照顾　　99.  跑步

100.  顺利

新 HSK 급소공략 – 4급 쓰기

지은이 양영호
펴낸이 정규도
펴낸곳 (주)다락원

초판 1쇄 발행 2011년 12월 29일
초판 3쇄 발행 2020년 3월 11일

기획·편집 이상윤, 오혜령
디자인 박나래, 김희정

다락원 경기도 파주시 문발로 211
전화 (02)736-2031(내선 250~252/내선 430, 435)
팩스 (02)732-2037
출판등록 1977년 9월 16일 제406-2008-000007호

Copyright ⓒ 2011, 양영호

저자 및 출판사의 허락 없이 이 책의 일부 또는 전부를 무단 복제·전재·발췌할 수 없습니다. 구입 후 철회는 회사 내규에 부합하는 경우에 가능하므로 구입처에 문의하시기 바랍니다. 분실·파손 등에 따른 소비자 피해에 대해서는 공정거래위원회에서 고시한 소비자 분쟁 해결 기준에 따라 보상 가능합니다. 잘못된 책은 바꿔 드립니다.

정가 14,000원 (본책+해설서)

ISBN 978-89-277-2083-6 14720
     978-89-277-2056-0(set)

www.darakwon.co.kr
다락원 홈페이지를 방문하시면 상세한 출판 정보와 함께 동영상 강좌, MP3 자료 등 다양한 어학 정보를 얻으실 수 있습니다.

新 HSK 급소공략 시리즈

각 분야 최고 강사들이 집필한 다락원 『新 HSK 급소공략』 시리즈는 총 9권으로 구성된 급수별, 분야별 新 HSK 수험서입니다.

新 HSK 급소공략 6급
新 HSK 6급 공략자를 위한 분야별 교재

듣기
4×6배판 | 본서+해설서+MP3 CD 1장

독해
4×6배판 | 본서+해설서

쓰기
4×6배판 | 본서+해설서

新 HSK 급소공략 5급
新 HSK 5급 공략자를 위한 분야별 교재

듣기
4×6배판 | 본서+해설서+MP3 CD 1장

독해
4×6배판 | 본서+해설서

쓰기
4×6배판 | 본서+해설서

新 HSK 급소공략 4급
新 HSK 4급 공략자를 위한 분야별 교재

듣기
4×6배판 | 본서+해설서+MP3 CD 1장

독해
4×6배판 | 본서+해설서

쓰기
4×6배판 | 본서+해설서

http://www.darakwon.co.kr
다락원 홈페이지를 방문하시면 상세한 출판정보와 함께 동영상강좌, MP3자료 등 다양한 어학 정보를 얻으실 수 있습니다.

다락원 TEL.(02)736-2031 FAX.(02)732-2037

新 HSK 급소공략 4급 쓰기

新 HSK 4급 쓰기 만점을 향한 공략법 대공개!

명쾌한 유형 분석과 풍부한 실전문제, 모의고사 3회분
출제 유형에 따른 빈틈 없는 공략법을 알고, 풍부한 실전문제로 실력을 다진다!

상세한 문제 해설과 정답 찾기 요령 공개
미션을 하나하나 따라가며 숨어 있는 정답을 쏙쏙 찾아내는 안목을 기른다!

쓰기 내공 Tip으로 쓰기 기본 실력을 UP
일목요연하게 정리된 핵심 어법과 표현 및 문형으로 쓰기 내공을 탄탄히 쌓는다!

정가 14,000원

ISBN 978-89-277-2083-6
ISBN 978-89-277-2056-0(set)

新HSK 급소공략 4급 쓰기
해설서

양영호 저

다락원

新 HSK 급소공략 – 4급 쓰기
해설서

지은이 양영호
펴낸이 정규도
펴낸곳 (주)다락원

초판 1쇄 발행 2011년 12월 29일
초판 3쇄 발행 2020년 3월 11일

기획 · 편집 이상윤, 오혜령
디자인 박나래, 김희정

다락원 경기도 파주시 문발로 211
전화 (02)736-2031(내선 250~252/내선 430, 435)
팩스 (02)732-2037
출판등록 1977년 9월 16일 제406-2008-000007호

Copyright ⓒ 2011, 양영호

저자 및 출판사의 허락 없이 이 책의 일부 또는 전부를 무단 복제 · 전재 · 발췌할 수 없습니다. 구입 후 철회는 회사 내규에 부합하는 경우에 가능하므로 구입처에 문의하시기 바랍니다. 분실 · 파손 등에 따른 소비자 피해에 대해서는 공정거래위원회에서 고시한 소비자 분쟁해결 기준에 따라 보상 가능합니다. 잘못된 책은 바꿔 드립니다.

www.darakwon.co.kr
다락원 홈페이지를 방문하시면 상세한 출판 정보와 함께 동영상 강좌, MP3 자료 등 다양한 어학 정보를 얻으실 수 있습니다.

이 책의 순서

I 제1부분 : 제시어 조합하여 문장 완성하기

2. 형용사 술어문 … 4
3. 동사 술어문 … 6
4. 是자문과 관형어 … 8
5. 부사 … 10
6. 개사 … 13
7. 把자문 … 15
8. 被자문 … 17
9. 연동문 … 19
10. 겸어문 … 21
11. 보어 … 23
12. 존현문 … 27
13. 비교문 … 29

II 제2부분 : 주어진 사진과 어휘 보고 문장 만들기

1. 명사 제시어 … 32
2. 동사 제시어 … 43
3. 형용사 제시어 … 54

III 모의고사 3회

1. 모의고사 1 … 65
2. 모의고사 2 … 72
3. 모의고사 3 … 81

I : 제시어 조합하여 문장 완성하기

2 형용사 술어문 p.21

정답
1 真　饺子　做的　香　奶奶

奶奶做的饺子真香。 할머니가 만드신 교자는 정말 맛있다.

① '做的 한 것' 뒤에는 명사가 와야 하므로 '饺子 교자'가 가장 적합하다.
　→ ……做的饺子……

② '奶奶 할머니'는 '교자를 만든 인물'이므로 '奶奶做的'는 주술구로서 '饺子'를 수식한다.
　→ 奶奶做的饺子……

③ '香 맛있다'은 형용사로 술어가 될 수 있다. 형용사 술어문에서 술어 앞에는 일반적으로 정도부사(很, 非常, 特别, 比较……)가 오는데 이 문장에서는 '真 정말'이 그 역할을 한다.
　→ 奶奶做的饺子真香。

真 zhēn 퇸 정말, 매우 │ 饺子 jiǎozi 몡 교자 │ 香 xiāng 휑 향기롭다, (음식이) 맛있다 │ 奶奶 nǎinai 몡 할머니

정답
2 标准　了　太　严格　这个

这个标准太严格了。 이 기준은 너무 엄격하다.

① '这个 이것'의 '个'는 양사이므로 뒤에는 명사가 와야 한다. 따라서 '标准 기준'이 가장 적합하다.
　→ ……这个标准……

② '太 너무 ~하다'는 정도부사로 형용사 '严格 엄격하다' 앞에 오며, 또한 [太+형용사+了]의 고정격식을 이룬다.
　→ ……太严格了……

③ 의미상으로 봤을 때 '这个标准 이 기준'이 주부가 되고 '太严格了 너무 엄격하다'가 술부가 된다.
　→ 这个标准太严格了。

标准 biāozhǔn 몡 표준, 기준 │ 严格 yángé 휑 엄격하다

| 정답 | **3** 样子　很　睡醒时的　她　可爱 |

她睡醒时的样子很可爱。 그녀가 잠에서 깼을 때의 모습은 아주 귀엽다.

① '睡醒时的 잠이 깼을 때의' 뒤에는 명사가 와야 하므로 의미상 '样子 모습'가 오는 것이 적합하다.
→ ……睡醒时的样子……

② 정도부사 '很'은 형용사를 수식하므로 뒤에 '可爱 귀엽다'가 온다.
→ ……很可爱……

③ '样子……可爱'는 '모습이 귀엽다'라는 뜻으로 주술구가 된다.
→ ……睡醒时的样子很可爱。

④ '她'는 문장 맨 앞에 와서 '她睡醒 그녀가 잠에서 깨다'으로 주술구를 이루고, 이는 '样子'를 수식한다.
→ 她睡醒时的样子很可爱。

样子 yàngzi 몡 모양, 모습 | 睡醒 shuìxǐng 동 잠에서 깨다 | 可爱 kě'ài 형 사랑스럽다, 귀엽다

| 정답 | **4** 作者　的　很有名　那本小说 |

那本小说的作者很有名。 그 소설의 작가는 매우 유명하다.

① 제시어 중 형용사는 '有名 유명하다' 뿐이므로 '很有名'이 술부가 됨을 알 수 있다.
→ ……很有名。

② '那本小说 그 소설'에서 '小说'는 명사이므로 명사인 '作者 작가'를 수식하려면 '的'가 필요하고 이는 주부가 된다.
→ 那本小说的作者……

③ '那本……作者'가 주부가 되고 '很有名'이 술부가 된다.
→ 那本小说的作者很有名。

作者 zuòzhě 몡 작가 | 有名 yǒumíng 형 유명하다 | 小说 xiǎoshuō 몡 소설

| 정답 | **5** 很热情　顾客　服务员　对　这家餐厅的 |

这家餐厅的服务员对顾客很热情。 이 식당의 종업원은 손님에게 매우 친절하다.

① 제시어 중 '热情 친절하다'만이 유일하게 형용사이므로 술어가 된다.
→ ……很热情。

② '친절한(热情)' 주체는 '종업원(服务员)'일 가능성이 크다.
→ 服务员……很热情。

③ '这家餐厅的 이 식당의' 뒤에는 명사가 와야 하고, 식당에서는 종업원이 일하므로 '服务员'을 수식한다.
→ 这家餐厅的服务员……很热情。

④ '对'는 '동작의 대상'을 이끄는 개사로 개사구를 이루어 술어 앞에 온다. 따라서 '对'는 동작의 대상인 '顾客 손님'를 이끌고 술어 '很热情 매우 친절하다' 앞에 와서 부사어가 된다.
→ 这家餐厅的服务员对顾客很热情。

热情 rèqíng 형 친절하다 | 顾客 gùkè 명 고객, 손님 | 服务员 fúwùyuán 명 종업원 | 对 duì 개 ~에 대해 | 餐厅 cāntīng 명 식당

3 동사 술어문 p.26

정답
1 很多人的   注意   那篇文章   引起了
那篇文章引起了很多人的注意。 그 글은 많은 사람들의 주의를 끌었다.

① 제시어로 봤을 때 '那篇文章 그 글'이 주어가 됨을 알 수 있다.
→ 那篇文章……

② 술어는 주로 동사나 형용사가 되므로 제시어 중에서는 '引起 끌다'가 술어가 된다.
→ 那篇文章引起了……

③ '引起'의 목적어로 가장 적당한 것은 '注意 주의'이다.
→ 那篇文章引起了……注意。

④ '很多人的 많은 사람들의'는 '注意'를 수식하는 관형어로 쓰였다.
→ 那篇文章引起了很多人的注意。

注意 zhùyì 명 주의 | 篇 piān 양 편[문장·종이 등을 세는 단위] | 文章 wénzhāng 명 글, 문장 | 引起 yǐnqǐ 동 (주의를) 끌다

정답
2 这里的气候   适应了   已经   我   逐渐
我已经逐渐适应了这里的气候。 나는 이미 조금씩 이곳의 기후에 적응이 되었다.

① 제시어 중 '我 나'가 주어가 되기에 가장 적합하다.
→ 我……

② 동사나 형용사가 술어가 되므로 동사인 '适应 적응하다'이 술어로 온다.
→ 我……适应了……

③ 술어 '适应'의 목적어로는 '气候 기후'가 가장 적합하다. 따라서 '这里的气候 이곳의 기후'가 '适应' 뒤에 온다.
→ 我……适应了这里的气候。

④ '已经 이미'과 '逐渐 점점'은 각각 시간부사와 상태부사이다. 부사의 기본적인 기능은 동사나 형용사 앞에서 부사어로 쓰이므로 '适应' 앞에 와야 한다. 또한 일반적으로 시간부사는 상태부사 앞에 오므로 '已经逐渐'의 순이 된다.
→ 我已经逐渐适应了这里的气候。

气候 qìhòu 명 기후 | 适应 shìyìng 동 적응하다 | 已经 yǐjīng 부 이미, 벌써 | 逐渐 zhújiàn 부 점점

정답 3 参观的   对方公司   机会   提供了   一些

对方公司提供了一些参观的机会。 상대 회사는 약간의 참관 기회를 제공했다.

① 술어가 될 수 있는 단어는 동사인 '提供 제공하다'이며 의미상 목적어로는 '机会 기회'가 가장 적합하다.
→ ……提供了……机会。

② '参观的 참관의' 뒤에는 명사가 와야 하므로 '参观的机会 참관의 기회'가 되어야 한다.
→ ……提供了……参观的机会。

> 관형어의 어순
> [수사+양사+동사+的+명사]

③ 주어는 '对方公司 상대 회사'이고 '一些 약간'는 명사를 수식하므로 '一些……机会' 구조가 된다.
→ 对方公司提供了一些参观的机会。

参观 cānguān 동 참관하다 | 对方 duìfāng 명 상대방 | 机会 jīhuì 명 기회 | 提供 tígōng 동 제공하다 | 一些 yìxiē 양 약간, 조금

정답 4 取得了   学习方法   很好的效果   姐姐的

姐姐的学习方法取得了很好的效果。 누나의 학습법은 좋은 효과를 거두었다.

① 주어가 확실하지 않은 상황에서는 먼저 술어를 찾아야 한다. 동사인 '取得 얻다'가 술어가 되며 제시어 중 '取得'의 목적어로는 '效果 효과'가 가장 적합하다.
→ ……取得了……很好的效果……

② '姐姐的 누나의' 뒤에는 명사성 단어나 구가 와야 하므로 '学习方法 학습 방법'이 가장 적합하다.
→ ……姐姐的学习方法……

③ 의미상으로 봤을 때 '~한 방법이 효과를 거두었다'라는 의미의 문장이므로 '……方法'가 주부, '……效果'가 술부가 된다.
→ 姐姐的学习方法取得了很好的效果。

取得 qǔdé 동 취득하다, 얻다, 획득하다 | 方法 fāngfǎ 명 방법, 방식 | 效果 xiàoguǒ 명 효과 | 姐姐 jiějie 명 누나, 언니

> **정답**
> **5** 正在　亚洲经济的　逐渐　提高　增长速度
> 亚洲经济的增长速度正在逐渐提高。 아시아 경제의 성장 속도가 점점 올라가고 있는 중이다.

① '亚洲经济的 아시아 경제' 뒤에는 명사가 와야 하므로 제시어 중 유일한 명사성 단어인 '增长速度 성장 속도'가 적합하다.
→ ……亚洲经济的增长速度……

② '正在 마침 ~하고 있는 중이다'는 '진행'을 나타내는 부사이므로 동사인 '提高 향상시키다' 앞에 온다.
→ ……正在……提高……

③ '逐渐 점점'은 상태부사로 동사 바로 앞에 와서 수식하기 때문에 '提高' 앞에 온다. 또한 시간부사(正在)는 상태부사(逐渐) 앞에 오므로 '正在逐渐提高'의 순으로 써야 한다.
→ ……正在逐渐提高……

④ 의미상 '성장속도가 빨라지고 있다'는 문장이므로 '……增长速度'가 주부, '……提高'가 술부가 된다.
→ 亚洲经济的增长速度正在逐渐提高。

正在 zhèngzài 분 마침 ~하고 있는 중이다 | 亚洲 Yàzhōu 명 아시아 | 经济 jīngjì 명 경제 | 逐渐 zhújiàn 분 점점 | 提高 tígāo 동 향상시키다, 향상되다 | 增长 zēngzhǎng 동 늘어나다, 증가하다, 성장하다 | 速度 sùdù 명 속도

4 是자문과 관형어 p.31

> **정답**
> **1** 当地的　他　一位记者　是　母亲
> 他母亲是当地的一位记者。 그의 어머니는 현지의 한 기자이다.

① 제시어 중 '是'가 있는 것으로 보아 '是자문'임을 알 수 있다.
→ ……是……

② '他'와 같은 인칭대사가 친족 관계를 수식할 때는 '的' 없이 바로 수식할 수 있으므로 '他母亲 그의 어머니'이 주어가 된다.
→ 他母亲是……

③ '一位记者 한 명의 기자'가 관형어의 수식을 받는 중심어가 된다.
→ 他母亲是……一位记者。

④ 남은 '当地的 현지의'는 장소를 나타내는 단어이므로 수량구보다 앞에 온다. 따라서 '当地的'는 '一位记者'를 수식한다.
→ 他母亲是当地的一位记者。

当地 dāngdì 명 현지, 그 지방 | 记者 jìzhě 명 기자 | 母亲 mǔqīn 명 어머니

> **정답 2** 演员　最有名的　他是　20世纪　京剧
>
> 他是20世纪最有名的京剧演员。 그는 20세기 가장 유명한 경극 배우이다.

① 제시어에 '是'가 있는 것으로 보아 '是자문'임을 알 수 있다.
  → 他是……

② 최종 중심어는 '京剧演员 경극 배우'이 될 것이다. 이때 '京剧 경극'는 '성질'을 나타내는 명사이므로 '的' 없이 바로 '演员 배우'을 수식한다.
  → 他是……京剧演员。

③ '20世纪最有名 20세기 가장 유명한'이 '京剧演员'을 수식하는 관형어로 쓰인다. 형용사구(最有名)가 명사를 수식할 때는 '的'를 쓴다는 점에 주의하자.
  → 他是20世纪最有名的京剧演员。

演员 yǎnyuán 명 배우, 연기자 | 有名 yǒumíng 형 유명하다 | 世纪 shìjì 명 세기 | 京剧 jīngjù 명 경극

> **정답 3** 当地儿童医院　的　他们　是　医生
>
> 他们是当地儿童医院的医生。 그들은 현지 아동병원의 의사이다.

① 제시어에 '是'가 있는 것으로 보아 '是자문'이고, '他们 그들'이 주어가 된다.
  → 他们是……

② '医生 의사'이 목적어가 된다.
  → 他们是……医生。

③ 각종 구가 관형어로 쓰일 때는 '的'를 쓴다. '当地儿童医院 현지 아동병원'은 명사구이므로 뒤에 '的'를 써서 '医生'을 수식해야 한다.
  → 他们是当地儿童医院的医生。

当地 dāngdì 명 현지, 그 지방 | 儿童 értóng 명 아동 | 医院 yīyuàn 명 병원 | 医生 yīshēng 명 의사

> **정답 4** 老师　是责任感　合格的　最需要的　一个
>
> 一个合格的老师最需要的是责任感。 한 명의 제대로 된 선생님에게 가장 필요한 것은 책임감이다.

① 제시어로 봤을 때 목적어는 '责任感 책임감'임을 알 수 있다.
  → ……是责任感……

② '合格的 제대로 된'는 명사를 수식할 것이기 때문에 '合格的老师 제대로 된 선생님'로 결합할 수 있다. 또한 관형어의 일반적인 어순은 [수량구+형용사+的+중심어]이므로 '一个合格的老师'의 형태로 써야 한다.

→ 一个合格的老师……是责任感。

③ 남은 단어는 '最需要的 가장 필요한 것'인데 이것은 '一个合格的老师' 뒤에 와서 주술구를 이루므로 주어 자리에 온다.

→ 一个合格的老师最需要的是责任感。

> '最需要的'는 '的자구'로, 뒤에는 '条件 조건'이 생략되었다고 볼 수 있다.
> 一个合格的老师最需要的条件是责任感。 한 명의 제대로 된 선생님에게 가장 필요한 조건은 책임감이다.

责任感 zérèngǎn 명 책임감 | 合格 hégé 형 규격에 맞다, 합격이다 | 需要 xūyào 동 필요로 하다

정답 **5** 参加   代表   他是不是   会议的

他是不是参加会议的代表？ 그는 회의에 참가하는 대표인가요 아닌가요?

① '他是不是'로 제시되었기 때문에 이 문장은 '그는 ~인가 아닌가?'라는 선택문 문장이다.

→ 他是不是……？

② '会议的 회의의'로 보아 뒤에 명사가 나와야 함을 알 수 있는데, 제시어 중 수식을 받을 만한 단어는 '代表 대표'뿐이다. 또한 '参加 참가하다'의 목적어로 어울리는 것은 '会议'이기 때문에 '参加会议' 동목구가 '的'와 함께 '代表'를 수식하는 형태가 된다.

→ 他是不是参加会议的代表？

参加 cānjiā 동 참가하다 | 代表 dàibiǎo 동 대표하다 명 대표 | 会议 huìyì 명 회의

---

5 부사 p.38

정답 **1** 离不开   植物   阳光   都   任何

任何植物都离不开阳光。 어떤 식물도 햇빛을 떠날 수 없다.

① 술어를 먼저 정리할 수 있다. '离开 떠나다'는 동사이므로 '离不开 떠날 수 없다'가 술어가 되고, 그 대상인 '阳光 햇빛'이 목적어로 뒤에 온다.

→ ……离不开阳光……

② '任何 어떤'는 복수형 명사만 수식할 수 있으므로 '植物 식물'를 수식하고 이는 주부가 된다.
→ 任何植物……离不开阳光……

③ '都'는 '任何'와 호응하여 [任何+명사+都……]의 형식으로 쓰인다. 또한 부사이므로 주어 뒤, 술어 앞에 온다.
→ 任何植物都离不开阳光。

离不开 líbùkāi 떠날 수 없다, 뗄 수 없다 | 植物 zhíwù 명 식물 | 阳光 yángguāng 명 햇빛 | 任何 rènhé 대 어떠한

정답 **2** 去过　母亲　没　农村　从来

母亲从来没去过农村。 어머니는 여태까지 농촌에 가본 적이 없다.

① 제시어로 봤을 때 '母亲 어머니'이 주어가 되고 '去 가다'가 술어, '农村 농촌'이 목적어가 됨을 알 수 있다.
→ 母亲……去过……农村。

② '没'와 '从来 여태껏'는 모두 부사로서 동사를 수식한다. 이들은 '여태까지 ~해본 적 없다'라는 의미로, [从来没+동사+过]의 형식으로 쓰이므로 '从来没'가 '去' 앞에 온다.
→ 母亲从来没去过农村。

母亲 mǔqīn 명 어머니 | 农村 nóngcūn 명 농촌 | 从来 cónglái 부 여태까지, 지금껏

정답 **3** 发展　正在　经济　逐渐　国家的

国家的经济正在逐渐发展。 국가의 경제가 지금 점점 발전하고 있는 중이다.

① '国家的 국가의' 뒤에는 명사가 와야 하므로 제시어 중 가장 적합한 것은 '经济 경제'이다.
→ ……国家的经济……

② 제시어 중 동사인 '发展 발전하다'이 술어가 된다.
→ 国家的经济……发展……

③ '正在 지금 ~하고 있다'와 '逐渐 점점'은 각각 시간부사와 상태부사로 [시간부사+상태부사]의 어순을 따른다. 또한 '逐渐'은 의미상 동사의 상태를 구체적으로 묘사하기 때문에 동사 바로 앞에 와야 한다.
→ 国家的经济正在逐渐发展。

发展 fāzhǎn 동 발전하다 | 正在 zhèngzài 부 지금 ~하고 있다 | 经济 jīngjì 명 경제 | 逐渐 zhújiàn 부 점점 | 国家 guójiā 명 국가, 나라

4 两天 休息 我 再 还想

我还想再休息两天。 나는 이틀 정도 더 쉬고 싶다.

① '我'는 주어가 되고, '休息 쉬다'가 술어가 된다.
→ 我……休息……

② '想 ~하고 싶다'은 조동사이므로 동사인 '休息' 앞에 온다.
→ 我……还想……休息……

③ '再 더'는 부사이지만 조동사 뒤에 오는 특징이 있다. 따라서 조동사 '想' 뒤, 동사 '休息' 앞에 온다.
→ 我还想再休息……

> 부사는 일반적으로 조동사 앞에 오지만 '再'는 예외적으로 조동사 뒤에 온다.

④ '两天 이틀'은 동작을 진행한 시간의 길이를 나타내는 시량보어로 동사 뒤에 온다.
→ 我还想再休息两天。

两天 liǎngtiān 명 이틀 | 休息 xiūxi 동 휴식하다, 쉬다 | 再 zài 부 더, 다시, 또

5 一共 这本书 页 600多

这本书一共600多页。 이 책은 총 600여 쪽이다.

① 제시어 중 '这本书 이 책'가 주어가 되고, 수량사는 술어가 될 수 있기 때문에 '600多页 600여 쪽'가 술어가 된다. 이때 '600多页'는 [수량사+多+명사]의 구조이다.
→ 这本书……600多页。

> **불확정의 수를 나타내는 '多'의 위치**
> ① [수사+多+양사(+명사)]: 수사가 10 이상의 정수(10, 20, 100…)일 때 '多'는 수사 바로 뒤에 옴.
> 十多封信 10여 통의 편지 / 五十多张桌子 50여 개의 테이블 / 一百多个人 100여 명의 사람
> ② [수사+양사+多(+명사)]: 수사가 1~9이거나 10단위 이상이더라도 끝자리가 1~9로 끝날 때 '多'는 양사 뒤에 옴.
> 六斤多菜 여섯 근 남짓의 야채 / 过了一个多月 한 달 남짓 지났다 / 花了五十六块多 56위안 넘게 썼다

② '一共 총'은 부사로 술어 앞에 와야 한다. '600多页'가 술어이므로 그 앞에 온다.
→ 这本书一共600多页。

一共 yígòng 부 총, 모두 | 页 yè 명 페이지, 쪽

6 개사 p.44

> **정답 1** 有点儿　走　从那儿　远
>
> 从那儿走有点儿远。 저쪽으로 가면 좀 멀다.

① '有点儿 조금'은 형용사를 수식하므로 '远 멀다' 앞에 와야 한다.
　→ ……有点儿远。

② '从那儿 저쪽으로'은 개사구이므로 뒤에 동사나 형용사가 와야 한다. 따라서 동사 '走'를 수식한다.
　→ 从那儿走有点儿远。

有点儿 yǒudiǎnr 약간 ｜ 从 cóng 개 ~로부터, ~로 ｜ 远 yuǎn 형 멀다

> **정답 2** 遇到了　街上　我昨天　在　一个朋友
>
> 我昨天在街上遇到了一个朋友。 나는 어제 길에서 한 친구를 만났다.

① 개사 '在 ~에서'는 처소나 시간을 나타내는 단어와 개사구를 이루므로 제시어 중 결합할 수 있는 단어는 '街上 거리'이다.
　→ ……在街上……

② '在街上 거리에서'은 '遇到了 마주쳤다' 앞에서 이를 수식하고 '遇到了'는 '一个朋友 한 친구'를 목적어로 취한다.
　→ ……在街上遇到了一个朋友。

③ '我昨天 나는 어제'이 주어 자리에 온다.
　→ 我昨天在街上遇到了一个朋友。

遇到 yùdào 동 마주치다 ｜ 街上 jiēshàng 명 길거리

> **정답 3** 远　离友谊宾馆　吗　大使馆
>
> 大使馆离友谊宾馆远吗? 대사관은 우의호텔로부터 먼가요?

① '离'는 '~로부터'라는 뜻의 개사이다. '离友谊宾馆 우의호텔로부터'은 개사구가 되고 뒤에는 술어가 와야 한다. 따라서 형용사인 '远 멀다'이 온다.
　→ ……离友谊宾馆远……

I-6. 개사　13

② '大使馆 대사관'은 주어가 되고 '吗'는 의문어기조사이므로 문장 끝에 온다.
→ 大使馆离友谊宾馆远吗?

远 yuǎn 형 멀다 | 离 lí 개 ~로부터 | 友谊 yǒuyì 명 우의, 우정 | 宾馆 bīnguǎn 명 호텔 | 大使馆 dàshǐguǎn 명 대사관

정답

4 对　熟悉　我　这个城市　很

我对这个城市很熟悉。 나는 이 도시에 대해서 아주 잘 안다.

① '对'는 '~에 대하여'라는 뜻의 개사이므로 개사구를 이뤄야 한다.
→ ……对这个城市……

② 개사구 뒤에는 동사나 형용사가 와야 하므로 '对这个城市 이 도시에 대해'가 형용사 '熟悉 잘 알다'를 수식한다.
→ ……对这个城市很熟悉。

③ '我'는 자연스레 주어가 된다.
→ 我对这个城市很熟悉。

④ '对这个城市我很熟悉。'도 답이 될 수 있다. '对'개사구는 주어 앞 뒤에 모두 올 수 있음을 주의하자.
→ 对这个城市我很熟悉。

对 duì 개 ~에 대하여 | 熟悉 shúxī 형 잘 알다, 익숙하다 | 城市 chéngshì 명 도시

정답

5 把没做完的事　偶尔　我　带回家　会

我偶尔会把没做完的事带回家。 나는 가끔 끝내지 못한 일을 집에 가져올 수도 있다.

① 제시어를 보아 '我'가 주어가 될 것임을 알 수 있다.
→ 我……

② '把没做完的事 끝내지 못한 일을'는 개사구이므로 뒤에는 동사인 '带回家 집으로 가져오다'가 와야 한다.
→ 我……把没做完的事带回家……

③ '偶尔 가끔'과 '会 ~할 것이다'는 각각 부사와 조동사이므로 [부사+조동사+개사구+술어]의 어순에 따라 '偶尔会'가 '把' 앞에 온다.
→ 我偶尔会把没做完的事带回家。

偶尔 ǒuěr 부 가끔 | 带回 dàihuí 가지고 돌아가다

7 把자문 p.49

> **정답 1** 一下　行李　把　你　收拾
>
> 你把行李收拾一下。 너 짐 좀 정리해.

① '把자문' 문제는 먼저 동사를 찾아서 술어 자리에 놓고, 그 동작의 행위자를 찾아서 주어 자리에 놓아야 한다. 제시어 중 '收拾 정리하다'가 동사이므로 술어가 된다.
　→ ……把……收拾……

② '收拾'의 대상인 '行李 짐'가 처치 대상이 된다.
　→ ……把行李收拾……

③ '좀 ~하다'라는 뜻으로 동사 뒤에 쓰이는 '一下'가 기타성분이 되고 '你'는 주어가 된다.
　→ 你把行李收拾一下。

一下 yíxià 튀 좀 ~하다 ｜ 行李 xíngli 명 짐 ｜ 收拾 shōushi 동 정리하다, 정돈하다

> **정답 2** 竟然　这次机会　教授　放弃了　把
>
> 教授竟然把这次机会放弃了。 교수는 뜻밖에 이 기회를 포기했다.

① 제시어 중 동사 '放弃 포기하다'가 술어가 된다.
　→ ……把……放弃了……

② '放弃'의 대상인 '这次机会 이번 기회'가 처치 대상이 되고, '教授 교수'가 주어가 된다.
　→ 教授……把这次机会放弃了……

③ '把자문'에서 부사와 조동사는 '把' 앞에 쓰이므로 부사 '竟然 뜻밖에'은 '把' 앞에 위치한다.
　→ 教授竟然把这次机会放弃了。

竟然 jìngrán 튀 뜻밖에 ｜ 机会 jīhuì 명 기회 ｜ 教授 jiàoshòu 명 교수 ｜ 放弃 fàngqì 동 포기하다

> **정답 3** 一定　交给　请你　他　把这封信
>
> 请你一定把这封信交给他。 꼭 이 편지를 그에게 전해주세요.

① 동사 '交 전하다'가 술어가 되고, '交'의 처치 대상은 '这封信 이 편지'이 된다.
   → ……把这封信交给……

② '交给 ~에게 전하다'는 [동사+개사]의 구조로 뒤에 반드시 다른 단어가 와서 개사구 보어를 만들어야 하므로 그 뒤에 '他'가 온다.
   → ……把这封信交给他。

③ '请你 부탁합니다'는 부탁할 때 쓰는 말로 문장 맨 앞에 온다.
   → 请你……把这封信交给他。

④ '一定 반드시'은 부사이므로 '把' 앞에 위치해야 한다.
   → 请你一定把这封信交给他。

一定 yídìng 튄 반드시 | 交 jiāo 동 전하다, 건네주다 | 封 fēng 양 통[편지를 세는 양사] | 信 xìn 명 편지

정답 4 光了　花店的玫瑰　买　把　人们

人们把花店的玫瑰买光了。 사람들은 꽃가게에 있는 장미를 모두 사갔다.

① 동사 '买 사다'가 술어가 된다.
   → ……把……买……

② '买'의 대상인 '花店的玫瑰 꽃가게의 장미'가 처치 대상이 된다.
   → ……把花店的玫瑰买……

③ '人们 사람들'은 주어가 되고 '光了 다 ~했다'는 기타성분이 된다.
   → 人们把花店的玫瑰买光了。

光 guāng 형 아무것도 없는[동사 뒤에서 결과보어로 쓰임] | 花店 huādiàn 명 꽃가게, 꽃집 | 玫瑰 méigui 명 장미

정답 5 桌子上　把　他　那杯茶　放在

他把那杯茶放在桌子上。 그는 그 차를 탁자 위에 올려 놓았다.

① '他'는 주어가 되고 동사 '放 놓다'이 술어가 된다.
   → 他……把……放在……

② '放'의 대상인 '那杯茶 그 차'가 처치 대상이 된다.
   → 他……把那杯茶放在……

③ '桌子上 탁자 위'은 동사 뒤에서 개사구 보어가 되므로 '放在' 뒤에서 기타성분의 역할을 한다.
→ 他把那杯茶放在桌子上。

桌子 zhuōzi 명 탁자 | 杯 bēi 양 잔, 컵 | 茶 chá 명 차 | 放 fàng 동 놓다

8 被자문 p.53

정답 1 张工程师　修好了　被　我的电脑

我的电脑被张工程师修好了。 내 컴퓨터는 장 기사가 다 수리했다.

① 제시어 중 동사는 '修 수리하다'이고, 피동문에서는 동사의 대상이 주어 자리에 오므로 '我的电脑 나의 컴퓨터'가 주어가 된다.
→ 我的电脑被……修好了。

② '被' 뒤에는 동사(修)의 행위 주체가 오므로 '张工程师 장 기사'가 와야 한다.
→ 我的电脑被张工程师修好了。

工程师 gōngchéngshī 명 기사, 엔지니어 | 修 xiū 동 수리하다 | 电脑 diànnǎo 명 컴퓨터

정답 2 被　他　那个电影　哭了　感动得

他被那个电影感动得哭了。 그는 그 영화에 감동해서 울었다.

① '感动得 감동해서'의 '得'는 뒤에 오는 정도보어를 이끌기 위한 구조조사이다. 정도보어로 올 수 있는 품사는 동사나 형용사이므로 동사인 '哭 울다'가 '感动得' 뒤에 와야 한다.
→ ……感动得哭了。

② 감동해서 울게 된 대상은 사람이므로 '他'가 주어가 되고, 울게 만든 주체는 '电影 영화'이므로 '那个电影 그 영화'은 '被' 뒤에 온다.
→ 他被那个电影感动得哭了。

电影 diànyǐng 명 영화 | 哭 kū 동 울다 | 感动 gǎndòng 동 감동하다

정답	**3** 寄　　都　　学生的成绩　　被　　回国了
	学生的成绩都被寄回国了。 학생들의 성적이 모두 본국으로 부쳐졌다.

① 제시어 중 동사는 '寄 부치다'이고, '被자문'에서 동사 뒤에는 기타성분으로 다른 동사나 형용사가 와야 하므로 '回国了 귀국했다'가 기타성분이 된다.
→ ……被……寄回国了。

② '우편으로 부쳐진(寄回国)' 대상은 성적표이므로 '学生的成绩 학생의 성적'가 주어 자리에 온다.
→ 学生的成绩……被……寄回国了。

③ '都'는 부사이므로 '被' 앞에 온다.
→ 学生的成绩都被寄回国了。

寄 jì 동 (우편으로) 부치다 | 学生 xuésheng 명 학생 | 成绩 chéngjì 명 성적 | 回国 huíguó 동 귀국하다

정답	**4** 被以前的同学　　还没　　忘记　　他
	他还没被以前的同学忘记。 그는 아직 예전 학우들에게 잊혀지지 않았다.

① 제시어 중 동사는 '忘记 잊다'이고, '被以前的同学 예전 학우들에 의해'의 형태로 제시되었으므로 자연스레 주어는 '他'가 된다.
→ 他……被以前的同学……忘记。

② 일반적으로 부사는 개사 앞에 위치하므로 '还没 아직'는 '被' 앞에 와야 한다. 이때 '还没'는 [일반부사+부정부사]의 어순에 따른 것이다.
→ 他还没被以前的同学忘记。

以前 yǐqián 명 과거, 이전 | 同学 tóngxué 명 동학, 동창, 학우 | 忘记 wàngjì 동 잊다

정답	**5** 我　　吸引　　被　　美丽的山水画　　住了
	我被美丽的山水画吸引住了。 나는 아름다운 산수화에 매료되었다.

① 동사 '吸引 매료시키다'의 대상인 '我'가 주어 자리에 온다.
→ 我……被……吸引……

② 동사 뒤에는 기타성분이 오므로 '고정'의 의미를 가진 '住了'가 '吸引' 뒤에 온다.
→ 我……被……吸引住了。

③ '매료시키는(吸引)' 주체는 그림이므로 '美丽的山水画 아름다운 산수화'가 '被' 뒤에 온다.
→ 我被美丽的山水画吸引住了。

吸引 xīyǐn 동 끌어당기다, 매료시키다 | 美丽 měilì 형 아름답다 | 山水画 shānshuǐhuà 명 산수화

9 연동문 p.57

> **정답**
> **1** 上班　自行车　老师每天　骑
> 老师每天骑自行车上班。 선생님은 매일 자전거를 타고 출근하신다.

① 자전거를 타는(骑自行车) 것이 출근하는(上班) 것보다 먼저 행해지는 동작이므로 '骑'가 술어1, '上班'이 술어2가 된다.
→ ……骑自行车上班。

② 제시어 중 '老师 선생님'가 주어이다.
→ 老师每天骑自行车上班。

上班 shàngbān 동 출근하다 | 自行车 zìxíngchē 명 자전거 | 老师 lǎoshī 명 선생님 | 每天 měitiān 명 매일 | 骑 qí 동 (자전거 등을) 타다

> **정답**
> **2** 掉下了　忍不住　她　眼泪
> 她忍不住掉下了眼泪。 그녀는 참지 못하고 눈물을 떨구었다.

① 제시어로 봤을 때 주어는 '她 그녀'임을 알 수 있다.
→ 她……

② 동사는 '掉下了 떨구었다'와 '忍不住 참지 못하다'가 있는데 '忍不住'가 먼저 일어나는 동사이기 때문에 술어1이 된다.
→ 她忍不住掉下了……

③ '眼泪 눈물'는 '掉 떨어지다'의 목적어로 온다.
→ 她忍不住掉下了眼泪。

掉 diào 동 (아래로) 떨어지다, 떨어뜨리다 | 忍不住 rěnbúzhù 참지 못하다 | 眼泪 yǎnlèi 명 눈물

정답	**3** 陪妹妹　散散步　去公园　你　吧
	你陪妹妹去公园散散步吧。 너 여동생 데리고 공원에 가서 산책 좀 해.

① 제시어 중 동사는 '陪, 散散步, 去' 3개가 있다.
　→ 陪, 散散步, 去

② '산책하기(散步)' 전에 공원에 '가야하고(去)' 공원에 가기 전에 '여동생을 데리고(陪妹妹)' 가야 하므로 가장 먼저 발생한 동작은 '陪', 다음은 '去', 그 다음이 '散散步'이다.
　→ ……陪妹妹去公园散散步……

③ 나머지 단어 중 주어는 '你'이고, 어기조사 '吧'는 문장 끝에 온다.
　→ 你陪妹妹去公园散散步吧。

陪 péi 동 모시다, 동반하다 ｜ 散步 sànbù 동 산보하다, 산책하다 ｜ 公园 gōngyuán 명 공원

정답	**4** 休息　需要　他们　一会儿　坐下来
	他们需要坐下来休息一会儿。 그들은 앉아서 좀 쉴 필요가 있다.

① 제시어로 봤을 때 '他们 그들'이 주어가 될 것이다.
　→ 他们……

② 우선 '앉은(坐)' 다음에 '쉴(休息)' 수 있으므로 '坐'가 술어1, '休息'가 술어2가 된다.
　→ 他们……坐下来……休息……

③ '需要 ~할 필요가 있다'는 조동사로 술어1 앞에 온다.
　→ 他们需要坐下来休息……

④ '一会儿 잠시'은 시량보어인데 보어는 일반적으로 술어2 뒤에 온다.
　→ 他们需要坐下来休息一会儿。

休息 xiūxi 동 쉬다, 휴식하다 ｜ 需要 xūyào 조동 ~할 필요가 있다 ｜ 一会儿 yíhuìr 잠시, 잠깐 동안

정답	**5** 购物的人　利用节假日　多　去香港　越来越
	利用节假日去香港购物的人越来越多。 휴가를 이용해 홍콩으로 가서 쇼핑을 하는 사람이 갈수록 많아지고 있다.

① 제시어 중 동사는 '购物, 利用, 去' 총 3개이다.
　→ 购物, 利用, 去

② 휴가를 이용해(利用) 홍콩에 가서(去) 쇼핑(购物)을 한 것이므로 동작의 발생 순서에 따라 동사를 나열한다.
→ ……利用节假日去香港购物的人……

③ '越来越 점점 더'는 형용사를 수식하므로 '多 많다'가 뒤에 온다.
→ ……越来越多……

④ '……购物的人'이 주부가 되고 '越来越多'가 술부임을 알 수 있다.
→ 利用节假日去香港购物的人越来越多。

购物 gòuwù 명 쇼핑 통 쇼핑하다 | 利用 lìyòng 통 이용하다 | 节假日 jiéjiàrì 명 경축일과 휴일 | 香港 Xiānggǎng 명 홍콩 | 越来越 yuèláiyuè 더욱더, 점점, 갈수록

10 겸어문 p.62

> **정답 1** 李教授　他的话　很感动　让
> 他的话让李教授很感动。 그의 말은 이교수로 하여금 매우 감동하게 했다.

① '让'을 제외하면 '感动 감동하다'이 술어2가 됨을 알 수 있다.
→ ……让……很感动。

② '感动'하는 주체는 사람이므로 겸어는 '李教授 이 교수'가 된다.
→ ……让李教授很感动。

③ '他的话 그의 말'가 '감동시키는(感动)' 것이므로 주어가 된다.
→ 他的话让李教授很感动。

教授 jiàoshòu 명 교수 | 感动 gǎndòng 통 감동하다

> **정답 2** 这里的情况　了解了　使　那个报道　大家
> 那个报道使大家了解了这里的情况。 그 보도는 사람들로 하여금 이곳의 상황을 이해하게 했다.

① '使'를 제외하면 동사인 '了解 이해하다'가 술어2이고, '了解'하는 주체는 사람이므로 겸어는 '大家 모두'이다.
→ ……使大家了解了……

② '了解'는 동사이므로 목적어를 취할 수 있다. 제시어 중 의미상 가장 적합한 목적어는 '这里的情况 이곳의 상황'이므로 '了解' 뒤에 온다.

→ ……使大家了解了这里的情况。

③ '那个报道 그 소식'가 '사람들로 하여금 이해하게 만든 것'이므로 주어가 된다.

→ 那个报道使大家了解了这里的情况。

情况 qíngkuàng 명 상황 | 了解 liǎojiě 동 잘 알다, 이해하다 | 报道 bàodào 명 보도 동 보도하다 | 大家 dàjiā 대 모두, 다들

정답 **3** 表扬　弟弟爱　邻居们都　帮助别人

邻居们都表扬弟弟爱帮助别人。 이웃들은 모두 남동생이 남을 잘 돕는다고 칭찬한다.

① '表扬 칭찬하다' 또한 겸어문을 구성할 수 있는 동사로, 의미상 사람이 주어로 오는 것이 가장 알맞기 때문에 '邻居们 이웃들'이 주어 자리에 온다.

→ ……邻居们表扬……

② '表扬'의 대상(목적어)으로는 사람이 와야 하므로 '弟弟爱 남동생이 좋아하다'가 적합하다.

→ ……邻居们都表扬弟弟爱……

③ '帮助别人 남을 돕다'은 '爱 ～를 좋아하다'의 목적어로 온다.

→ 邻居们都表扬弟弟爱帮助别人。

> '爱'는 명사(别人)와 동사구(帮助别人)를 모두 목적어로 가질 수 있는 동사이다.

表扬 biǎoyáng 동 칭찬하다 | 爱 ài 동 ～하기를 좋아하다 | 邻居 línjū 명 이웃 | 帮助 bāngzhù 동 돕다

정답 **4** 介绍　吧　给我们　一下　请你

请你给我们介绍一下吧。 당신이 우리에게 소개를 좀 해주세요.

① 제시어에 '请你 부탁합니다'가 있는 것으로 봐서 부탁의 문장임을 알 수 있으며 이는 문장 맨 앞에 온다.

→ 请你……

② 동사 '介绍 소개하다'가 술어가 되며 '一下 좀 ～하다'는 동량보어로 동사 뒤에 온다.

→ 请你……介绍一下……

③ '给我们 우리에게'은 개사구이므로 동사 '介绍' 앞에 온다. 또한 '吧'는 어기조사로 문장 끝에 온다.

→ 请你给我们介绍一下吧。

介绍 jièshào 동 소개하다 | 给 gěi 개 ～에게 | 一下 yíxià 양 좀 ～하다

정답	**5** 请我们　到他家去　他　做客　常常
	他常常请我们到他家去做客。 그는 자주 우리를 그의 집에 손님으로 초대한다.

① '请我们 우리를 초대하다' 뒤에는 '我们'이 할 행동이 나오는데 동사가 그것을 나타낸다. 제시어 중 동사는 '去 가다'와 '做客 손님이 되다'가 있으므로 동작이 발생한 순서대로 동사를 나열할 수 있다. 일반적으로 '去'가 들어간 연동문은 [去……+동사]의 순으로 쓰이므로 '到他家去 그의 집에 가다'가 먼저 오고 '做客'가 뒤에 와야 한다.
　→ ……请我们到他家去做客。

② 남은 단어는 '他'와 '常常 자주'인데 '他'는 '우리를 초대한(请我们)' 주어일 것이고, '常'은 겸어문의 어순인 [부사어+술어1]에 따라 '请' 앞에 온다.
　→ 他常常请我们到他家去做客。

到……去 dào……qù ~로 가다 ｜ 做客 zuòkè 통 손님이 되다, 방문하다 ｜ 常常 chángcháng 부 자주, 항상

11 보어 p.72

정답	**1** 被　光　他　水　了　喝
	水被他喝光了。 물은 그가 다 마셔버렸다.

① '被자문'은 먼저 동사를 찾고 그 동사의 동작 대상을 주어 자리에 놓는 것이 순서이다. 동사는 '喝 마시다'이므로 주어는 마심을 당하는 대상인 '水 물'가 된다.
　→ 水……被……喝……

② '被' 뒤에는 동작의 주체가 오므로 '他'가 와야 한다.
　→ 水……被他……喝……

③ '光'은 '빛'이라는 뜻이 아니라 '다 ~하다'의 뜻으로 동사 뒤에서 결과보어로 쓰인다는 점에 주의해야 한다.
　→ 水被他喝光了。

光 guāng 다 ~하다 ｜ 水 shuǐ 명 물 ｜ 喝 hē 통 마시다

정답	**2** 我的　不太　乒乓球　打得　好
	我的乒乓球打得不太好。 나는 탁구를 잘 못 친다.

① '打得 치는 것이 ~하다'의 형태로 제시되었으므로 뒤에는 정도보어가 온다. 정도보어는 일반적으로 [정도부사+형용사]의 형태로 쓰이므로 '不太好 그다지 좋지 않다'가 정도보어가 된다.
→ ……打得不太好

② '我的 나의' 뒤에는 명사가 와야 하므로 '乒乓球 탁구'와 결합한다.
→ 我的乒乓球打得不太好。

不太 bútài 별로, 그다지 | 乒乓球 pīngpāngqiú 명 탁구 | 打 dǎ 통 치다, 때리다

정답 3 父亲的话　记在　一定要　心里　你　把

你一定要把父亲的话记在心里。 너 반드시 아버지의 말씀을 명심해야 해.

① '把자문'은 먼저 동사를 찾고 그 동작의 주체를 주어 자리에 놓는 것이 순서이다. 동사는 '记 기억하다'이므로 그 주체는 '你'가 된다.
→ 你……把……记在……

② 동작의 대상인 '父亲的话 아버지의 말씀'가 '把'와 결합하여 동사 앞에 온다.
→ 你……把父亲的话记在……

③ [부사+조동사+개사+술어]의 어순에 따라 '一定要 반드시 ~해야 한다'는 '把' 앞에 온다.
→ 你一定要把父亲的话记在……

④ '在'가 개사일 때는 동사 뒤에서 개사구보어도 될 수 있다. 따라서 뒤에는 처소의 의미를 가진 '心里 마음 속'가 온다.
→ 你一定要把父亲的话记在心里。

父亲 fùqīn 명 아버지 | 话 huà 명 말 | 记 jì 통 기억하다, 기록하다 | 一定 yídìng 부 반드시, 꼭 | 心里 xīnli 명 마음, 가슴속

정답 4 激动　那位　说不出话来　得　老人

那位老人激动得说不出话来。 그 노인은 흥분해서 말이 나오지 않았다.

① 일단 제시어 '得'가 조동사가 아니라 [형용사+得+정도보어]의 형식으로 정도보어를 이끄는 구조조사라는 점을 알아야 한다.
→ ……得……

② 제시어로 봤을 때 주어는 '老人 노인'이고 술어는 '激动 흥분하다'임을 알 수 있다. '那位 그분'는 사람을 수식하는 [지시대사+양사]이므로 '老人' 앞에 써야 한다.
→ 那位老人激动得……

③ '得'는 동사나 형용사 뒤에 와서 보어를 이끄는 역할을 하므로, '说不出话来 말이 나오지 않다'는 '激动' 뒤에 와서 정도보어로 쓰인다.
→ 那位老人激动得说不出话来。

激动 jīdòng 동 흥분하다, 감동하다 | 说不出话来 shuōbùchūhuàlái 말이 나오지 않다 | 老人 lǎorén 명 노인

> **정답**
> **5** 打扫得 很 他 把自己的房间 干净
> 他把自己的房间打扫得很干净。 그는 자기 방을 깨끗하게 청소했다.

① 제시어에 이미 '把'개사구 형태로 나와 있기 때문에 '把자문'의 어순을 떠올리는 것이 가장 중요하다.
→ ……把自己的房间……

② 제시어 중 동사는 '打扫 청소하다'이고, 청소를 하는 주체인 '他'가 주어가 된다.
→ 他把自己的房间打扫得……

③ '打扫得'의 '得'는 정도보어를 이끄는 구조조사이므로 뒤에는 '很干净 매우 깨끗하다'이 정도보어로 온다.
→ 他把自己的房间打扫得很干净。

打扫 dǎsǎo 동 청소하다 | 房间 fángjiān 명 방 | 干净 gānjìng 형 깨끗하다

> **정답**
> **6** 他 得 厉害 病 不太
> 他病得不太厉害。 그는 병이 그다지 심하지 않다.

① '不太 그다지'는 형용사나 심리동사만 수식하므로 제시어 중 '厉害 심하다'를 수식해야 한다.
→ ……不太厉害……

② 제시어 중 동사는 '病 병 나다'이고 '得'는 정도보어를 이끄는 구조조사이므로 '不太厉害'가 그 뒤에 온다.
→ ……病得不太厉害。

③ 주어는 '他'가 된다.
→ 他病得不太厉害。

厉害 lìhai 형 대단하다, 심하다, 무섭다 | 病 bìng 동 아프다, 병 나다 | 不太 bútài 그다지, 별로

7 说服不了　我想了　他　也　许多办法

我想了许多办法也说服不了他。 나는 많은 방법을 생각해봤지만 그를 설득하지 못했다.

① 이 문제는 하나의 주어(我)에 두 개의 동사(想 생각하다, 说服 설득하다)가 쓰인 연동문 문제이다.
→ 我想了……说服不了……

② '想'의 목적어는 '办法 방법', '说服'의 목적어는 '他'가 된다.
→ 我想了许多办法……说服不了……他。

③ 이 문제에서 또 중요한 단어가 '也'인데 여기에서의 뜻은 '그래도, 그럼에도 불구하고'이다. 따라서 '많은 방법을 연구했지만(想了许多办法)+也+설득시키지 못했다(说服不了)'의 어순이 되어야 한다.
→ 我想了许多办法也说服不了他。

说服 shuōfú 동 설득하다 ｜ 许多 xǔduō 형 허다하다, 매우 많다 ｜ 办法 bànfǎ 명 방법

8 在房间里　我想　一天　安安静静地待

我想在房间里安安静静地待一天。 나는 하루 동안 방에서 조용히 가만히 있고 싶다.

① 이 문장은 '我想'으로 시작되고 개사구 '在房间里 방안에서'는 부사어로서 동사 '待 머물다'를 수식한다.
→ 我想在房间里……待……

② [형용사 중첩+地]는 동사를 수식하는 부사어의 역할을 하므로 '安安静静地 조용히'가 뒤에 동사 '待'를 수식할 것이다.
→ 我想在房间里安安静静地待……

③ '一天 하루'은 동사의 시량보어로 쓰인다.
→ 我想在房间里安安静静地待一天。

房间 fángjiān 명 방 ｜ 安静 ānjìng 형 조용하다 ｜ 待 dāi 동 머무르다

9 整理得　复习笔记　很　小王的　详细

小王的复习笔记整理得很详细。 샤오왕의 복습필기는 아주 상세하게 정리되어 있다.

① '小王的 샤오왕의' 뒤에는 명사가 와야 하므로 '复习笔记 복습필기'가 가장 적합하다.
→ ……小王的复习笔记……

② '整理得 정리하다'의 형태로 제시되었으므로 뒤에는 정도보어가 와야 한다. 정도보어는 일반적으로 [정도부사+형용사]의 형태로 쓰이므로 '很详细 아주 상세하다'가 정도보어가 된다.
→ ……整理得很详细……

③ 위의 ①, ② 두 문장을 해석해봤을 때 '小王的复习笔记'가 주어가 된다는 것을 알 수 있다.
→ 小王的复习笔记整理得很详细。

整理 zhěnglǐ 통 정리하다 | 复习 fùxí 통 복습하다 명 복습 | 笔记 bǐjì 통 필기하다 명 필기 | 详细 xiángxì 형 상세하다

정답
10 觉 三个小时 我昨晚 睡了 只

我昨晚只睡了三个小时觉。 나는 어젯밤에 겨우 3시간 밖에 못 잤다.

① '我'가 주어이고 술어는 '睡 잠자다'가 될 것임을 알 수 있다.
→ 我昨晚……睡了……

② '睡觉 잠을 자다'는 동사와 목적어가 합쳐진 이합동사이므로 떨어질 수 있다. 이합동사가 만일 수량보어와 만나면 수량보어는 이합동사 사이에 들어간다. 즉, [동사+수량보어+목적어]의 어순을 이룬다. 따라서 제시어 '三个小时 세 시간'는 '睡 자다'와 '觉 잠' 사이에 들어간다.
→ 我昨晚……睡了三个小时觉。

③ '只'는 부사이므로 동사인 '睡' 앞에 온다.
→ 我昨晚只睡了三个小时觉。

觉 jiào 명 잠, 수면 | 昨晚 zuówǎn 명 어젯밤, 어제저녁 | 睡 shuì 통 (잠을) 자다 | 只 zhǐ 부 겨우, 단지

---

12 존현문 p.76

정답
1 摆着 椅子 几把 客厅里

客厅里摆着几把椅子。 거실에는 몇 개의 의자가 놓여 있다.

① 제시어로 봤을 때 존현문임을 알 수 있으므로 주어 자리에는 처소사인 '客厅里 거실에'가 온다.
→ 客厅里……

② 주어 뒤에는 바로 존재동사가 오므로 '摆着 놓여 있다'가 오고 뒤에 존재 대상인 '椅子 의자'가 온다.
　→ 客厅里摆着……椅子。

③ 존현문에서 목적어 앞에는 수량구나 묘사성 수식어가 붙으므로 '几把 몇 개'가 '椅子'를 수식한다.
　→ 客厅里摆着几把椅子。

摆 bǎi 동 놓다 ｜ 把 bǎ 양 손잡이가 있는 물건이나 의자를 세는 양사 ｜ 椅子 yǐzi 명 의자 ｜ 客厅 kètīng 명 거실

정답

2 只　小电影院　五十个人　坐得下　这个

这个小电影院只坐得下五十个人。 이 소극장은 단지 50명만 앉을 수 있다.

① '坐 앉다'도 존재를 나타내는 동사이므로 존현문임을 알 수 있다. 따라서 주어는 '这个小电影院 이 소극장'이 되고, 술어 자리에는 '坐得下'가 온다. 이때 '坐得下'는 '앉을 수 있다'의 뜻으로 가능보어의 긍정형이다.
　→ 这个小电影院……坐得下……

② 동사 뒤에는 존재 대상이 와야 하므로 '五十个人 50명'이 온다.
　→ 这个小电影院……坐得下五十个人。

③ '只'는 부사이므로 동사 앞에 와야 한다. 이때 '只五十个人'으로 쓰지 않도록 주의하자.
　→ 这个小电影院只坐得下五十个人。

只 zhǐ 부 단지, 다만 ｜ 电影院 diànyǐngyuàn 명 영화관 ｜ 坐 zuò 동 앉다

정답

3 一件　事故　严重的　发生了　高速公路上

高速公路上发生了一件严重的事故。 고속도로에서 심각한 사고 한 건이 발생했다.

① '高速公路上 고속도로 위'은 장소를 나타내고 '发生了 발생했다'는 출현의 뜻이므로 이 문장은 존현문임을 알 수 있다.
　→ 高速公路上发生了……

> 관형어의 어순
> [수사+양사+형용사+的+명사(중심어)]

② 수량구 '一件 한 건'과 형용사 '严重的 심각한'는 의미상 명사 '事故 사고'를 수식하는데, 이때 어순은 [수량구+형용사]이므로, '一件严重的事故 한 건의 심각한 사고'의 순으로 목적어 자리에 온다.
　→ 高速公路上发生了一件严重的事故。

事故 shìgù 명 사고 ｜ 严重 yánzhòng 형 심각하다 ｜ 发生 fāshēng 동 발생하다 ｜ 高速公路 gāosùgōnglù 고속도로

| 정답 | **4** 是　运动场　宿舍楼前　一个 |

宿舍楼前是一个运动场。 기숙사 건물 앞은 운동장이다.

① '是' 역시 존현문이 될 수 있다. 따라서 처소의 의미가 있는 '宿舍楼前 기숙사 건물 앞'이 주어 자리에 온다.
　　→ 宿舍楼前是……

② 존재 대상인 '一个运动场 운동장 하나'이 목적어 자리에 온다.
　　→ 宿舍楼前是一个运动场。

运动场 yùndòngchǎng 몡 운동장 ｜ 宿舍楼 sùshèlóu 몡 기숙사 건물

| 정답 | **5** 一座桥　前面　有　博物馆的 |

博物馆的前面有一座桥。 박물관 앞에는 다리 하나가 있다.

① '博物馆的 박물관의' 뒤에는 명사가 와야 하므로 '前面 앞쪽'이 적합하다. 또한 이는 처소를 나타내므로 주어 자리에 온다.
　　→ 博物馆的前面……

② 존재를 나타내는 '有'가 술어 자리에 오고 그 뒤에는 존재 대상인 '一座桥 다리 하나'가 온다.
　　→ 博物馆的前面有一座桥。

座 zuò 양 다리를 세는 양사 ｜ 桥 qiáo 몡 다리 ｜ 前面 qiánmiàn 몡 앞쪽 ｜ 博物馆 bówùguǎn 몡 박물관

13 비교문 p.81

| 정답 | **1** 减轻　上个月　我的体重　了　比 |

我的体重比上个月减轻了。 나의 체중이 지난달보다 줄었다.

① '我的体重 나의 체중'과 '上个月 지난달' 중 주어와 비교 대상이 나옴을 알 수 있다. 비교문에서 주어는 비교적 구체적인 것이므로 '我的体重'이 주어, '上个月'가 비교 대상이 된다.
　　→ 我的体重比上个月……

② 비교 대상 뒤에는 동사나 형용사가 술어로 오므로 '减轻 경감하다'은 '上个月' 뒤에 오고 '了'는 '상태의 변화'를 나타내는 어기조사이므로 문장 끝에 온다.
→ 我的体重比上个月减轻了。

减轻 jiǎnqīng 동 경감하다, 줄다 | 上个月 shàng ge yuè 명 지난달 | 体重 tǐzhòng 명 체중

정답	**2** 一点儿也不　差　工作能力　比老张　我的
	我的工作能力一点儿也不比老张差。 나의 업무능력은 라오장보다 조금도 뒤지지 않는다.

① '我的 나의' 뒤에는 명사가 와야 하므로 '工作能力 업무능력'가 적합하다.
→ 我的工作能力……

② '我的工作能力 나의 업무능력'가 주어가 되고, 비교 대상은 '老张 라오장'이 될 것이다. 또한 비교 대상 뒤에는 동사나 형용사가 술어로 오므로 형용사 '差 차이가 나다'가 '老张' 뒤에 온다.
→ 我的工作能力……比老张差。

③ '比'비교문에서 부정부사 '不'는 '比' 앞에 온다. 또한 [一点儿也不+동사/형용사]는 하나의 고정격식으로 '조금도 ~하지 않다'의 뜻이다.
→ 我的工作能力一点儿也不比老张差。

정답	**3** 不如她　我的　远远　打球水平
	我的打球水平远远不如她。 내 운동실력은 그녀에 훨씬 못 미친다.

① '我的 나의' 뒤에는 명사가 와야 하므로 '打球水平 운동실력'이 가장 적합하다.
→ ……我的打球水平……

② '不如 ~만 못하다'가 술어가 되므로 문장 끝에 온다.
→ 我的打球水平……不如她。

③ '远远 훨씬'은 동사를 바로 수식하므로 '不如' 앞에 온다.
→ 我的打球水平远远不如她。

> 단음절 형용사의 중첩은 동사를 바로 수식할 수 있고 '地'와 함께 수식할 수도 있다.
> 好好(地)休息一下。 잘 쉬세요.

不如 bùrú ~만 못하다 | 远远 yuǎnyuǎn 부 훨씬 | 打球 dǎqiú 동 구기 운동을 하다 | 水平 shuǐpíng 명 수준, 실력

4 喜欢　她　一样　运动　跟我

她跟我一样喜欢运动。 그녀는 나와 마찬가지로 운동을 좋아한다.

① '跟我 나와 마찬가지로'로 제시되었으므로 주어는 '她'가 된다.
　→ 她跟我……

② '一样 같다'은 [跟……一样+술어]의 형식으로 부사어가 된다.
　→ 她跟我一样喜欢运动。

喜欢 xǐhuan 동 좋아하다　|　**一样** yíyàng 형 같다, 동일하다　|　**运动** yùndòng 명 운동 동 운동하다　|　**跟** gēn 개 ~와, ~과

5 比那座山　一些　这座山　高

这座山比那座山高一些。 이 산은 저 산보다 조금 더 높다.

① '比那座山 저 산보다'의 형태로 제시되었으므로 주어는 '这座山 이 산'이 된다.
　→ 这座山比那座山……

② 비교 대상 뒤에는 술어가 와야 하므로 '高 높다'가 오고 비교의 차이를 나타내는 '一些 좀'는 형용사 뒤에 오므로 '高一些 좀 높다'의 순이 된다.
　→ 这座山比那座山高一些。

座 zuò 양 산을 세는 양사　|　**高** gāo 형 높다　|　**一些** yìxiē 양 조금, 약간

Ⅱ : 주어진 사진과 어휘 보고 문장 만들기

1 명사 제시어 p.93

<table>
<tr><td>모범 답안</td><td>1</td><td>
信用卡</td><td>她喜欢使用信用卡购物。
小李今天办了一张信用卡。
用信用卡购物很容易花很多钱。
年轻人买东西时，都喜欢刷信用卡。
信用卡给我们的生活带来了很大的方便。</td></tr>
</table>

① 사진과 제시어 분석

제시어 '信用卡 신용카드'는 명사이고, 사진은 한 여성이 신용카드를 내밀며 결제하는 모습이다. 따라서 신용카드와 쇼핑의 연관성이나 신용카드의 장단점 등에 대한 문장을 만들면 된다.

② 관련 표현 정리

用信用卡 yòng xìnyòngkǎ 신용카드를 사용하다
用信用卡购物 yòng xìnyòngkǎ gòuwù 신용카드로 쇼핑하다
办一张信用卡 bàn yìzhāng xìnyòngkǎ 신용카드를 만들다
刷信用卡 shuā xìnyòngkǎ 신용카드로 결제하다, 신용카드로 긁다

③ 모범답안

她喜欢使用信用卡购物。 그녀는 신용카드로 쇼핑하는 것을 좋아한다.
小李今天办了一张信用卡。 샤오리는 오늘 신용카드를 하나 만들었다.
用信用卡购物很容易花很多钱。 신용카드로 쇼핑을 하면 많은 돈을 쓰기 쉽다.
年轻人买东西时，都喜欢刷信用卡。 젊은 사람들은 물건을 살 때 신용카드로 결제하는 것을 좋아한다.
信用卡给我们的生活带来了很大的方便。 신용카드는 우리의 생활에 많은 편리함을 가져다 주었다.

使用 shǐyòng 동 사용하다, 쓰다 | 购物 gòuwù 동 구매하다, 사다 | 容易 róngyì 형 용이하다, 쉽다 | 花 huā 동 (돈을) 쓰다 | 年轻人 niánqīngrén 명 젊은이, 젊은 사람 | 带来 dàilái 동 가져오다 | 方便 fāngbiàn 명 편리함, 편의

모범답안 2

音乐

她喜欢听着音乐学习。
我喜欢和朋友分享流行音乐。
我认为看书时听音乐可以更集中。
音乐可以让我们的生活变得更美好。
很多学生喜欢一边听音乐一边学习。

① 사진과 제시어 분석

제시어 '音乐 음악'는 명사이고, 사진은 여자가 음악을 들으면서 공부를 하고 있는 장면이다. 따라서 음악의 즐거움이나 음악의 효용성 등에 대한 문장을 만들면 된다. 이때 'A하면서 B하다'라는 의미인 '一边+동사1+一边+동사2'나 '동사1着……동사2' 등의 문형을 쓰면 좋다.

② 관련 표현 정리

听音乐 tīng yīnyuè 음악을 듣다
流行音乐 liúxíng yīnyuè 대중가요
生活美好 shēnghuó měihǎo 생활이 아름답다. 생활이 행복하다

③ 모범답안

她喜欢听着音乐学习。 그녀는 음악을 들으면서 공부하기를 좋아한다.
我喜欢和朋友分享流行音乐。 나는 친구와 가요를 함께 들으며 즐기는 것을 좋아한다.
我认为看书时听音乐可以更集中。 나는 공부할 때 음악을 들으면 더 집중할 수 있다고 생각한다.
音乐可以让我们的生活变得更美好。 음악은 우리의 생활로 하여금 더 아름답게 할 수 있다.
很多学生喜欢一边听音乐一边学习。 많은 학생들은 음악을 들으며 공부하기를 좋아한다.

分享 fēnxiǎng 동 함께 나누다, 공유하다 | 集中 jízhōng 동 집중하다

모범답안 3

减肥

运动对减肥有很大帮助。
想要减肥，必须坚持运动。
为了减肥，姐姐经常去健身房锻炼。
我每天都运动，既为了减肥，也为了健康。
夏天快到了，健身房里减肥的女性越来越多。

① 사진과 제시어 분석

제시어 '减肥 다이어트'는 명사이고, 동사로 '다이어트하다'라는 뜻도 될 수 있다. 사진은 헬스장에서 운동을 하고 있는 사람들의 모습이다. 그러므로 운동의 필요성이나 다이어트를 위해 헬스장에 온 사람들의 모습 등에 대한 문장을 만들면 된다. 이때 'A는

Ⅱ-1. 명사 제시어 33

B에 도움이 된다'라는 뜻인 'A对B有很大帮助'나 '~하고 싶다면 반드시 ~해야 한다'라는 뜻인 '想要동사1……必须동사2'와 같은 문형을 활용하면 좋다.

② 관련 표현 정리

坚持运动 jiānchí yùndòng 계속해서 운동하다
为了健康 wèile jiànkāng 건강을 위해서
重视减肥 zhòngshì jiǎnféi 다이어트를 중시하다

③ 모범답안

运动对减肥有很大帮助。 운동은 다이어트에 아주 큰 도움이 된다.

想要减肥，必须坚持运动。 다이어트를 하고 싶다면 반드시 계속해서 운동을 해야 한다.

为了减肥，姐姐经常去健身房锻炼。 다이어트를 위해 언니는 자주 헬스장에 가서 운동을 한다.

我每天都运动，既为了减肥，也为了健康。
나는 매일 운동을 하는데 이것은 다이어트를 위한 것이기도 하고 또한 건강을 위해서이기도 하다.

夏天快到了，健身房里减肥的女性越来越多。
곧 여름이 다가오니 헬스장에서 다이어트하는 여성들이 갈수록 많아지고 있다.

帮助 bāngzhù 동 돕다, 도와주다 | 必须 bìxū 부 반드시, 꼭 | 经常 jīngcháng 부 자주, 항상 | 健身房 jiànshēnfáng 명 헬스장, 헬스클럽 | 锻炼 duànliàn 동 단련하다 | 夏天 xiàtiān 명 여름

모범 답안 4

消息

这个消息不要告诉别人。
她听了这个消息非常吃惊。
安娜在告诉朋友一条惊人的消息。
她真不敢相信这个消息是真的。
听到这个消息，她惊讶得说不出话来。

① 사진과 제시어 분석

제시어 '消息 소식'은 명사이고, 사진은 귓속말로 소식을 전하는 모습이다. '耳语 귓속말'라는 단어를 떠올릴 수 있지만 제시어는 귓속말이 아니기 때문에 거기에 집착하는 것은 좋지 않다. 오히려 놀라는 표정을 중심으로 '여자가 어떤 소식에 매우 놀랐다'라는 식으로 표현하는 것이 좋다. 중국인들은 사물을 주어로 삼고 그 사물이 사람으로 하여금 어떻게 되게 만들었다는 식의 표현을 많이 쓴다. 이럴 경우 주로 '让'이나 '使'를 이용해서 [주어(사물)+让+목적어(사람)+술어]와 같이 겸어문을 쓸 수 있다.

② 관련 표현 정리

告诉别人 gàosu biérén 다른 사람에게 알려주다
非常吃惊 fēicháng chījīng 매우 놀라다
惊人的消息 jīngrén de xiāoxi 놀라운 소식
不敢相信 bùgǎn xiāngxìn 감히 믿을 수 없다, 믿기지가 않는다
惊讶得说不出话来 jīngyàde shuōbùchūhuàlái 놀라서 말이 나오지 않다

③ 모범답안

这个消息不要告诉别人。 이 소식은 다른 사람에게 말하지 마세요.

她听了这个消息非常吃惊。 그녀는 이 소식을 듣고 매우 놀랐다.

安娜在告诉朋友一条惊人的消息。 안나는 친구에게 놀라운 소식을 알려주고 있다.

她真不敢相信这个消息是真的。 그녀는 정말 이 소식이 진짜라고 감히 믿을 수 없었다.

听到这个消息，她惊讶得说不出话来。 이 소식을 듣고 그녀는 놀라서 말이 나오지 않았다.

告诉 gàosu 동 말하다, 알리다 | 惊讶 jīngyà 형 놀랍다, 의아하다

5

垃圾

不要乱扔垃圾！

乱扔垃圾会污染环境。

在韩国扔垃圾时要分类。

清洁工正在清扫地上的垃圾。

我们应该把垃圾扔到垃圾桶里。

① 사진과 제시어 분석

제시어 '垃圾 쓰레기'는 명사이고, 사진은 쓰레기 더미와 그것을 청소하고 있는 청소부의 모습이다. 그렇다면 '쓰레기는 함부로 버리면 안 된다'와 같은 메시지가 있는 문장이 좋다. 명령문일 때는 '不要' 문형을 쓸 수 있다.

② 관련 표현 정리

乱扔垃圾 luànrēng lājī 쓰레기를 함부로 버리다

污染环境 wūrǎn huánjìng 환경을 오염시키다

地上的垃圾 dìshàng de lājī 거리 위의 쓰레기

把垃圾扔到垃圾桶里 bǎ lājī rēngdào lājītǒnglǐ 쓰레기를 휴지통에 버리다

③ 모범답안

不要乱扔垃圾！ 쓰레기를 함부로 버리지 마세요!

乱扔垃圾会污染环境。 쓰레기를 함부로 버리면 환경을 오염시킬 것이다.

在韩国扔垃圾时要分类。 한국에서는 쓰레기를 버릴 때 분류를 해야 한다.

清洁工正在清扫地上的垃圾。 환경미화원이 거리의 쓰레기를 청소하고 있다.

我们应该把垃圾扔到垃圾桶里。 우리는 마땅히 쓰레기를 휴지통에 버려야 한다.

分类 fēnlèi 동 분류하다 | 清洁工 qīngjiégōng 명 청소부, 환경미화원 | 清扫 qīngsǎo 동 청소하다

| 모범 답안 | 6 | 
考试 | 考试让很多学生感到头疼。
这次考试有很多学生参加了。
这次期末考试的问题实在太难。
考试给学生们带来了很大压力。
很多外国人参加汉语水平考试。 |

① 사진과 제시어 분석

　제시어 '考试 시험'는 명사이고, '시험 보다'라는 뜻의 동사로도 쓰일 수 있다. 사진은 많은 사람들이 시험을 보고 있는 모습이다. 따라서 시험 때문에 힘들어하는 사람들의 모습에 대해 쓰는 것이 좋다.

② 관련 표현 정리

　感到头疼 gǎndào tóuténg 골치 아프다
　参加考试 cānjiā kǎoshì 시험에 참가하다
　期中考试 qīzhōng kǎoshì 중간고사
　期末考试 qīmò kǎoshì 기말고사
　实在太难 shízài tàinán 정말 너무 어렵다
　给……带来很大压力 gěi……dàilái hěndà yālì ～에게 많은 스트레스를 가져다 주다

③ 모범답안

　考试让很多学生感到头疼。 시험은 많은 학생들을 골치 아프게 한다.
　这次考试有很多学生参加了。 이번 시험에 많은 학생들이 참가했다.
　这次期末考试的问题实在太难。 이번 기말고사의 시험문제는 정말 너무 어렵다.
　考试给学生们带来了很大压力。 시험은 학생들에게 많은 스트레스를 가져다 주었다.
　很多外国人参加汉语水平考试。 많은 외국인들이 HSK에 참가했다.

外国人 wàiguórén 명 외국인 | 汉语水平考试 Hànyǔ Shuǐpíng Kǎoshì 한어수평고시, HSK

| 모범 답안 | 7 | 
报纸 | 看报纸的年轻人并不多。
报纸上有很多有用的信息。
她喜欢一边喝咖啡一边看报纸。
她每天起床后做的第一件事是看报纸。
对她来说，看报纸是一件非常重要的事。 |

① 사진과 제시어 분석

제시어 '报纸 신문'는 명사이고, 사진은 컵을 들고 신문을 보고 있는 여성의 모습이다. 따라서 '그녀는 커피를 마시며 신문 보는 것을 좋아한다'라는 식의 표현이 가장 적절하다. 이때 [一边+동사1+一边+동사2] 문형을 쓰는 것이 좋다.

② 관련 표현 정리

看报纸 kàn bàozhǐ 신문을 보다
有用的信息 yǒuyòng de xìnxī 유용한 정보
喝咖啡 hē kāfēi 커피를 마시다

③ 모범답안

看报纸的年轻人并不多。 신문을 보는 젊은이는 결코 많지 않다.
报纸上有很多有用的信息。 신문에는 많은 유용한 정보가 있다.
她喜欢一边喝咖啡一边看报纸。 그녀는 커피를 마시며 신문을 보는 것을 좋아한다.
她每天起床后做的第一件事是看报纸。 그녀가 매일 기상한 후 가장 먼저 하는 일은 신문을 보는 것이다.
对她来说，看报纸是一件非常重要的事。 그녀에게 있어서 신문 읽기는 매우 중요한 일이다.

起床 qǐchuáng 동 (잠자리에서) 일어나다, 기상하다 | 第一 dìyī 수 맨 처음, 최초

모범답안 8

兴趣

学生们对汉语不感兴趣。
她第一次对写作有了兴趣。
老师应该培养孩子的学习兴趣。
这个问题引起了孩子们的兴趣。
这个学生对这个问题没什么兴趣。

① 사진과 제시어 분석

제시어 '兴趣 흥미'는 명사이고, 사진은 한 여자아이가 수업 중에 다른 생각을 하는 모습 혹은 어떤 문제에 대해서 골똘히 생각하는 모습이라고 이해할 수도 있다. 따라서 무엇이 아이의 흥미를 끌었는지, 아니면 무엇 때문에 아이가 집중하지 못하는지에 대해 쓰면 된다. 이때 '对……(不)感兴趣'나 '对……(没)有兴趣' 등의 문형을 활용할 수 있다.

② 관련 표현 정리

不感兴趣 bùgǎn xìngqù 흥미를 못 느끼다
有了兴趣 yǒule xìngqù 흥미가 생기다
培养兴趣 péiyǎng xìngqù 흥미를 기르다
引起兴趣 yǐnqǐ xìngqù 흥미를 유발하다
没什么兴趣 méishénme xìngqù 별 흥미가 없다

③ 모범답안

学生们对汉语不感兴趣。 학생들은 중국어에 대해서 흥미를 느끼지 못했다.

她第一次对写作有了兴趣。 그녀는 처음으로 작문에 대해 흥미가 생겼다.

老师应该培养孩子的学习兴趣。 선생님은 학생들의 공부 흥미를 길러주어야 한다.

这个问题引起了孩子们的兴趣。 이 문제는 아이들의 흥미를 유발했다.

这个学生对这个问题没什么兴趣。 이 학생은 이 문제에 대해서 별 흥미가 없다.

写作 xiězuò 명 작문 | 引起 yǐnqǐ 통 주의를 끌다, 야기하다, 불러 일으키다

모범답안 9

手表

他戴着一块名牌手表。

名牌手表是一个人身份的象征。

为了不迟到，他总是戴着手表。

去机场的路上堵车了，他不停地看手表。

这个男人不停地看手表，好像有什么急事。

① 사진과 제시어 분석

제시어 '手表 시계'는 명사이고, 사진에서는 남자가 시계를 보고 있으므로 조급함을 느낄 수 있다. 따라서 마음이 조급해서 자꾸 시계를 보는 모습 혹은 명품시계를 차고 있는 남자의 모습을 묘사해서 써도 좋다.

② 관련 표현 정리

戴手表 dài shǒubiǎo 시계를 차다

名牌手表 míngpái shǒubiǎo 명품 시계

为了不迟到 wèile bù chídào 지각하지 않기 위해서

路上堵车 lùshang dǔchē 차가 막히다

不停地看手表 bùtíngde kàn shǒubiǎo 계속해서 시계를 보다

③ 모범답안

他戴着一块名牌手表。 그는 명품 시계를 차고 있다.

名牌手表是一个人身份的象征。 명품 시계는 한 사람의 신분의 상징이다.

为了不迟到，他总是戴着手表。 지각하지 않기 위해 그는 항상 시계를 차고 있다.

去机场的路上堵车了，他不停地看手表。 공항으로 가는 길에 차가 막혀서 그는 계속해서 시계를 보았다.

这个男人不停地看手表，好像有什么急事。 이 남자는 계속해서 시계를 보고 있는 걸 보니 무슨 급한 일이 있는 것 같다.

块 kuài 양 덩어리 또는 조각 모양의 물건을 헤아리는 데 쓰는 양사 | 身份 shēnfèn 명 신분, 지위 | 象征 xiàngzhēng 명 상징, 표상 | 机场 jīchǎng 명 공항 | 好像 hǎoxiàng 부 마치 ~과 같다, ~인 것 같다 | 急事 jíshì 명 급한 일

모범 답안	10  爱好	她是一个美术爱好者。 我最大的爱好是画画儿。儿。 每个人的爱好都不一样。 韩国父母很重视孩子的爱好。 爱好可以丰富我们的业余生活。

① 사진과 제시어 분석

제시어 '爱好 취미'는 명사이고, '좋아하다, ~하기를 즐기다'라는 뜻의 동사도 될 수 있다. 사진은 그림을 그리고 있는 여자아이의 모습이므로 '그녀의 취미는 그림 그리기이다'와 같은 문장을 만들 수 있다.

② 관련 표현 정리

最大的爱好是…… zuìdà de àihào shì…… 최고의 취미는 ~이다
重视爱好 zhòngshì àihào 취미를 중시하다
丰富业余生活 fēngfù yèyú shēnghuó 여가 생활을 풍부하게 하다

③ 모범답안

她是一个美术爱好者。 그녀는 미술 애호가이다.
我最大的爱好是画画儿。 나의 최고의 취미는 그림 그리기이다.
每个人的爱好都不一样。 사람들마다 취미가 다 다르다.
韩国父母很重视孩子的爱好。 한국의 부모는 아이의 취미를 매우 중시한다.
爱好可以丰富我们的业余生活。 취미는 우리의 여가 생활을 풍부하게 만들어준다.

美术 měishù 명 미술 | 爱好者 àihàozhě 명 애호가 | 画画儿 huàhuàr 통 그림을 그리다

모범 답안	11  安全带	飞机上一定要系安全带。 空姐在提醒乘客系好安全带。 安全带可以保证我们的安全。 空姐在教乘客们安全带的系法。 飞机就要起飞了，请系好安全带。

① 사진과 제시어 분석

제시어 '安全带 안전벨트'는 명사이고, 사진은 기내에서 승무원이 안전벨트 메는 법을 안내하는 모습이다. 따라서 안전벨트 착용을 권하는 내용이나 안전벨트의 필요성 등에 대한 문장을 쓸 수 있다. 이때 '~가 ~에게 ~하라고 일깨우다'라는 형식으로 쓰려면 [주어+提醒+목적어+술어] 문형을 쓰면 된다.

② 관련 표현 정리

系安全带 jì ānquándài 안전벨트를 메다

保证安全 bǎozhèng ānquán 안전을 보장하다

安全带的系法 ānquándài de jìfǎ 안전벨트 메는 방법

飞机就要起飞了 fēijī jiùyào qǐfēi le 비행기가 곧 이륙하려고 하다

③ 모범답안

飞机上一定要系安全带。 비행기 안에서는 반드시 안전벨트를 착용해야 한다.

空姐在提醒乘客系好安全带。 승무원이 승객들에게 안전벨트를 멜 것을 일깨우고 있다.

安全带可以保证我们的安全。 안전벨트는 우리의 안전을 보장해줄 수 있다.

空姐在教乘客们安全带的系法。 승무원은 승객들에게 안전벨트 메는 법을 가르쳐주고 있다.

飞机就要起飞了，请系好安全带。 비행기가 곧 이륙하오니 안전벨트를 착용해 주세요.

飞机 fēijī 명 비행기 | 空姐 kōngjiě 명 승무원, 스튜어디스 | 提醒 tíxǐng 동 일깨우다 | 乘客 chéngkè 명 승객 | 安全 ānquán 명 안전

12

小明的成绩提高了很多。

这次考试成绩他很满意。

学生和家长都很重视考试成绩。

老师给成绩好的学生发了奖状。

这次考试他取得了很好的成绩。

成绩

① 사진과 제시어 분석

제시어 '成绩 성적'는 명사이고, 사진은 한 남자아이가 성적표를 들고 웃고 있는 사진이다. 따라서 성적이 올랐거나 상장을 받고 기뻐하는 모습에 대한 내용을 쓰면 된다.

② 관련 표현 정리

成绩提高了很多 chéngjì tígāo le hěnduō 성적이 많이 올랐다

发奖状 fā jiǎngzhuàng 상장을 주다

取得很好的成绩 qǔdé hěnhǎo de chéngjì 좋은 성적을 거두다

③ 모범답안

小明的成绩提高了很多。 샤오밍의 성적이 많이 올랐다.

这次考试成绩他很满意。 이번 시험 성적을 그는 매우 마음에 들어 한다.

学生和家长都很重视考试成绩。 학생과 학부모는 모두 시험 성적을 중시한다.

老师给成绩好的学生发了奖状。 선생님은 성적이 좋은 학생에게 상장을 수여했다.

这次考试他取得了很好的成绩。 이번 시험에서 그는 좋은 성적을 거두었다.

家长 jiāzhǎng 명 학부모, 가장 | 满意 mǎnyì 형 만족하다, 흡족하다 | 重视 zhòngshì 동 중시하다, 중히 여기다

모범 답안	13  水果	多吃水果的人皮肤好。 我最喜欢的水果是香蕉。 水果中含有丰富的营养。 多吃水果对身体健康有帮助。 许多减肥的人都用水果来代替晚饭。

① 사진과 제시어 분석

제시어 '水果 과일'는 명사이고, 사진은 여러 종류의 과일이 놓여있는 모습이다. 따라서 '과일은 건강에 좋다'라는 내용의 문장을 쓸 수 있는데, 이때 'A对B有帮助'의 문형을 활용하면 좋다.

② 관련 표현 정리

丰富的营养 fēngfù de yíngyǎng 풍부한 영양

对身体健康有帮助 duì shēntǐ jiànkāng yǒu bāngzhù 신체 건강에 도움이 된다

用水果代替晚饭 yòng shuǐguǒ dàitì wǎnfàn 과일로 저녁 식사를 대신하다

③ 모범답안

多吃水果的人皮肤好。 과일을 많이 먹는 사람은 피부가 좋다.
我最喜欢的水果是香蕉。 내가 가장 좋아하는 과일은 바나나이다.
水果中含有丰富的营养。 과일 속에는 풍부한 영양이 함유되어 있다.
多吃水果对身体健康有帮助。 과일을 많이 먹으면 신체 건강에 좋다.
许多减肥的人都用水果来代替晚饭。 다이어트를 하는 많은 사람들은 과일로 저녁 식사를 대신한다.

皮肤 pífū 명 피부 | 香蕉 xiāngjiāo 명 바나나 | 含有 hányǒu 동 함유하다, 포함하다 | 减肥 jiǎnféi 명 다이어트 동 다이어트하다

모범 답안	14  照片	他的爱好是拍照片。 他在很认真地拍照片。 这位记者在开心地拍照片。 他已经拍了好几十张照片了。 每次旅行时，我都拍很多照片。

① 사진과 제시어 분석

제시어 '照片 사진'은 명사이고, 사진은 남자가 카메라를 들고 사진을 찍는 모습이다. 따라서 '그의 취미는 사진촬영이다' 혹은 '여행할 때는 늘 많은 사진을 찍는다'와 같은 문장을 만들 수 있다.

② 관련 표현 정리
   拍照片 pāi zhàopiàn 사진을 찍다
   认真地拍照片 rènzhēnde pāi zhàopiàn 열심히 사진을 찍다
   开心地拍照片 kāixīnde pāi zhàopiàn 즐겁게 사진을 찍다

> [동사+了+수량사+了]의 형식은 그 동작을 얼마 동안 혹은 몇 번째 계속 하고 있음을 나타낸다.
> 我在北京住了三年了。 나는 베이징에서 3년째 살고 있다.
> 반면 [동사+了+수량사]는 과거에 그러했음을 나타낸다.
> 我在北京住了三年。 나는 (과거에) 베이징에서 3년 살았었다.

③ 모범답안
   他的爱好是拍照片。 그의 취미는 사진 촬영이다.
   他在很认真地拍照片。 그는 열심히 사진을 찍고 있다.
   这位记者在开心地拍照片。 이 기자는 즐겁게 사진을 찍고 있다.
   他已经拍了好几十张照片了。 그는 이미 수십 장의 사진을 찍었다.
   每次旅行时，我都拍很多照片。 매번 여행할 때 나는 많은 사진을 찍는다.

爱好 àihào 명 취미 | 记者 jìzhě 명 기자 | 好 hǎo 부 '一'나 '几' 앞에 와서 '많거나 오래됨'을 강조 | 旅行 lǚxíng 동 여행하다

모범답안 15

信心

她对未来充满信心。
信心是一种很大的力量。
这次成功使她信心倍增。
有信心的人就有美好的未来。
爬到山上大喊可以增强信心。

① 사진과 제시어 분석
   제시어 '信心 자신감'은 명사이고, 사진은 한 여자아이가 두 손을 쭉 뻗으며 자신감 있는 표정을 짓고 있는 모습이다. 따라서 자신감이 있어야 밝은 미래가 있다는 내용이나 자신감을 높이는 방법 등에 대한 작문을 할 수 있다.

② 관련 표현 정리
   充满信心 chōngmǎn xìnxīn 자신감으로 가득하다
   信心倍增 xìnxīn bèizēng 자신감이 배가되다
   有信心的人 yǒu xìnxīn de rén 자신감이 있는 사람
   美好的未来 měihǎo de wèilái 아름다운 미래
   增强信心 zēngqiáng xìnxīn 자신감을 높이다

③ 모범답안
   她对未来充满信心。 그녀는 미래에 대해서 자신감이 가득하다.
   信心是一种很大的力量。 자신감은 일종의 큰 힘이다.
   这次成功使她信心倍增。 이번 성공은 그녀로 하여금 자신감이 배가되게 했다.
   有信心的人就有美好的未来。 자신 있는 사람은 곧 밝은 미래가 있다.
   爬到山上大喊可以增强信心。 산 위에 올라 크게 소리치면 자신감을 높일 수 있다.

力量 lìliang 명 힘 | 成功 chénggōng 명 성공 | 大喊 dàhǎn 동 크게 소리치다

2 동사 제시어 p.103

모범 답안

1 咳嗽

他不停地咳嗽。
他咳嗽得厉害。
他一紧张就咳嗽。
他感冒了，不停地咳嗽。
他用咳嗽声来提醒朋友。

① 사진과 제시어 분석

제시어 '咳嗽 기침하다'는 동사이고, 사진은 손으로 입을 가리고 기침을 하는 모습이다. 간단하게 '그는 기침을 한다'라고 쓸 수 있지만 '~했다 하면 ~하다[一+동사1+就+동사2]'나 '~한 정도가 심하다[동사+得+厉害]'와 같은 문형을 써서 문장을 더 풍부하게 만들 수 있다.

② 관련 표현 정리

不停地咳嗽 bùtíngde késou 계속해서 기침을 하다
咳嗽得厉害 késoude lìhai 기침을 심하게 하다
用……来 yòng……lái ~을 이용함으로써
提醒朋友 tíxǐng péngyou 친구를 일깨우다

③ 모범답안

他不停地咳嗽。 그는 멈추지 않고 기침을 한다.
他咳嗽得厉害。 그는 기침을 심하게 한다.
他一紧张就咳嗽。 그는 긴장만 하면 기침한다.
他感冒了，不停地咳嗽。 그는 감기에 걸려서 계속해서 기침한다.
他用咳嗽声来提醒朋友。 그는 기침을 함으로써 친구를 일깨워준다.

紧张 jǐnzhāng 동 긴장하다, 불안하다 | **感冒** gǎnmào 명 감기 동 감기에 걸리다

모범 답안

2  照顾

感谢你对我的照顾。
护士在很细心地照顾病人。
这位病人需要细心的照顾。
这所医院的护士很认真地照顾病人。
在护士的照顾下，这位病人一天天好了起来。

Ⅱ-2. 동사 제시어

① 사진과 제시어 분석

제시어 '照顾 돌보다, 보살피다'는 동사이고, 사진은 환자를 돌보는 간호사의 모습이다. 보이는 그대로 '간호사는 아주 세심하게 환자를 돌본다'라고 쓸 수 있고, 혹은 '이 환자는 세심한 보살핌이 필요하다'와 같이 작문할 수도 있다.

② 관련 표현 정리

你对我的照顾 nǐ duì wǒ de zhàogù 나에 대한 당신의 보살핌
细心地照顾病人 xìxīnde zhàogù bìngrén 세심하게 환자를 보살피다
在细心的照顾下 zài xìxīn de zhàogùxià 세심한 보살핌으로
一天天好起来 yìtiāntiān hǎoqǐlái 하루하루 좋아지다

③ 모범답안

感谢你对我的照顾。 나에 대한 당신의 보살핌에 감사합니다.
护士在很细心地照顾病人。 간호사는 세심하게 환자를 돌보고 있다.
这位病人需要细心的照顾。 이 환자는 세심한 보살핌이 필요하다.
这所医院的护士很认真地照顾病人。 이 병원의 간호사는 아주 열심히 환자를 보살핀다.
在护士的照顾下，这位病人一天天好了起来。 간호사의 보살핌으로 이 환자는 나날이 좋아졌다.

感谢 gǎnxiè 동 감사하다, 고맙게 여기다 | 护士 hùshi 명 간호사 | 需要 xūyào 동 필요하다, 요구되다 | 医院 yīyuàn 명 병원 | 认真 rènzhēn 형 진지하다, 착실하다

모범답안

3

打扫

打扫厨房是一件很辛苦的事。
她觉得打扫房间并不是辛苦的。
妈妈每天都把房间打扫得干干净净的。
她并不觉得打扫房间是一件麻烦的事。
明天朋友要来我家，我要把房间打扫得干干净净的。

① 사진과 제시어 분석

제시어 '打扫 청소하다'는 동사이고, 사진은 걸레를 들고 청소하고 있는 가정주부의 모습이다. 따라서 '그녀는 매일 방을 깨끗이 청소한다' 혹은 '주방을 청소하는 것은 매우 힘든 일이다'와 같은 문장을 쓸 수 있다.

② 관련 표현 정리

打扫房间 dǎsǎo fángjiān 방을 청소하다
辛苦的事 xīnkǔ de shì 힘든 일
打扫得干干净净 dǎsǎode gānganjìngjìng 깨끗이 청소하다
麻烦的事 máfan de shì 귀찮은 일

③ 모범답안

打扫厨房是一件很辛苦的事。 주방을 청소하는 것은 힘든 일이다.

她觉得打扫房间并不是辛苦的。 그녀는 방 청소가 결코 힘들지 않다고 생각한다.

妈妈每天都把房间打扫得干干净净的。 엄마는 매일 방을 아주 깨끗하게 청소한다.

她并不觉得打扫房间是一件麻烦的事。 그녀는 방 청소가 귀찮은 일이라고 결코 생각하지 않는다.

明天朋友要来我家，我要把房间打扫得干干净净的。
내일 친구가 우리 집에 오기로 해서 나는 집을 아주 깨끗하게 청소하려고 한다.

厨房 chúfáng 명 주방, 부엌 | 辛苦 xīnkǔ 형 고생스럽다, 수고롭다 | 麻烦 máfan 형 번거롭다, 귀찮다

모범답안 4

抽烟有害健康。

这里不能抽烟。

加油站禁止抽烟。

这座楼里禁止抽烟。

请您不要再抽烟了。

① 사진과 제시어 분석

제시어 '抽烟 흡연하다'은 동사이고, 사진은 흡연 금지 표시이다. 따라서 흡연의 폐해나 흡연 금지에 관한 내용에 대해 쓸 수 있다.

② 관련 표현 정리

有害健康 yǒuhài jiànkāng 건강에 해롭다

不能抽烟 bùnéng chōuyān 담배를 피우면 안 된다

禁止抽烟 jìnzhǐ chōuyān 흡연 금지

不要再抽烟了 búyào zài chōuyān le 다시는 담배를 피우지 마라

③ 모범답안

抽烟有害健康。 흡연은 건강에 해롭다.

这里不能抽烟。 이곳은 담배를 피우면 안 된다.

加油站禁止抽烟。 주유소는 금연이다.

这座楼里禁止抽烟。 이 건물에서는 흡연 금지이다.

请您不要再抽烟了。 다시는 담배를 피우지 마세요.

加油站 jiāyóuzhàn 명 주유소 | 楼 lóu 명 건물, 빌딩

모범 답안	5  毕业	我也想早点毕业。 她们毕业于一所名牌大学。 我和朋友一起拍了毕业照。 终于毕业了，她们太高兴了。 大学毕业后我们就没有见过面。

① 사진과 제시어 분석

제시어 '毕业 졸업하다'는 동사이고 '졸업'이라는 뜻의 명사로도 쓰인다. 사진은 학사모를 쓰고 모여 있는 모습이므로 졸업 당일의 기쁨이나 졸업 사진을 찍었던 추억에 대해 쓸 수 있다. 주의할 점은 '毕业'는 이합동사이므로 뒤에 목적어 '大学 대학'를 바로 쓸 수 없고, '大学毕业 대학을 졸업하다'나 '从○○大学毕业 ○○대학을 졸업하다', '毕业于○○大学 ○○대학을 졸업하다'와 같이 써야 한다는 것이다.

② 관련 표현 정리

早点毕业 zǎodiǎn bìyè 좀 일찍 졸업하다
毕业于名牌大学 bìyèyú míngpáidàxué 명문대학을 졸업하다
拍毕业照 pāi bìyèzhào 졸업사진을 찍다
终于毕业了 zhōngyú bìyè le 드디어 졸업했다

> '见面过'가 아니라 '见过面'이다. [동사+명사]의 구조로 이루어져 하나의 동사가 된 이합동사는 분리될 수 있다. 특히 동태조사 '了/过'가 올 경우 어순은 [동사+了/过+명사]가 됨을 주의하자.
> 我睡了七个小时觉。 나는 7시간을 잤다.
> 我们从来没吵过架。 우리는 싸운 적이 없다.

③ 모범답안

我也想早点毕业。 나도 좀 빨리 졸업하고 싶다.
她们毕业于一所名牌大学。 그녀들은 명문대학을 졸업했다.
我和朋友一起拍了毕业照。 나는 친구와 함께 졸업사진을 찍었다.
终于毕业了，她们太高兴了。 드디어 졸업해서 그녀들은 매우 기쁘다.
大学毕业后我们就没有见过面。 대학을 졸업한 후 우리는 만난 적이 없다.

所 suǒ 양 학교·병원 등 공공기관을 셀 때 쓰는 양사 | 见面 jiànmiàn 동 만나다

모범 답안	6  猜	她一下子就猜出来了。 你猜我给你带来了什么？ 你先别说，让我猜猜看。 你猜猜这个盒子里有什么东西。 妻子猜不出丈夫送她的是什么礼物。

① 사진과 제시어 분석

제시어 '猜 추측하다'는 동사이고, 사진은 여자가 선물을 흔들어 보면서 무엇일까 추측하는 모습이다. 따라서 '여자가 선물이 무엇인지 추측하고 있다'라고 쓰거나 혹은 이들이 지금 상황에서 할 수 있는 말을 직접적으로 인용해서 '내가 한번 알아맞춰볼게'와 같이 대화식의 문장을 써도 좋다.

② 관련 표현 정리

一下子就猜出来 yíxiàzi jiù cāichūlái 단번에 알아맞히다

让我猜猜看 ràng wǒ cāicāikàn 내가 한번 알아맞춰볼게

③ 모범답안

她一下子就猜出来了。 그녀는 단번에 알아맞췄다.

你猜我给你带来了什么？ 내가 너에게 무엇을 가지고 왔는지 맞춰봐.

你先别说，让我猜猜看。 너 잠깐 말하지마. 내가 한번 알아맞춰볼게.

你猜猜这个盒子里有什么东西。 이 상자 안에 뭐가 있는지 한번 알아맞춰봐.

妻子猜不出丈夫送她的是什么礼物。 아내는 남편이 그녀에게 준 것이 무슨 선물인지 추측해낼 수 없었다.

一下子 yíxiàzi 단시간에, 갑자기 | 带来 dàilái 동 가져오다, 가져다주다 | 盒子 hézi 명 상자 | 妻子 qīzi 명 아내 | 猜不出 cāibùchū 알아맞히지 못하다 | 丈夫 zhàngfu 명 남편 | 礼物 lǐwù 명 선물

모범답안 7

他害羞得不得了。

有什么好害羞的?

他是个爱害羞的男人。

在陌生人面前，他总是感到害羞。

别害羞，让我们看看你的新发型。

害羞

① 사진과 제시어 분석

제시어 '害羞 부끄러워하다'는 동사이고 사진은 남자가 부끄러워하는 모습이다. 따라서 '그는 매우 부끄러워한다'와 같은 문장을 만들 수 있는데, 이때 정도보어 문형인 [술어+得不得了]를 활용하면 좀 더 생동감 있는 문장이 된다.

② 관련 표현 정리

害羞得不得了 hàixiūde bùdéliǎo 몹시 부끄러워하다

爱害羞 ài hàixiū 부끄러움을 많이 탄다

在陌生人面前 zài mòshēngrén miànqián 낯선 사람 앞에서

感到害羞 gǎndào hàixiū 부끄러워하다, 부끄러움을 느끼다

③ 모범답안

他害羞得不得了。그는 매우 부끄러워한다.

有什么好害羞的？부끄러워할 게 뭐 있어?

他是个爱害羞的男人。그는 부끄러움을 많이 타는 남자이다.

在陌生人面前，他总是感到害羞。낯선 사람 앞에서 그는 늘 부끄러워한다.

别害羞，让我们看看你的新发型。부끄러워하지 마. 너의 새 헤어스타일을 좀 보자.

爱 ài 동 곧잘 ~하다 | 总是 zǒngshì 부 항상, 늘 | 发型 fàxíng 명 헤어스타일, 머리 모양

모범답안 8

掉

树叶都掉下来了。

树叶被风吹掉了。

一个孩子从树上掉了下来。

这棵大树的叶子都掉光了。

小孩把树上的果子都打掉了。

① 사진과 제시어 분석

제시어 '掉 떨어지다'는 동사이고, 사진은 나무에 가지만 있고 나뭇잎은 하나도 없는 모습이다. 따라서 '이 나무는 나뭇잎이 모두 떨어졌다'와 같은 문장을 만들 수 있는데, 이때 '다 떨어지고 없다'는 중국어로 '都掉光了'라고 써야 한다. '光'은 결과보어로 '아무 것도 없는'이라는 뜻이다. 혹은 '나뭇잎이 바람에 떨어졌다'라고 쓸 수도 있는데, 이때도 '떨어졌다'라고 할 때 단순히 '掉'라고만 하지 말고 '掉下来'라고 하면 더 생동감 있고 완벽한 표현이 된다.

② 관련 표현 정리

掉下来 diàoxiàlái 떨어지다

被风吹掉了 bèi fēng chuīdiào le 바람에 떨어졌다

掉光了 diàoguāng le 떨어져서 아무것도 없다

③ 모범답안

树叶都掉下来了。나뭇잎이 모두 떨어졌다.

树叶被风吹掉了。나뭇잎이 바람에 떨어졌다.

一个孩子从树上掉了下来。한 아이가 나무에서 떨어졌다.

这棵大树的叶子都掉光了。이 나무의 잎은 모두 떨어지고 없다.

小孩把树上的果子都打掉了。어린 아이가 나무 위의 과일을 모두 떨어뜨렸다.

树叶 shùyè 명 나뭇잎 | 吹 chuī 바람이 불다 | 叶子 yèzi 명 잎 | 果子 guǒzi 명 과일 | 打掉 dǎdiào 동 떨어뜨리다

모범답안 9
醒

她刚刚醒过来了。
她睡到中午才醒。
快醒醒，都八点了。
外面的声音把她吵醒了。
妈妈每天早上七点叫醒我。

① 사진과 제시어 분석

제시어 '醒 (잠에서) 깨다'은 동사이고, 사진은 아침에 잠에서 막 깨어난 듯 기지개를 켜고 있는 모습이다. 또한 날이 밝은 상태이므로 기상이 좀 늦었다는 설정을 해볼 수도 있다. 따라서 '그녀는 잠에서 막 깨어났다'라고 작문할 수 있는데, 이때 '깨어나다'라는 표현을 단순하게 '醒了'라고 하지 말고 '정상으로의 회복'의 의미가 있는 방향보어 '过来'를 붙여 쓰면 더 생동감 있고 완벽한 표현이 된다.

② 관련 표현 정리

刚刚醒过来了 gānggāng xǐngguòlái le 막 (잠에서) 깨어났다
睡到中午 shuìdào zhōngwǔ 낮까지 잠을 자다
都八点了 dōu bādiǎn le 벌써 8시다

> [都+수량사+了]에서 '都'는 '이미, 벌써'의 의미를 가진다.
> 都12点了，还不睡! 벌써 12시인데 아직도 안 자다니!

③ 모범답안

她刚刚醒过来了。 그녀는 막 잠에서 깨어났다.
她睡到中午才醒。 그녀는 낮까지 자다가 그제서야 깨어났다.
快醒醒，都八点了。 빨리 일어나. 벌써 8시야.
外面的声音把她吵醒了。 바깥의 소리가 그녀를 깨웠다.
妈妈每天早上七点叫醒我。 엄마는 매일 아침 7시에 나를 깨운다.

外面 wàimiàn 몡 밖, 바깥 | 声音 shēngyīn 몡 소리 | 吵醒 chǎoxǐng 동 시끄러워 잠이 깨다 | 叫醒 jiàoxǐng 동 불러 깨우다

모범답안 10
出差

他们一起去上海出差。
他们是在出差时认识的。
出差的时候要带很多行李。
出差是一件既辛苦又有趣的事情。
出差回来时一定要给我带礼物啊!

① 사진과 제시어 분석

제시어 '出差 출장가다'는 동사이고, '출장'이라는 뜻의 명사로도 쓰인다. 사진은 남녀 둘이 짐 가방을 끌고 출장을 가는 모습이다. '出差'는 이합동사이기 때문에 뒤에 목적어가 바로 올 수 없다는 점에 주의해야 한다. 예를 들어 '出差上海'라고 하면 안 되고 '去上海出差 상하이로 출장가다' 혹은 '到上海出差 상하이로 출장가다'라고 해야 한다. [到/去+장소+出差]의 고정격식을 외우자.

② 관련 표현 정리

去上海出差 qù Shànghǎi chūchāi 상하이로 출장가다
带很多行李 dài hěnduō xíngli 많은 짐을 챙기다
既辛苦又有趣 jì xīnkǔ yòu yǒuqù 고생스럽기도 하고 재미있기도 하다
给我带礼物 gěi wǒ dài lǐwù 나에게 선물을 가져오다

③ 모범답안

他们一起去上海出差。 그들은 함께 상하이로 출장간다.
他们是在出差时认识的。 그들은 출장갔을 때 서로 알게 되었다.
出差的时候要带很多行李。 출장갈 때는 많은 짐을 가지고 가야 한다.
出差是一件既辛苦又有趣的事情。 출장은 고생스럽기도 하고 또한 재미있는 일이다.
出差回来时一定要给我带礼物啊！ 출장에서 돌아올 때 꼭 내 선물 챙겨와!

认识 rènshi 동 알다, 인식하다 | 回来 huílái 동 돌아오다

모범답안 11

朋友陪他来理发。
他每个星期日都去理发。
理发师在很仔细地给他理发。
他很喜欢在这家理发店理发。
这里的理发师理发的手艺很好。

理发

① 사진과 제시어 분석

제시어 '理发 머리를 자르다'는 동사이고, 사진은 남자가 머리를 자르고 있는 모습이다. 단순히 '그는 머리를 자르고 있다'라고 쓰기 보다는 '그는 이 미용실에서 머리 자르는 것을 좋아한다'처럼 '이 미용실에서(在这家理发店)'라는 부사어를 넣으면 좀 더 멋진 문장이 될 수 있다.

② 관련 표현 정리

每个星期日 měi ge xīngqīrì 매주 일요일마다
仔细地给他理发 zǐxìde gěi tā lǐfà 꼼꼼하게 그의 머리를 잘라주다
手艺很好 shǒuyì hěn hǎo 솜씨가 뛰어나다

③ 모범답안

朋友陪他来理发。친구는 그를 데리고 머리를 자르러 왔다.

他每个星期日都去理发。그는 일요일마다 머리를 자르러 간다.

理发师在很仔细地给他理发。미용사는 아주 꼼꼼하게 그의 머리를 자르고 있다.

他很喜欢在这家理发店理发。그는 이 미용실에서 머리 자르는 것을 좋아한다.

这里的理发师理发的手艺很好。이곳 미용사의 머리 자르는 솜씨는 매우 뛰어나다.

陪 péi 통 모시다, 동반하다 | 理发师 lǐfàshī 명 이발사, 미용사 | 理发店 lǐfàdiàn 명 이발소

모범답안

12

擦

母女俩正在擦窗户。

她们把窗户擦得很干净。

妈妈，你看我擦得很干净吗?

女儿很喜欢帮妈妈擦窗户。

她们很快就把窗户擦干净了。

① 사진과 제시어 분석

제시어 '擦 닦다'는 동사이고, 사진은 엄마와 딸이 창문을 닦고 있는 모습이다. 따라서 '모녀는 창문을 깨끗이 닦고 있다'라고 작문할 수 있는데, '깨끗이 닦다'라고 할 때는 정도보어를 써서 '擦得很干净'이라고 써야 하고, '깨끗이 닦았다'로 동작의 완성을 표현할 때는 '擦干净了'라고 써야 한다.

② 관련 표현 정리

擦窗户 cā chuānghu 창문을 닦다

擦得很干净 cāde hěn gānjìng 깨끗이 닦다

帮妈妈擦窗户 bāng māma cā chuānghu 엄마를 도와 창문을 닦다

很快就……了 hěn kuài jiù……le 금방 ~했다

③ 모범답안

母女俩正在擦窗户。모녀 둘이서 창문을 닦고 있다.

她们把窗户擦得很干净。그녀들은 창문을 아주 깨끗하게 닦는다.

妈妈，你看我擦得很干净吗? 엄마, 보세요. 제가 깨끗하게 닦았죠?

女儿很喜欢帮妈妈擦窗户。딸은 엄마를 도와 창문 닦는 것을 좋아한다.

她们很快就把窗户擦干净了。그녀들은 금방 창문을 깨끗이 닦았다.

母女 mǔnǚ 명 모녀, 엄마와 딸 | 俩 liǎ 쉬 두 개, 두 사람 | 正在 zhèngzài 분 지금 ~하고 있다

모범답안	13	带着狗不能逛商场。 她很喜欢带着狗逛街。 我没事就带狗出来逛逛。 她带着狗一起去逛公园。 我家的小狗最喜欢我带着它去逛街。
	逛	

① 사진과 제시어 분석

제시어 '逛 산보하다'은 동사이고, 사진은 여자가 개와 산책 중인 모습이다. 따라서 문장을 만들 때 '带着狗 개를 데리고'라는 표현이 들어가는 것이 좋다.

② 관련 표현 정리

带着狗 dàizhe gǒu 개를 데리고

逛商场 guàng shāngchǎng 상점을 돌아다니다, 쇼핑하다

去逛公园 qùguàng gōngyuán 공원으로 산책 가다

③ 모범답안

带着狗不能逛商场。 개를 데리고는 상점을 돌아다닐 수 없다.

她很喜欢带着狗逛街。 그녀는 개를 데리고 산책하는 것을 좋아한다.

我没事就带狗出来逛逛。 나는 일이 없을 때는 개를 데리고 나와서 걷는다.

她带着狗一起去逛公园。 그녀는 개를 데리고 함께 공원에 산책 가고 있다.

我家的小狗最喜欢我带着它去逛街。 우리 집 강아지는 내가 데리고 나가는 것을 가장 좋아한다.

逛街 guàngjiē 동 거리를 한가로이 거닐다, 아이쇼핑하다

모범답안	14		老师教得很认真。 老师在教学生汉语。 这个男人请女的教他法语。 下课以后，丽丽教麦克写汉字。 这个问题我不太明白，你能教教我吗？
		教	

① 사진과 제시어 분석

제시어 '教 가르치다'는 동사이고, 사진은 여자가 남자에게 무언가를 가르쳐 주고 있는 모습이다. '教'는 이중목적어를 동반하는 동사이므로 'A가 B에게 ~을 가르치다'라고 표현할 때는 'A教B……' 라고 써야 한다. 'A给B教……'는 잘못된 표현이므로 주의해야 한다.

② 관련 표현 정리

教得很认真 jiāode hěn rènzhēn 아주 열심히 가르치다

教学生汉语 jiāo xuésheng Hànyǔ 학생에게 중국어를 가르치다

③ 모범답안

老师**教**得很认真。 선생님은 아주 열심히 가르친다.

老师在**教**学生汉语。 선생님은 학생에게 중국어를 가르치고 있다.

这个男人请女的**教**他法语。 이 남자는 여자에게 프랑스어를 가르쳐 달라고 부탁하고 있다.

下课以后，丽丽**教**麦克写汉字。 수업을 마친 후 리리는 마이크에게 한자 쓰기를 가르치고 있다.

这个问题我不太明白，你能**教教**我吗？ 이 문제는 잘 이해가 안 되는데 저에게 좀 가르쳐 줄래요?

法语 Fǎyǔ 몡 프랑스어 | **下课** xiàkè 동 수업을 마치다, 수업이 끝나다 | **汉字** Hànzì 몡 한자 | **明白** míngbai 동 이해하다

모범답안 15

她第一次参加了**招聘**会。

这家单位**招聘**了一批人才。

我们公司要**招聘**一些新职员。

她参加了很多**招聘**会也没找到工作。

她得到这个**招聘**信息后，马上来到那家公司。

招聘

① 사진과 제시어 분석

제시어 '**招聘** 모집하다'은 동사이고, 사진은 면접자가 면접관 앞에서 인터뷰를 하고 있는 모습이다. 따라서 구직자가 채용박람회에 참가 중이라는 내용의 작문을 할 수 있다.

② 관련 표현 정리

参加招聘会 cānjiā zhāopìnhuì 채용박람회에 참가하다

新职员 xīnzhíyuán 새 직원

得到信息 dédào xìnxī 정보를 얻다

③ 모범답안

她第一次参加了**招聘**会。 그녀는 처음으로 채용박람회에 참가했다.

这家单位**招聘**了一批人才。 이 회사는 한 무리의 인재를 채용했다.

我们公司要**招聘**一些新职员。 우리 회사는 새 직원을 몇 명 모집하려고 한다.

她参加了很多**招聘**会也没找到工作。 그녀는 많은 채용박람회에 참가했지만 일자리를 찾지 못했다.

她得到这个**招聘**信息后，马上来到那家公司。 그녀는 이 채용 정보를 얻은 후에 바로 그 회사로 왔다.

单位 dānwèi 몡 회사, 직장, 단체 | **批** pī 양 무리를 셀 때 쓰는 양사 | **人才** réncái 몡 인재 | **马上** mǎshàng 閉 곧, 바로

3 형용사 제시어 p.114

모범 답안

1

差不多

这几个杯子的样子差不多。
这几个杯子的容量差不多。
这几种酒的味道都差不多。
我觉得这几种酒的味道差不多。
第一个杯子里的酒差不多都喝光了。

① 사진과 제시어 분석

제시어 '差不多 비슷하다, 별 차이 없다'는 형용사이다. '거의'라는 뜻의 부사로도 쓰일 수 있는데 이때는 '几乎'와 동의어이다. 사진은 모양이 비슷한 잔이 놓여 있는 모습이다. 따라서 '이 컵들의 모양은 비슷하다' 혹은 '이 술들의 맛은 비슷하다'라는 식으로 작문할 수 있다.

② 관련 표현 정리

味道差不多 wèidào chàbuduō 맛이 비슷하다
差不多都喝光了 chàbuduō dōu hēguāng le 거의 다 마셨다

③ 모범답안

这几个杯子的样子差不多。 이 몇 개 잔의 모양은 비슷하다.
这几个杯子的容量差不多。 이 몇 개 잔의 용량은 비슷하다.
这几种酒的味道都差不多。 이 몇 종류의 술 맛은 비슷하다.
我觉得这几种酒的味道差不多。 나는 이 몇 종류의 술 맛이 비슷하다고 생각한다.
第一个杯子里的酒差不多都喝光了。 첫 번째 잔의 술은 거의 다 마셨다.

杯子 bēizi 명 잔 | 样子 yàngzi 명 모양, 모습 | 容量 róngliàng 명 용량 | 第一个 dì yíge 첫 번째

모범 답안

2

丰富

今天的晚饭很丰富。
饭菜越丰富营养越高。
今天的饭菜种类很丰富。
桌子上放着很丰富的饭菜。
今天来了客人，饭菜丰富极了。

54

① 사진과 제시어 분석

제시어 '丰富 풍부하다'는 형용사이고, 사진은 식탁 위에 많은 음식이 놓여져 있는 모습이다. 가장 쉽게는 형용사 술어문으로 '오늘 저녁은 아주 풍부하다'라고 작문할 수 있고, '越……越……' 고정격식을 써서 영양과 연결시켜 '요리가 풍부할수록 영양이 높다'라고도 쓸 수 있다.

② 관련 표현 정리

晚饭很丰富 wǎnfàn hěn fēngfù 저녁 식사가 풍성하다
越……越…… yuè……yuè…… ~할수록 ~하다
种类很丰富 zhǒnglèi hěn fēngfù 종류가 아주 다양하다
丰富的饭菜 fēngfù de fàncài 풍성한 요리
丰富极了 fēngfù jíle 매우 풍부하다

③ 모범답안

今天的晚饭很丰富。 오늘 저녁 식사는 매우 풍성하다.
饭菜越丰富营养越高。 요리가 풍부할수록 영양이 높다.
今天的饭菜种类很丰富。 오늘의 요리는 종류가 매우 많다.
桌子上放着很丰富的饭菜。 탁자 위에 풍부한 요리가 있다.
今天来了客人，饭菜丰富极了。 오늘 손님이 와서 요리가 매우 풍부하다.

营养 yíngyǎng 명 영양 | 桌子 zhuōzi 명 탁자, 식탁 | 放 fàng 동 놓다 | 客人 kèrén 명 손님

모범답안 3
得意

你有什么好得意的?
再得意也不能这么骄傲啊！
他为自己的成功感到得意。
这是他一生中最得意的时候。
他获得了很大成功，所以得意极了。

① 사진과 제시어 분석

제시어 '得意 득의양양하다'는 형용사이고, 사진은 남자가 두 손을 허리에 올리고 득의양양한 모습을 하고 있다. 가장 많이 쓰는 표현은 '~때문에 득의양양하다'의 의미로 '为……感到得意'가 있다. 따라서 이 사진은 '그는 자신의 성공으로 득의양양해 하고 있다'라고 작문하는 것이 좋다. 혹은 좀 비꼬아서 '뭐가 그리 득의양양한가?'라는 문장을 써도 괜찮다.

② 관련 표현 정리

好得意 hǎodéyì 득의양양할 만하다
再……也不…… zài……yěbù…… 아무리 ~해도 ~할 수 없다
为自己的成功感到得意 wèi zìjǐ de chénggōng gǎndào déyì 자신의 성공으로 득의양양해 하다
最得意的时候 zuì déyì de shíhou 가장 득의양양한 때
获得了成功 huòdé le chénggōng 성공을 거두었다, 성공했다
得意极了 déyì jíle 매우 득의양양하다

③ 모범답안

你有什么好得意的? 네가 무슨 득의양양할 게 있니?

再得意也不能这么骄傲啊! 아무리 득의양양해도 이처럼 자만해서는 안 된다!

他为自己的成功感到得意。 그는 자신의 성공으로 득의양양해 한다.

这是他一生中最得意的时候。 지금은 그의 일생 중 가장 득의양양한 때이다.

他获得了很大成功，所以得意极了。 그는 큰 성공을 거두어서 매우 득의양양해 있다.

骄傲 jiāoào 형 오만하다, 거만하다 | **一生** yìshēng 명 일생, 평생

모범 답안 4

懒

她真是个大懒人。

懒人是很难取得成功的。

她很懒，总是躺在床上。

电话响了，她也懒得接。

今天是星期天，她懒懒地躺在床上。

① 사진과 제시어 분석

제시어 '懒 게으르다'은 형용사이고, 사진은 한 여자가 침대에 편안하게 누워있는 모습이다. 제시어는 '懒'이므로 이 상황을 조금 부정적으로 묘사하는 것이 좋다. '그녀는 참 게으르다'는 너무 간단한 작문이 되므로 '그녀는 너무 게을러서 늘 침대에 누워있다'로 작문하면 좋은 문장이 될 수 있다. 또한 '그녀는 정말 게으른 사람이다'라고 작문할 수도 있는데, 이때 단순히 '懒人 게으름뱅이'이라고 쓰기 보다는 '대단히 심한'의 의미를 갖고 있는 '大'를 붙여서 '大懒人'이라고 쓰는 것이 더 좋다.

② 관련 표현 정리

大懒人 dàlǎnrén 게으름뱅이

躺在床上 tǎngzài chuángshàng 침대에 누워있다

懒得接电话 lǎnde jiē diànhuà 전화 받는 것을 귀찮아하다

③ 모범답안

她真是个大懒人。 그녀는 정말이지 대단한 게으름뱅이이다.

懒人是很难取得成功的。 게으른 사람은 성공하기 힘들다.

她很懒，总是躺在床上。 그녀는 아주 게을러서 늘 침대에 누워있다.

电话响了，她也懒得接。 전화가 울렸으나 그녀는 받기 귀찮아한다.

今天是星期天，她懒懒地躺在床上。 오늘은 일요일이라 그녀는 게으르게 침대에 누워있다.

取得 qǔdé 동 얻다, 획득하다 | **总是** zǒngshì 부 항상, 늘 | **电话** diànhuà 명 전화 | **响** xiǎng 동 소리가 나다, 울리다

<table>
<tr><td>모범답안</td><td>5 礼貌</td><td>服务员一般都很礼貌。
请大家礼貌地迎接顾客。
对待客人，我们要有礼貌。
这家饭店的服务人员很礼貌。
礼貌的服务员很受顾客的欢迎。</td></tr>
</table>

① 사진과 제시어 분석

제시어 '礼貌 예의 바르다'는 형용사이고, 명사 '예의'로 쓰이기도 한다. 사진은 종업원들이 일렬로 서서 손을 모으고 있는 모습이므로 이 장소를 '호텔' 혹은 '식당'으로 설정하고 종업원들의 모습을 묘사하는 것이 좋다. 예를 들면 '종업원은 일반적으로 예의 바르다'나 '이 호텔의 종업원은 아주 예의 바르다'와 같은 형용사 술어문을 만드는 것이 가장 좋다.

② 관련 표현 정리

迎接顾客 yíngjiē gùkè 고객을 맞이하다
对待客人 duìdài kèrén 손님을 대하다
有礼貌 yǒu lǐmào 예의 있다

③ 모범답안

服务员一般都很礼貌。 종업원은 일반적으로 모두 예의 바르다.
请大家礼貌地迎接顾客。 여러분 예의 바르게 손님을 맞아주세요.
对待客人，我们要有礼貌。 손님을 대할 때 우리는 예의가 있어야 한다.
这家饭店的服务人员很礼貌。 이 호텔의 종업원은 아주 예의 바르다.
礼貌的服务员很受顾客的欢迎。 예의 바른 종업원은 고객의 환영을 받는다.

服务员 fúwùyuán 명 종업원 | 一般 yìbān 형 일반적이다, 보통이다 | 饭店 fàndiàn 명 호텔 | 受欢迎 shòu huānyíng 인기 있다, 환영 받다

<table>
<tr><td>모범답안</td><td>6  流利</td><td>他的英语非常流利。
他的汉语流利得让人吃惊。
他在很流利地表达自己的想法。
他的汉语说得像中国人一样流利。
演讲时，流利地表达自己的观点十分重要。</td></tr>
</table>

① 사진과 제시어 분석

제시어 '流利 유창하다'는 형용사이고, 사진은 한 남자가 많은 사람들 앞에서 무엇인가를 열심히 설명하고 있는 모습이다. 따라서 '그의 영어 혹은 중국어는 매우 유창하다'와 같이 비교적 간단한 형용사 술어문을 만들 수 있다. 또한 '그는 자신의 생각을 유창하게 표현하고 있다'라고 써도 좋다. 이때 사상이나 감정을 '표현하다'라고 할 때는 '表达'를 쓴다는 점에 주의하자.

② 관련 표현 정리

　　让人吃惊 ràngrén chījīng 다른 사람을 놀라게 하다
　　表达想法 biǎodá xiǎngfǎ 생각을 표현하다
　　流利地表达 liúlìde biǎodá 유창하게 표현하다
　　像中国人一样 xiàng zhōngguórén yíyàng 마치 중국인 같다
　　表达观点 biǎodá guāndiǎn 관점을 표현하다

③ 모범답안

　　他的英语非常流利。 그의 영어는 매우 유창하다.
　　他的汉语流利得让人吃惊。 그의 중국어는 사람들이 놀랄 정도로 유창하다.
　　他在很流利地表达自己的想法。 그는 아주 유창하게 자신의 생각을 표현하고 있다.
　　他的汉语说得像中国人一样流利。 그의 중국어는 마치 중국인처럼 유창하다.
　　演讲时，流利地表达自己的观点十分重要。 강연할 때 자신의 관점을 유창하게 표현하는 것은 매우 중요하다.

英语 yīngyǔ 몡 영어 ｜ 演讲 yǎnjiǎng 통 연설하다, 강연하다 ｜ 十分 shífēn 부 매우, 아주 ｜ 重要 zhòngyào 형 중요하다

모범답안 7

暖和

暖和的春天终于到了。
最近天气越来越暖和了。
天气暖和了，花也开了。
刚到三月，天气已经很暖和了。
春天来了，天气逐渐暖和起来了。

① 사진과 제시어 분석

　　제시어 '暖和 따뜻하다'는 형용사이고, 사진은 막 꽃망울이 터지고 꽃이 피기 시작하는 모습이다. 따라서 봄과 관련 지어서 작문하는 것이 좋다. 예를 들어 '따뜻한 봄이 드디어 왔다'나 '최근에 날씨가 갈수록 따뜻해진다' 등이 좋은 문장이 될 수 있다. 혹은 좀 더 생동적으로 '날씨가 따뜻해지고 꽃도 피었다'와 같이 사진을 있는 그대로 묘사해도 좋다.

② 관련 표현 정리

　　暖和的天气 nuǎnhuo de tiānqì 따뜻한 날씨
　　越来越暖和了 yuèláiyuè nuǎnhuo le 갈수록 따뜻해지다
　　天气暖和了 tiānqì nuǎnhuo le 날씨가 따뜻해졌다
　　刚到三月 gāngdào sānyuè 막 3월이 되다
　　逐渐暖和起来 zhújiàn nuǎnhuo qǐlái 점차 따뜻해지기 시작하다

③ 모범답안

暖和的春天终于到了。 따뜻한 봄이 드디어 왔다.

最近天气越来越暖和了。 최근에 날씨가 갈수록 따뜻해지고 있다.

天气暖和了，花也开了。 날씨가 따뜻해지고 꽃도 피었다.

刚到三月，天气已经很暖和了。 막 3월이 됐는데 날씨가 벌써 따뜻해졌다.

春天来了，天气逐渐暖和起来了。 봄이 오니 날씨가 점점 따뜻해지기 시작했다.

春天 chūntiān 몡 봄 | 终于 zhōngyú 틧 결국, 마침내 | 开 kāi 됭 (꽃이) 피다 | 逐渐 zhújiàn 틧 점차

모범답안 8

轻松

这位运动员看起来很轻松。

她轻松地跑完了一千米。

对于她来说，这次比赛很轻松。

今天的训练结束了，她感到很轻松。

不要再说比赛的事了，我们换个轻松点儿的话题了。

① 사진과 제시어 분석

제시어 '轻松 홀가분하다, 수월하다'은 형용사이고, 사진은 육상선수가 운동화를 들고 트랙을 천천히 걷는 모습이다. 제시어는 '轻松'이므로 '이 운동선수는 홀가분해 보인다' 혹은 '오늘 훈련이 끝나서 그녀는 홀가분해한다'가 좋은 작문이 될 수 있다.

② 관련 표현 정리

轻松地跑完了 qīngsōngde pǎowán le 가볍게 다 뛰었다

感到很轻松 gǎndào hěn qīngsōng 홀가분함을 느끼다

轻松点儿的话题 qīngsōngdiǎnr de huàtí 좀 가벼운 화제

③ 모범답안

这位运动员看起来很轻松。 이 운동선수는 아주 홀가분해 보인다.

她轻松地跑完了一千米。 그녀는 가볍게 1000미터를 뛰었다.

对于她来说，这次比赛很轻松。 그녀에게 있어서 이번 시합은 아주 쉽다.

今天的训练结束了，她感到很轻松。 오늘의 훈련이 끝나서 그녀는 아주 홀가분하다.

不要再说比赛的事了，我们换个轻松点儿的话题了。
시합에 대한 이야기는 더 이상 하지 말고 우리 좀 가벼운 화제로 바꾸자.

运动员 yùndòngyuán 몡 운동선수 | 看起来 kànqǐlái 됭 보기에 ~하다 | 米 mǐ 냥 미터 | 比赛 bǐsài 몡 경기, 시합 | 训练 xùnliàn 됭 훈련하다 | 结束 jiéshù 됭 끝나다, 마치다

| 모범답안 | 9 | 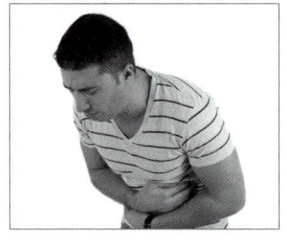 疼 | 他的肚子突然疼起来了。
这位男人疼得受不了了。
人老了，常常这儿疼那儿疼的。
一说起当年的事，他就心疼得不得了。
从他的表情可以看出，他疼得很厉害。 |

① 사진과 제시어 분석

　제시어 '疼 아프다'은 형용사이고, 사진은 배를 움켜쥐며 아파하고 있는 모습이다. 따라서 '그의 배가 갑자기 아파왔다' 혹은 '아파서 참을 수 없다' 정도가 좋은 작문이 된다. '아프기 시작했다'라고 표현할 때는 '开始疼'이 아니고 '疼起来'라고 해야 하며 '참을 수 없다'는 정도보어를 써서 '疼得受不了'라고 해야 한다.

② 관련 표현 정리

　突然疼起来了 tūrán téngqǐlái le 갑자기 아프기 시작했다
　疼得受不了 téng de shòubùliǎo 아파서 견딜 수 없다
　这儿疼那儿疼 zhèr téng nàr téng 여기 저기가 아프다
　心疼得不得了 xīnténgde bùdéliǎo 마음이 몹시 아프다
　疼得厉害 téngde lìhai 몹시 아프다

③ 모범답안

　他的肚子突然疼起来了。 그의 배가 갑자기 아파왔다.
　这位男人疼得受不了了。 이 남자는 아파서 참을 수 없었다.
　人老了，常常这儿疼那儿疼的。 사람이 늙으면 여기 저기가 자주 아프다.
　一说起当年的事，他就心疼得不得了。 옛날 일을 이야기하면 그는 마음이 몹시 아프다.
　从他的表情可以看出，他疼得很厉害。 그의 표정으로 볼 때 그는 몹시 아프다.

肚子 dùzi 명 배, 복부 ｜ 当年 dāngnián 명 그 당시, 그 때 ｜ 表情 biǎoqíng 명 표정 ｜ 看出 kànchū 통 알아차리다, 간파하다

| 모범답안 | 10 |  凉快 | 今天天气很凉快。
走在海边，感觉很凉快。
海水冲在脚上，真凉快！
夏天，海边是最凉快的地方。
海水可凉快了，我们一起游泳吧。 |

① 사진과 제시어 분석

제시어 '凉快 시원하다'는 형용사이고, 사진은 여자와 남자가 바닷가를 거닐고 있는 모습이다. '바닷가를 걷다'라고 할 때는 '走在海边'이라고 한다. 따라서 '해변을 걸으면 기분이 상쾌하다' 혹은 좀 더 쉽게 '해변은 가장 시원한 곳이다'라고 작문할 수 있다.

② 관련 표현 정리

感觉很凉快 gǎnjué hěn liángkuai 느낌이 아주 시원하다
最凉快的地方 zuì liángkuai de dìfang 가장 시원한 곳
海水可凉快了 hǎishuǐ kě liángkuai le 바닷물이 정말 시원하다

③ 모범답안

今天天气很凉快。 오늘 날씨는 참 시원하다.
走在海边，感觉很凉快。 해변을 걸으면 느낌이 아주 시원하다.
海水冲在脚上，真凉快！ 바닷물이 발에 부딪히니 정말 시원해!
夏天，海边是最凉快的地方。 여름에 해변은 가장 시원한 곳이다.
海水可凉快了，我们一起游泳吧。 바닷물이 정말 시원하니 우리 함께 수영하자.

海边 hǎibiān 명 해변 | 冲 chōng 동 부딪치다 | 脚 jiǎo 명 다리 | 夏天 xiàtiān 명 여름 | 游泳 yóuyǒng 명 수영

모범답안 **11**

这个水果的味道特别酸。
我最喜欢吃酸的水果。
我真不能吃酸的水果。
我从来没吃过这么酸的水果。
一些酸的水果有丰富的维生素C。

酸

① 사진과 제시어 분석

제시어 '酸 맛이 시다'은 형용사이고, 사진은 레몬이 놓여 있는 모습이다. 이때 굳이 '柠檬 레몬'이라는 어려운 단어를 쓸 필요 없이 그냥 '水果 과일'라고 써도 상관 없다. '이 과일은 매우 시다' 혹은 '나는 신 과일을 제일 좋아한다' 등이 쉬우면서도 적절한 작문이 된다.

② 관련 표현 정리

味道很酸 wèidào hěn suān 맛이 매우 시다
喜欢吃酸的 xǐhuan chī suān de 신 것을 좋아하다
不能吃酸的 bùnéng chī suān de 신 것을 못 먹다
从来没吃过 cónglái méi chīguo 지금까지 먹어본 적이 없다

Ⅱ-3. 형용사 제시어

③ 모범답안

这个水果的味道特别酸。 이 과일의 맛은 특히 시다.
我最喜欢吃酸的水果。 나는 신 과일을 먹는 것을 가장 좋아한다.
我真不能吃酸的水果。 나는 정말이지 신 과일은 못 먹겠다.
我从来没吃过这么酸的水果。 나는 이렇게 신 과일은 먹어본 적이 없다.
一些酸的水果有丰富的维生素C。 일부 신 과일은 풍부한 비타민C를 갖고 있다.

水果 shuǐguǒ 몡 과일 | 丰富 fēngfù 혭 풍부하다, 많다 | 维生素 wéishēngsù 몡 비타민

모범답안 12

她们友好地交谈着。
她对人总是那么友好。
我们都喜欢她友好的态度。
她们一直保持着友好的关系。
这两个小女孩儿看起来十分友好。

友好

① 사진과 제시어 분석

제시어 '友好 다정하다'는 형용사이고, 사진은 두 여자아이가 다정하게 웃고 있는 모습이다. '友好'를 '우호적이다'라고 해석하지 말고 '다정하다, 사이가 좋다'로 해석하는 것이 좋다. 따라서 '그들은 다정하게 이야기를 나누고 있다' 혹은 '그들은 매우 다정해 보인다'라고 작문하는 것이 좋다.

② 관련 표현 정리

友好地交谈 yǒuhǎode jiāotán 다정하게 이야기하다
对人友好 duìrén yǒuhǎo 사람들에게 다정하게 대하다
友好的态度 yǒuhǎo de tàidù 우호적인 태도
保持着友好的关系 bǎochízhe yǒuhǎo de guānxi 친한 관계를 유지하다

③ 모범답안

她们友好地交谈着。 그녀들은 사이 좋게 이야기를 나누고 있다.
她对人总是那么友好。 그녀는 다른 사람에게 늘 그렇게 다정하다.
我们都喜欢她友好的态度。 우리는 모두 그녀의 다정한 태도를 좋아한다.
她们一直保持着友好的关系。 그녀들은 줄곧 친한 관계를 유지하고 있다.
这两个小女孩儿看起来十分友好。 이 두 여자아이는 매우 다정해 보인다.

一直 yìzhí 틘 줄곧, 내내 | 小女孩儿 xiǎonǚháir 여자아이 | 看起来 kànqǐlái 통 보기에 ~하다

모범답안	13	今天的月亮特别圆。 月亮圆得像球一样。 月亮圆的时候最好看。 今天出现了圆圆的月亮。 中秋节人们喜欢欣赏圆圆的月亮。
	圆	

① 사진과 제시어 분석

제시어 '圆 둥글다'은 형용사이고, 사진은 둥근 달이 떠 있는 모습이다. 따라서 '오늘은 둥근 달이 떴다' 혹은 상상력을 조금 발휘하여 '사람들이 둥근 달을 감상하고 있다' 정도가 좋은 문장이 될 수 있다. '둥근 달'이라고 표현할 때는 '很圆的月'보다는 중첩을 해서 '圆圆的月'라고 쓰는 것이 좋은 표현이다.

② 관련 표현 정리

像球一样 xiàng qiú yíyàng 공과 같다, 공같이
圆圆的月亮 yuányuán de yuèliang 둥그런 달
欣赏月亮 xīnshǎng yuèliang 달을 감상하다

③ 모범답안

今天的月亮特别圆。 오늘 달이 특히 둥글다.
月亮圆得像球一样。 달이 마치 공처럼 둥글다.
月亮圆的时候最好看。 달이 둥글 때 가장 보기 좋다.
今天出现了圆圆的月亮。 오늘은 둥근 달이 떴다.
中秋节人们喜欢欣赏圆圆的月亮。 추석에 사람들은 둥근 달을 감상하는 것을 좋아한다.

好看 hǎokàn 형 예쁘다 | 出现 chūxiàn 동 나타나다, 출현하다 | 中秋节 Zhōngqiūjié 명 한가위, 추석

모범답안	14		孩子让他们感到幸福。 这个家庭看起来很幸福。 跟家人在一起的时候最幸福。 我生活在一个幸福的三口之家。 爸爸妈妈都陪着我, 我多幸福啊!
		幸福	

① 사진과 제시어 분석

제시어 '幸福 행복하다'는 형용사이고, 사진은 누가 봐도 행복한 가정의 모습이다. '그들은 매우 행복하다'라고만 쓴다면 너무 간단하므로 '看起来 보기에 ~하다'를 써서 '이 가정은 매우 행복해 보인다'라고 쓰는 것이 좋다. 혹은 '아이는 부모를 행복하게 한다'로 겸어문을 만들 수도 있다.

② 관련 표현 정리

感到幸福 gǎndào xìngfú 행복을 느끼다

看起来很幸福 kànqǐlái hěn xìngfú 행복해 보이다

跟家人在一起 gēn jiārén zàiyìqǐ 가족과 함께 있다

③ 모범답안

孩子让他们感到幸福。 아이는 그들로 하여금 행복하게 한다.

这个家庭看起来很幸福。 이 가정은 매우 행복해 보인다.

跟家人在一起的时候最幸福。 가족과 함께 있을 때가 가장 행복하다.

我生活在一个幸福的三口之家。 나는 행복한 세 식구가 있는 가정에서 생활한다.

爸爸妈妈都陪着我，我多幸福啊! 아빠와 엄마가 모두 나와 함께 해주니 얼마나 행복한가!

家庭 jiātíng 명 가정 | 生活 shēnghuó 동 생활하다, 살다 | 三口之家 sānkǒuzhījiā 세 식구가 사는 가정 | 陪 péi 동 모시다, 동행하다

모범 답안 15

热闹

这家商店总是很热闹。

这家手工艺品商店十分热闹。

这是首尔最热闹的地方。

我很喜欢到热闹的地方去。

热闹的市场吸引了很多游客。

① 사진과 제시어 분석

제시어 '热闹 떠들썩하다'는 형용사이고, 사진은 사람들이 가게에서 물건을 구경하고 있는 모습이다. 따라서 간단하게 '이 가게는 늘 손님들로 북적댄다' 혹은 주어를 좀 더 구체적으로 만들어서 '이 수공예품 가게는 매우 붐빈다'도 좋은 문장이 될 수 있다. 아니면 이곳을 서울의 어떤 장소라고 생각해서 '이곳은 서울에서 가장 붐비는 곳이다'라고 쓰는 것도 창의적인 작문이 될 수 있다.

② 관련 표현 정리

最热闹的地方 zuì rènao de dìfang 가장 시끌벅적한 곳

喜欢到热闹的地方 xǐhuan dào rènao de dìfang 북적대는 곳에 가는 것을 좋아하다

吸引游客 xīyǐn yóukè 관광객을 불러 모으다

③ 모범답안

这家商店总是很热闹。 이 상점은 늘 북적댄다.

这家手工艺品商店十分热闹。 이 수공예품 가게는 매우 시끌벅적하다.

这是首尔最热闹的地方。 이곳은 서울에서 가장 번화한 곳이다.

我很喜欢到热闹的地方去。 나는 북적대는 곳에 가는 것을 좋아한다.

热闹的市场吸引了很多游客。 떠들썩한 시장은 많은 관광객을 불러 모았다.

商店 shāngdiàn 명 상점, 가게 | 手工艺品 shǒugōngyìpǐn 명 수공예품 | 首尔 Shǒuěr 명 서울 | 市场 shìchǎng 명 시장

1 모의고사 1 p.122

> **정답** **86** 爱情故事　这　真实的　一个　是
>
> 这是一个真实的爱情故事。 이것은 진짜 있었던 사랑이야기이다.

① '是'가 제시된 것으로 보아 '是자문' 문제임을 알 수 있다. '是자문'은 'A는 B이다'로 해석되며 주어는 짧고 목적어를 수식하는 관형어가 비교적 긴 것이 특징이다. 제시어로 봤을 때 '这'가 주어, '是'가 술어임을 알 수 있다.
  → 这是……

② 목적어는 '爱情故事 사랑이야기'이고 나머지는 모두 '爱情故事'를 수식하는 관형어가 된다.
  → 这是……爱情故事。

③ '爱情故事'를 수식하는 관형어의 어순 배열은 [수량사(一个)＋형용사(真实)＋的]이다.
  → 这是一个真实的爱情故事。

爱情 àiqíng 명 사랑 | **故事** gùshi 명 이야기 | **真实** zhēnshí 형 진실하다

> **정답** **87** 扩大了　事业范围　好几倍　他的
>
> 他的事业范围扩大了好几倍。 그의 사업 범위는 몇 배나 확대되었다.

① '他的 그의'의 형태로 제시되었으므로 뒤에는 명사가 올 것이다. 제시어 중 명사성 단어는 '事业范围 사업 범위'이므로 이들을 결합시켜야 한다.
  → 他的事业范围……

② 어떤 단어가 주어가 될지 모르는 상황에서는 술어를 먼저 정리할 수 있다. 주로 동사나 형용사가 술어가 되므로 '扩大 확대하다'가 술어가 되고, '好几倍 몇 배'는 수량보어로 술어 뒤에 와야 한다.
  → ……扩大了好几倍……

③ 크게 '他的事业范围 그의 사업 범위'와 '扩大了好几倍 몇 배로 확대되다'로 정리가 되므로 주부는 '……范围', 술부는 '……好几倍'가 된다.
  → 他的事业范围扩大了好几倍。

扩大 kuòdà 동 확대하다 | **事业** shìyè 명 사업 | **范围** fànwéi 명 범위 | **好** hǎo 부 수량사 앞에서 많거나 오래됐음을 나타냄 | **倍** bèi 명 배, 곱절

정답	**88** 有点儿　他觉得　难受　肚子
	他觉得肚子有点儿难受。 그는 배가 좀 괴롭다고 느꼈다.

① '有点儿 조금'은 형용사 앞에 오므로 '难受 괴롭다'를 수식한다.
　→ ······有点儿难受······

② 형용사 뒤에는 목적어가 올 수 없으므로 '肚子 배'는 '难受' 앞에 와서 주술구를 이룬다.
　→ ······肚子有点儿难受······

③ '他觉得 그는 느끼다'는 문장 맨 앞에 오며, 이때 동사 '觉得'는 '肚子有点儿难受 배가 조금 괴롭다'를 목적어로 가진다.
　→ 他觉得肚子有点儿难受。

有点儿 yǒudiǎnr 조금, 약간 ｜ 觉得 juéde 동 ~라고 느끼다 ｜ 难受 nánshòu 형 괴롭다, 참을 수 없다 ｜ 肚子 dùzi 명 배, 복부

정답	**89** 一张　挂　墙上　中国地图　着
	墙上挂着一张中国地图。 벽에 중국지도가 한 장 걸려있다.

① '挂 걸다', '着 ~하고 있다', '墙上 벽 위에' 등의 단어로 봤을 때 존현문임을 알 수 있다. 따라서 주어는 '墙上'이 된다.
　→ 墙上······

② 존현문에서 술어 자리에는 [동사+着]가 와야 하므로 '挂着 걸려있다'가 주어 뒤에 온다.
　→ 墙上挂着······

존현문에서 가장 중요한 것은 주어 자리에 장소를 나타내는 말 즉, 처소사가 온다는 것이다.

③ 존현문에서 목적어 자리에는 존재 대상이 오고 또한 그 앞에는 수량구 관형어가 오므로 '一张中国地图 중국지도 한 장'가 마지막에 온다.
　→ 墙上挂着一张中国地图。

张 zhāng 양 장[종이를 세는 단위] ｜ 挂 guà 동 걸다 ｜ 墙 qiáng 명 벽 ｜ 地图 dìtú 명 지도

정답	**90** 都　要求　他各方面条件　符合
	他各方面条件都符合要求。 그는 각 방면에서의 조건이 모두 요구에 부합한다.

① '他'가 들어간 것으로 보아 '他各方面条件 그의 각 방면에서의 조건'이 주어 자리에 올 것이라고 예상할 수 있다.
　→ 他各方面条件······

② 동사 '符合 부합하다'는 '要求 요구'를 목적어로 가질 수 있다.
→ 他各方面条件……符合要求……

③ 부사 '都'는 주어 뒤, 술어 앞에 위치하므로 '符合' 앞에 온다.
→ 他各方面条件都符合要求。

要求 yāoqiú 명 요구 동 요구하다 | 条件 tiáojiàn 명 조건 | 符合 fúhé 동 부합하다

정답 91 李小姐　这个房子　继续租　想

李小姐想继续租这个房子。이 양은 계속해서 이 집에 세들어 살고 싶어한다.

① 제시어로 봤을 때 대사인 '李小姐 이 양'가 주어가 된다.
→ 李小姐……

② '想 ~하고 싶다'은 조동사이므로 동사 '租 세내다' 앞에 온다.
→ 李小姐……想……继续租……

③ 동사는 목적어를 취할 수 있으므로 동사 '租'는 '这个房子 이 집'를 목적어로 취한다.
→ 李小姐想继续租这个房子。

房子 fángzi 명 집 | 继续 jìxù 동 계속하다 | 租 zū 동 세내다, 빌리다

정답 92 又　刚修好的　弄坏了　电脑　被

刚修好的电脑又被弄坏了。방금 수리된 컴퓨터가 또 고장 났다.

① '刚修好的 방금 수리한'는 '的'가 있으므로 뒤에 명사가 와야 한다. 따라서 '刚修好的'는 '电脑 컴퓨터'를 수식한다.
→ ……刚修好的电脑……

② '被자문' 문제에서는 동사를 찾아서 그 동작의 대상이 주어 자리에 오도록 해야 한다. 제시어 중에서 동사는 '弄坏了 고장 났다'이므로 그 대상은 '刚修好的电脑 방금 수리한 컴퓨터'이다.
→ 刚修好的电脑……被弄坏了……

③ '被자문'에서 부사는 '被' 앞에 와야 하므로 '又'는 '被' 앞에 쓴다.
→ 刚修好的电脑又被弄坏了。

修 xiū 동 수리하다 | 弄坏 nònghuài 동 망가뜨리다, 못쓰게 하다 | 电脑 diànnǎo 명 컴퓨터

정답	**93** 进行得　调查　很顺利　昨天的
	昨天的调查进行得很顺利。 어제의 조사는 진행이 아주 순조로웠다.

① '昨天的 어제의' 뒤에는 명사가 와야 하므로 '调查 조사'가 온다.
　→ ……昨天的调查……

② '进行得 진행이'는 [동사+得] 구조이므로 뒤에는 형용사가 와서 동사의 상태를 보충 설명해야 한다. 즉, [进行得＋很＋형용사]의 형태를 이룬다. 따라서 '很顺利 매우 순조롭다'는 '进行得' 뒤에 온다.
　→ 作天的调查进行得很顺利。

进行 jìnxíng 동 진행하다 ｜ **调查** diàochá 동 조사하다 명 조사 ｜ **顺利** shùnlì 형 순조롭다

정답	**94** 顺序　请　一下　重新　排列
	请重新排列一下顺序。 순서를 처음부터 다시 한번 배열해 주세요.

① '부탁·청유'를 나타내는 '请'은 항상 문장 처음에 쓴다.
　→ 请……

② 동사 '排列 배열하다'는 명사 '顺序 순서'를 목적어로 취한다.
　→ 请……排列……顺序……

③ 부사 '重新 다시, 새로이'은 동사 앞에 온다.
　→ 请重新排列……顺序……

④ '一下 한번'는 동사 뒤에서 동량보어로 쓰이므로 동사 '排列' 뒤, 목적어 '顺序' 앞에 온다.
　→ 请重新排列一下顺序。

顺序 shùnxù 명 순서 ｜ **重新** chóngxīn 부 다시, 새롭게 ｜ **排列** páiliè 동 배열하다

정답	**95** 超过　午睡时间　半小时　最好不要
	午睡时间最好不要超过半小时。 낮잠 시간은 30분을 넘기지 않는 것이 가장 좋다.

① '最好不要 가장 좋기로는 ~하는 것이다'는 주어가 있는 경우 [주어＋最好不要＋술어]의 어순을 따른다. 주어는 주로 명사성 단어가 오므로 '午睡时间 낮잠 시간'이 가장 적합하다.
　→ 午睡时间最好不要……

> **最好不要의 어순**
> 주어가 있을 경우: [주어＋最好不要＋술어]
> 주어가 없을 경우: [最好不要＋술어]

② '最好不要'에서 '要'는 조동사이므로 뒤에는 일반동사인 '超过 초과하다'가 와야 한다.
→ 午睡时间最好不要超过……

③ '半小时 30분'는 '超过'의 목적어로 그 뒤에 온다.
→ 午睡时间最好不要超过半小时。

超过 chāoguò 통 초과하다, 넘다 | 午睡 wǔshuì 명 낮잠 | 最好 zuìhǎo 부 제일 좋기로는 | 不要 búyào ~하지 마라

모범답안 96

堵车

这条路几乎天天堵车。
我常常因为堵车而迟到。
早晨上班的时候常常堵车。
大城市里堵车堵得很厉害。
堵车是一个严重的社会问题。

① 사진과 제시어 분석
제시어 '堵车 교통 체증'는 명사이고, 동사로 '차가 막히다'라는 뜻으로도 쓰인다. 즉, 제시어를 동사로도 쓸 수 있고 명사로도 쓸 수 있다. 동사로 쓸 경우 '이 길은 늘 차가 막힌다'로 쓸 수 있고, 명사로 쓸 경우 '교통 체증은 심각한 사회문제이다'처럼 '是자문'으로 쓸 수 있다. 하지만 만일 정도보어로 쓴다면 '堵车'가 이합동사이므로 반드시 동사 '堵 막히다'를 한 번 더 써야 한다는 점에 주의하자.

② 관련 표현 정리
几乎天天堵车 jīhū tiāntiān dǔchē 거의 매일 차가 막히다
因为堵车而迟到 yīnwèi dǔchē ér chídào 교통체증 때문에 지각하다
上班的时候常常堵车 shàngbān de shíhou chángcháng dǔchē 출근시간에 자주 차가 막히다
堵车堵得很厉害 dǔchē dǔde hěn lìhai 차가 심하게 막히다
严重的社会问题 yánzhòng de shèhuì wèntí 심각한 사회 문제

③ 모범답안
这条路几乎天天堵车。 이 길은 거의 매일 차가 막힌다.
我常常因为堵车而迟到。 나는 교통 체증 때문에 자주 지각한다.
早晨上班的时候常常堵车。 아침에 출근할 때 자주 차가 막힌다.
大城市里堵车堵得很厉害。 대도시에서는 차 막힘이 아주 심하다.
堵车是一个严重的社会问题。 교통 체증은 심각한 사회문제이다.

条 tiáo 양 길을 세는 단위 | 早晨 zǎochén 명 새벽, 오전 | 大城市 dàchéngshì 명 대도시 | 厉害 lìhai 형 대단하다, 굉장하다

| 모범 답안 | 97 | 朵 | 你看这朵花多美啊！
这是一朵漂亮的小花。
我想把这朵花摘下来。
这朵白色的花儿真漂亮。
这朵美丽的小花是大自然送给我们的礼物。 |

① 사진과 제시어 분석

　제시어 '朵 송이'는 양사로, 꽃이나 구름을 셀 때 쓴다. 따라서 꽃을 지칭할 때는 '这朵花 이 꽃'라고 쓰는 것이 좋다. 우선 간단하게 '是자문'을 써서 '이것은 아름다운 꽃이다'라는 문장을 만들 수 있고, 또한 꽃의 색깔을 살려서 '이 흰색 꽃은 정말 아름답다'라고도 만들 수 있다.

② 관련 표현 정리

　这朵花多美啊 zhè duǒ huā duō měi a 이 꽃은 얼마나 아름다운가!
　一朵漂亮的小花 yì duǒ piàoliang de xiǎohuā 한 송이 아름다운 작은 꽃
　想把……摘下来 xiǎng bǎ……zhāixiàlái ~을 꺾고 싶다

③ 모범답안

　你看这朵花多美啊！ 이 꽃이 얼마나 예쁜지 좀 봐!
　这是一朵漂亮的小花。 이것은 한 송이의 아름다운 작은 꽃이다.
　我想把这朵花摘下来。 나는 이 꽃을 꺾고 싶다.
　这朵白色的花儿真漂亮。 이 흰색 꽃은 정말 예쁘다.
　这朵美丽的小花是大自然送给我们的礼物。 이 아름다운 꽃은 대자연이 우리에게 준 선물이다.

啊 a 조 어기조사로 경이·찬탄을 나타냄 | 摘 zhāi 동 꺾다, 따다 | 白色 báisè 명 흰색 | 美丽 měilì 형 아름답다 | 大自然 dàzìrán 명 대자연 | 送给…… sònggěi…… ~에게 선물하다 | 礼物 lǐwù 명 선물

| 모범 답안 | 98 | 生 | 我觉得生男生女都一样。
女人生完孩子需要休息。
一个可爱的小宝宝出生了。
这对夫妻最近生了一个儿子。
生孩子是人生中的一件大事。 |

① 사진과 제시어 분석

　제시어 '生 낳다. 태어나다'는 동사로, 사진은 젊은 부부가 아기를 안고 행복해하는 모습이다. 따라서 '이들은 최근에 아들을 낳았다' 혹은 '귀여운 아기가 태어났다'라는 식으로 작문할 수 있다.

② 관련 표현 정리

生男生女都一样 shēng nán shēng nǚ dōu yíyàng 남자를 낳든 여자를 낳든 똑같다
小宝宝出生了 xiǎobǎobao chūshēng le 아기가 태어났다
生孩子是一件大事 shēng háizi shì yíjiàn dàshì 아이를 낳는 것은 큰 일이다

③ 모범답안

我觉得生男生女都一样。 나는 남자를 낳든 여자를 낳든 모두 똑같다고 생각한다.
女人生完孩子需要休息。 여자는 아이를 낳은 후 휴식이 필요하다.
一个可爱的小宝宝出生了。 귀여운 아기가 한 명 태어났다.
这对夫妻最近生了一个儿子。 이 부부는 최근에 아들을 하나 낳았다.
生孩子是人生中的一件大事。 아이를 낳는 것은 인생의 큰 일이다.

觉得 juéde 동 ~라고 생각하다, ~라고 여기다 | 需要 xūyào 동 필요하다 | 休息 xiūxi 명 휴식 | 可爱 kě'ài 형 사랑스럽다, 귀엽다 | 对 duì 양 쌍 | 夫妻 fūqī 명 부부 | 人生 rénshēng 명 인생

모범답안 99 压力

她受到了很大的压力。
公司白领的压力很大。
巨大的压力让她头疼。
最近她的工作压力很大。
我们应该学会减少压力。

① 사진과 제시어 분석

제시어 '压力 스트레스, 압력'는 명사로, 사진은 한 여자가 머리를 감싸고 힘들어하는 모습이다. 가장 간단한 것은 있는 그대로 '그녀는 큰 스트레스를 받았다'라고 쓰거나 겸어문을 써서 '스트레스가 그녀를 머리 아프게 한다'로도 작문할 수 있다.

② 관련 표현 정리

受到了很大的压力 shòudào le hěn dà de yālì 큰 스트레스를 받았다
压力很大 yālì hěn dà 스트레스가 크다
压力让她头疼 yālì ràng tā tóuténg 스트레스가 그녀를 머리 아프게 하다
减少压力 jiǎnshǎo yālì 스트레스를 줄이다

③ 모범답안

她受到了很大的压力。 그녀는 큰 스트레스를 받았다.
公司白领的压力很大。 회사의 화이트칼라 계층의 스트레스는 아주 크다.
巨大的压力让她头疼。 아주 큰 스트레스가 그녀로 하여금 머리 아프게 한다.
最近她的工作压力很大。 요즘 그녀의 일은 스트레스가 많다.
我们应该学会减少压力。 우리는 스트레스를 줄이는 법을 배워야 한다.

白领 báilǐng 명 화이트칼라 계층, 사무직원 | 巨大 jùdà 형 매우 크다, 매우 많다 | 学会 xuéhuì 동 ~하는 법을 배우다

모범 답안

100

着急

他着急地看了一眼手表。
车还没到，他只能干着急。
慢慢来吧，着急也没有用。
他这个人做什么事都着急。
他要迟到了，所以心里十分着急。

① 사진과 제시어 분석

제시어 '着急 초조해하다, 조급해하다'는 형용사로, 사진은 한 남자가 초조하게 시계를 보고 있는 모습이다. 따라서 '남자는 조급하게 시계를 보았다'라고 쓸 수 있다. 혹은 정장을 입고 있는 것으로 보아 출근하는 상황으로 설정해서 '지각해서 마음이 급하다'라는 식으로도 작문할 수 있다.

② 관련 표현 정리

着急地看手表 zháojíde kàn shǒubiǎo 조급하게 시계를 보다
只能干着急 zhǐnéng gānzháojí 애만 태울 뿐이다
着急也没有用 zháojí yě méiyǒuyòng 조급해해도 소용없다
心里十分着急 xīnli shífēn zháojí 마음이 매우 조급하다

③ 모범답안

他着急地看了一眼手表。 그는 조급하게 시계를 한 번 보았다.
车还没到，他只能干着急。 차가 아직 오지 않아서 그는 애만 태울 뿐이다.
慢慢来吧，着急也没有用。 천천히 해. 조급해해도 소용없어.
他这个人做什么事都着急。 그 사람은 어떤 일을 하던 간에 다 조급하다.
他要迟到了，所以心里十分着急。 그는 지각할 것 같아서 마음이 매우 조급하다.

看了一眼 kàn le yìyǎn 한 번 보았다 | 没到 méidào 도착하지 않다 | 干着急 gānzháojí 통 애만 태우다 | 迟到 chídào 통 지각하다

2 모의고사 2 p.124

정답

85 听听　哥哥　大夫的　想　意见

哥哥想听听大夫的意见。 형은 의사 선생님의 의견을 한번 듣고 싶어한다.

① '大夫的 의사의'는 명사를 수식해야 하므로 '意见 의견'이 와야 한다.
　→ ……大夫的意见……

② '想 ~하고 싶다'은 조동사이므로 일반동사인 '听' 앞에 온다. 또한 의미상 '听'의 목적어는 '意见'이므로 '大夫的意见'이 목적어 자리에 온다.

→ ……想听听大夫的意见……

③ '哥哥 형'는 자연스럽게 주어가 됨을 알 수 있다.

→ 哥哥想听听大夫的意见。

哥哥 gēge 명 형, 오빠 | 大夫 dàifu 명 의사 | 意见 yìjiàn 명 의견

정답 86 激动　哭了　爸爸　得　他

他爸爸激动得哭了。 그의 아버지는 감정이 격해져서 울었다.

① 주어는 '爸爸'나 '他'가 될 것임을 예상해볼 수 있다. 혹은 '他'가 '爸爸'를 수식해서 '他爸爸'가 주어가 될 수도 있다.

→ 他 / 爸爸 / 他爸爸

② '得'는 '~해야 한다'의 뜻으로 조동사도 될 수 있고 [술어+得+정도보어]의 형태로 정도보어를 이끄는 구조조사로 쓰일 수도 있음을 주의해야 한다. 만일 '~해야 한다'로 할 경우 '그는 흥분해서 울어야 한다'라고 해석되므로 '得'는 조동사가 아니라 정도보어를 이끄는 구조조사가 되어야 한다.

→ ……激动得哭了……

③ 남은 단어는 '爸爸'와 '他'이므로 이 둘이 주어가 되어야 한다. 따라서 '他爸爸'가 주어가 된다는 것을 알 수 있다.

→ 他爸爸激动得哭了。

激动 jīdòng 형 흥분하다, 감격하다 | 哭 kū 동 울다

정답 87 当时　的　建筑风格　那是　最流行

那是当时最流行的建筑风格。 그것은 당시에 가장 유행하던 건축 스타일이야.

① '那'가 주어이고 '是'는 술어가 되는 '是자문'이다. '是자문'은 목적어를 수식하는 관형어가 비교적 긴 것이 특징이다.

→ 那是……

② [最+형용사] 형태는 명사를 수식할 때 '的'를 써야 하므로 '最流行的建筑风格 가장 유행하는 건축 스타일'의 순서가 되어야 한다.

→ 那是……最流行的建筑风格……

③ '当时 당시'는 '시간'의 의미가 있는 단어이므로 '流行 유행하다'을 수식한다.

→ 那是当时最流行的建筑风格。

当时 dāngshí 명 당시 | 建筑 jiànzhù 명 건축 | 风格 fēnggé 명 풍격, 스타일 | 流行 liúxíng 동 유행하다

정답	**88** 直接　别人的邀请　最好　拒绝　不要
	最好不要直接拒绝别人的邀请。 다른 사람의 요청을 직접적으로 거절하지 않는 것이 가장 좋다.

① '最好不要'는 '~하지 않는 것이 가장 좋다' 혹은 '가장 좋기로는 ~하지 않는 것이다'로 해석되어 주어 뒤나 문장 맨 앞에 위치한다.
   → ……最好不要……

② 주어가 딱히 보이지 않을 때는 술어를 먼저 정하는 것이 좋다. 동사인 '拒绝 거절하다'가 술어가 될 가능성이 크며 의미상 '邀请 요청'이 목적어가 된다.
   → 最好不要……拒绝……别人的邀请……

③ '直接 직접적으로'는 의미상 '拒绝'를 수식하는 것이 가장 적당하므로 '拒绝' 앞에 쓴다.
   → 最好不要直接拒绝别人的邀请。

直接 zhíjiē 형 직접적인 | 别人 biérén 명 다른 사람, 타인 | 邀请 yāoqǐng 동 초청하다, 초대하다 | 拒绝 jùjué 동 거절하다

정답	**89** 吵醒了　外面的　爷爷　被　敲门声
	爷爷被外面的敲门声吵醒了。 할아버지는 밖의 노크 소리에 시끄러워 잠이 깼다.

① '被자문'에서 가장 중요한 것은 '被' 뒤의 목적어를 주어와 바뀌지 않게 놓는 것이다. 그러기 위해서는 제시어 중에서 동사를 찾아서 그 동사의 동작을 당하는 대상을 주어 자리에 놓아야 한다. 제시어 중에서 동사는 '吵醒 시끄러워 잠에서 깨다'이다. 시끄러워 깨움을 당하는 대상은 '할아버지'이므로 '爷爷'가 주어 자리에 온다.
   → 爷爷被……吵醒了……

② '外面的 바깥의'에서 소유격 조사 '的'가 있다는 것은 뒤에 명사가 와야 한다는 것을 의미한다. 따라서 뒤에는 '敲门声 노크 소리'이 와야 한다.
   → ……外面的敲门声……

③ '被' 뒤에는 동작을 행하는 주체가 오므로 '外面的敲门声 밖의 노크 소리'이 '被' 뒤에 온다.
   → 爷爷被外面的敲门声吵醒了。

吵醒 chǎoxǐng 동 시끄럽게 해서 잠을 깨우다, 시끄러워서 잠에서 깨다 | 外面 wàimiàn 명 바깥 | 敲门 qiāomén 동 노크하다

정답	**90** 这是　一个　笑话　的　关于老师和学生
	这是一个关于老师和学生的笑话。 이것은 선생님과 학생에 관한 재미있는 이야기이다.

① '这是'는 각각 주어와 술어가 된다.
→ 这是……

② '一个'는 수량구이다. 수량구가 명사(笑话 우스운 이야기)를 수식할 때는 '的'를 쓰지 않는다.
→ 这是……一个……笑话。

③ '关于老师和学生 선생님과 학생에 관한'은 개사구이다. 개사구가 명사를 수식할 때는 '的'를 써야 한다. 또한 관형어의 어순 [수량구+개사구+的+중심어]에 따라 수량구는 개사구보다 앞에 온다.
→ 这是一个关于老师和学生的笑话。

笑话 xiàohuà 몡 우스운 이야기, 우스갯소리 | 关于 guānyú 깨 ~에 관하여

정답 91 这座城市　那位出租车司机　非常　对　熟悉

那位出租车司机对这座城市非常熟悉。 그 택시기사는 이 도시에 매우 익숙하다.

① 주어를 결정하기 위해서는 먼저 술어를 정하는 것이 좋다. 주로 동사나 형용사가 술어가 되므로 '熟悉 익숙하다, 잘 알다'가 술어가 된다. 또한 정도부사 '非常 매우'은 형용사를 수식하므로 '非常熟悉'가 술부가 된다.
→ ……非常熟悉……

② 주어는 '익숙해하는' 주체이므로 '司机 기사'가 주어가 된다.
→ 那位出租车司机……非常熟悉。

③ '对 ~에 대해서'는 대상을 이끄는 개사이므로, '对这座城市 이 도시에 대해'와 같이 개사구를 이루어 뒤의 술어인 '熟悉'를 수식한다.
→ 那位出租车司机对这座城市非常熟悉。

座 zuò 양 도시, 건물, 산, 다리 등 크고 고정된 사물을 셀 때 쓰는 양사 | 城市 chéngshì 몡 도시 | 出租车 chūzūchē 몡 택시 | 司机 sījī 몡 운전기사 | 熟悉 shúxī 혱 잘 알다, 익숙하다

정답 92 直接的关系　没有　成功和大学　并

成功和大学并没有太大的关系。 성공과 대학은 결코 그렇게 큰 관계가 없다.

① 제시어들로 봤을 때 '有'가 술어가 되는 '有자문'임을 알 수 있다. '有자문'은 '주어는 목적어를 가지고 있다'로 해석되므로, 주어로는 '成功和大学 성공과 대학'가 가장 알맞다.
→ 成功和大学……没有……

② '有'의 목적어로는 '关系 관계'가 올 수 있다.
→ 成功和大学……没有直接的关系。

③ '并 결코'은 부정을 강조하는 어기부사이므로 '没' 앞에 온다.
→ 成功和大学并没有直接的关系。

关系 guānxi 몡 관계 | 成功 chénggōng 몡 성공 | 大学 dàxué 몡 대학 | 并 bìng 튀 결코

> 정답 **93** 提供　火车上　免费的　吗　饮料
> 火车上提供免费的饮料吗? 기차에서는 무료 음료를 제공합니까?

① 주어가 무엇인지 잘 모를 때는 술어부터 정리하는 것이 좋다. 동사나 형용사가 술어가 되므로 '提供 제공하다'이 술어가 된다. 또한 동사는 목적어를 취하기 때문에 '提供'의 목적어로는 '饮料 음료'가 가장 적합하다.
→ ……提供……饮料……

② '免费的 무료의'의 '的'는 관형어의 상징으로 뒤에는 명사가 와야 함을 알 수 있다. 따라서 제시어 중 '免费的'의 수식을 받을 가장 적합한 단어는 '饮料'이다.
→ ……提供免费的饮料……

③ '火车上 기차에서'은 주어가 되고 '吗'는 의문을 나타내는 어기조사이므로 문장 맨 끝에 온다.
→ 火车上提供免费的饮料吗?

提供 tígōng 동 제공하다 | 火车 huǒchē 몡 기차 | 免费 miǎnfèi 형 무료의, 공짜의 | 饮料 yǐnliào 몡 음료

> 정답 **94** 下个月去　旅游　打算　中国　我
> 我打算下个月去中国旅游。 나는 다음 달에 중국으로 여행을 갈 생각이다.

① '我 나'가 주어가 되고 술어는 '去 가다'와 '旅游 여행하다'가 된다. 이처럼 주어 하나에 술어가 두 개 혹은 그 이상이 연달아 나오는 문장을 '연동문'이라고 하며 연동문은 동작이 발생되는 순서대로 나열한다.
→ 我……下个月去……旅游……

② '去' 뒤에는 장소가 와야 하므로 '中国 중국'가 '去' 뒤에 온다.
→ 我……下个月去中国旅游……

③ '打算 ~할 계획이다'은 동사를 목적어로 취하는 동사로, 조동사와 같은 역할을 한다. 연동문에서 조동사는 술어1 앞에 오므로 '打算'은 '下个月去 다음 달에 가다' 앞에 온다.
→ 我打算下个月去中国旅游。

旅游 lǚyóu 동 여행하다 몡 여행 | 打算 dǎsuàn 동 ~할 계획이다 몡 계획

> 정답
>
> 95 看电影   喜欢   我   在网上   或电视剧
>
> 我喜欢在网上看电影或电视剧。 나는 인터넷에서 영화나 드라마를 보는 것을 좋아한다.

① 주어는 '我 나'이고 동사는 '看 보다'과 '喜欢 좋아하다'이다. 그런데 '喜欢'은 동사를 목적어로 가질 수 있는 심리동사이므로 '喜欢'은 '看' 앞에 온다.

　→ 我喜欢……看电影……

② 개사구 '在网上 인터넷에서'은 술어를 수식하는 부사어이므로 동사 '看'을 수식한다.

　→ 我喜欢在网上看电影……

③ '或电视剧 혹은 드라마'는 '看'의 대상이므로 목적어 자리에 온다.

　→ 我喜欢在网上看电影或电视剧。

电影 diànyǐng 명 영화 ｜ 在网上 zài wǎngshàng 인터넷에서 ｜ 或 huò 접 혹은, 또는 ｜ 电视剧 diànshìjù 명 드라마

> 모범답안
>
> 96
> 幽默
>
> 她觉得这个男人很幽默。
> 幽默可以让你更受欢迎。
> 她很喜欢有幽默感的男人。
> 男人给女人讲了一个幽默的故事。
> 在与人交往的过程中，幽默很重要。

① 사진과 제시어 분석

제시어 '幽默 유머러스하다, 유머'는 명사와 형용사가 될 수 있다. 사진은 여자가 남자의 말을 듣고 웃고 있는 모습이므로, '여자는 유머러스한 남자를 좋아한다'나 '여자는 이 남자가 유머러스하다고 느낀다'라고 작문할 수 있다.

② 관련 표현 정리

有幽默感 yǒu yōumògǎn 유머감각이 있다
讲幽默的故事 jiǎng yōumò de gùshi 재미있는 이야기를 하다
幽默很重要 yōumò hěn zhòngyào 유머는 매우 중요하다

③ 모범답안

她觉得这个男人很幽默。 여자는 이 남자가 유머러스하다고 생각한다.
幽默可以让你更受欢迎。 유머는 당신을 더욱 환영 받게 만들어 줄 수 있다.
她很喜欢有幽默感的男人。 그녀는 유머감각이 있는 남자를 좋아한다.
男人给女人讲了一个幽默的故事。 남자는 여자에게 재미있는 이야기를 해주었다.
在与人交往的过程中，幽默很重要。 사람과의 교제 과정에서 유머는 매우 중요하다.

受欢迎 shòu huānyíng 환영 받다, 인기 있다 ｜ 交往 jiāowǎng 동 교제하다, 왕래하다 ｜ 过程 guòchéng 명 과정

모범 답안	97  许多	他的演讲吸引了许多人。 许多大学生聚集在一起。 许多人都来听他的演讲。 他说的许多事我们都没听过。 许多工人都不满意工厂的待遇。

① 사진과 제시어 분석

제시어 '许多 대단히 많다'는 형용사이고, 사진은 많은 대중들이 모여 있는 모습이다. '许多'는 주로 '许多人 대단히 많은 사람', '许多大学生 대단히 많은 대학생' 등을 이용해서 작문할 수 있다. 가장 쉬운 설정은 '강연에 모인 많은 사람들'이 될 수 있다. 따라서 '그의 강연은 많은 사람들을 끌어 모았다' 혹은 주어를 사람으로 해서 '많은 사람들이 그의 강연을 들으러 왔다' 등이 좋은 문장이 된다.

② 관련 표현 정리

吸引了许多人 xīyǐn le xǔduō rén 많은 사람들을 끌어 모았다

许多事 xǔduō shì 수많은 일

许多工人 xǔduō gōngrén 많은 노동자들

③ 모범답안

他的演讲吸引了许多人。그의 강연은 수많은 사람들을 끌어 모았다.

许多大学生聚集在一起。많은 대학생들이 한 곳에 모여있다.

许多人都来听他的演讲。많은 사람들이 그의 강연을 들으러 왔다.

他说的许多事我们都没听过。그가 말하는 많은 일을 우리는 들어본 적이 없다.

许多工人都不满意工厂的待遇。많은 노동자들은 공장의 대우에 불만이다.

演讲 yǎnjiǎng 명 강연 | 聚集 jùjí 동 한 곳에 모이다 | 满意 mǎnyì 동 마음에 들다 | 工厂 gōngchǎng 명 공장 | 待遇 dàiyù 명 대우

모범 답안	98  等	他坐在那儿等飞机。 他已经在这儿等了半天了。 他耐心地等着面试的结果。 你稍等一会儿，我马上就来。 他等了很长时间，女朋友还是没有来。

① 사진과 제시어 분석

제시어 '等 기다리다'은 동사이고, 사진은 한 남자가 벤치에 앉아서 기다리고 있는 모습이다. 제시어가 '等'이기 때문에 기다리는 대상에 따라 다양한 작문이 나올 수 있다. 우선 '그는 거기 앉아서 비행기를 기다리고 있다'라고 작문할 수 있는데, 이때 '……在那儿坐等飞机'처럼 '坐'를 '在那儿' 뒤에 쓰지 않도록 주의하자. '~에 앉아서 ~하다'라고 할 때는 [坐在+장소+동사]의 순으로 써야 한다.

② 관련 표현 정리

坐在那儿等飞机 zuò zài nàr děng fēijī 거기에 앉아서 비행기를 기다리다

等了半天 děng le bàntiān 한참을 기다렸다

耐心地等着 nàixīnde děngzhe 인내심을 가지고 기다리고 있다

稍等一会儿 shāo děngyíhuìr 잠깐 기다려라

等了很长时间 děng le hěn cháng shíjiān 한참을 기다렸다

③ 모범답안

他坐在那儿等飞机。 그는 거기 앉아서 비행기를 기다리고 있다.

他已经在这儿等了半天了。 그는 이미 여기에서 한참 기다리고 있다.

他耐心地等着面试的结果。 그는 인내심을 가지고 면접 결과를 기다리고 있다.

你稍等一会儿，我马上就来。 너 조금만 기다려, 나 금방 올게.

他等了很长时间，女朋友还是没有来。 그는 한참을 기다렸지만 여자친구는 여전히 오지 않았다.

面试 miànshì 명 면접 동 면접보다 | 结果 jiéguǒ 명 결과, 결론 | 马上 mǎshàng 부 곧, 즉시 | 还是 háishì 부 여전히, 그래도

모범 답안 99

我们是朋友了。

狗是人类最好的朋友。

人和动物也能交朋友。

许多现代人把宠物当成朋友。

这只可爱的狗是我的新朋友。

朋友

① 사진과 제시어 분석

제시어 '朋友 친구'는 명사이고, 사진은 개와 사람이 친근하게 함께 있는 모습으로 '개는 인간의 가장 좋은 친구이다'나 '사람과 동물은 친구가 될 수 있다' 등이 좋은 작문이 될 수 있다. 이때 '인간'은 '人间'이라고 쓰지 않고 '人类'라고 쓰고, '친구를 사귀다'라고 할 때는 '交朋友'를 쓴다는 점에 주의해야 한다.

② 관련 표현 정리

最好的朋友 zuìhǎo de péngyou 가장 좋은 친구

交朋友 jiāo péngyou 친구를 사귀다

把……当成朋友 bǎ……dāngchéng péngyou ~을 친구로 삼다

③ 모범답안

我们是朋友了。 우리는 친구가 되었다.

狗是人类最好的朋友。 개는 인간의 가장 좋은 친구이다.

人和动物也能交朋友。 사람과 동물은 역시 친구가 될 수 있다.

许多现代人把宠物当成朋友。 많은 현대인들은 애완동물을 친구로 여긴다.

这只可爱的狗是我的新朋友。 이 귀여운 개는 나의 새 친구이다.

狗 gǒu 몡 개 | 人类 rénlèi 몡 인류, 사람, 인간 | 动物 dòngwù 몡 동물 | 许多 xǔduō 혱 매우 많다 | 现代人 xiàndàirén 몡 현대인 | 宠物 chǒngwù 몡 애완동물 | 可爱 kěài 혱 귀엽다, 사랑스럽다

모범답안 100

讨论

他们讨论得很激烈。

我们坐下来讨论一下这个问题吧。

大家在一起讨论明年的发展计划。

他们在热烈讨论怎样才能解决问题。

他们讨论了很长时间，并解决了很多问题。

① 사진과 제시어 분석

제시어 '讨论 토론하다, 토론'은 동사와 명사가 될 수 있다. 사진은 많은 사람들이 앉아서 토론을 하는 모습이다. 있는 그대로 '열띤 토론 중이다'라고 할 때는 정도보어를 써서 '讨论得很激烈'라고 쓰면 된다. 또한 '讨论'이 동사이므로 목적어를 써서 '어떻게 하면 문제를 해결할 수 있을지를 토론 중이다'와 같이 작문할 수도 있다. 조금 길게 느껴지지만 이는 일상 회화에서도 많이 쓸 수 있는 표현이므로 잘 익혀두는 것이 좋다.

② 관련 표현 정리

讨论得很激烈 tǎolùnde hěn jīliè 매우 치열하게 토론하다

坐下来讨论一下 zuòxiàlai tǎolùn yíxià 앉아서 토론해 보자

在一起讨论 zàiyìqǐ tǎolùn 함께 토론하다

热烈讨论 rèliè tǎolùn 열띠게 토론하다

③ 모범답안

他们讨论得很激烈。 그들은 아주 열띤 토론을 하고 있다.

我们坐下来讨论一下这个问题吧。 우리 앉아서 이 문제를 한번 토론해 봅시다.

大家在一起讨论明年的发展计划。 모두가 함께 모여 내년의 발전 계획을 토론하고 있다.

他们在热烈讨论怎样才能解决问题。 그들은 어떻게 하면 문제를 해결할 수 있을지 열띠게 토론하고 있다.

他们讨论了很长时间，并解决了很多问题。 그들은 한참을 토론했고 또한 많은 문제를 해결했다.

发展计划 fāzhǎnjìhuà 발전 계획 | 解决 jiějué 동 해결하다 | 并 bìng 접 그리고

3 모의고사 3 p.126

> **정답**
> **86** 办　去大使馆　我现在　签证
>
> 我现在去大使馆办签证。 나는 지금 비자를 만들러 대사관에 간다.

① 동사가 두 개(去, 办) 있는 것으로 보아 연동문임을 알 수 있다. '办'은 '처리하다, 만들다'의 뜻으로 '办签证'이라고 하면 '비자를 만들다'라는 뜻이 된다. 비자를 만들기 위해서는 먼저 대사관에 가야 하므로 '去'가 '办'보다 앞에 와야 한다.
　→ ……去大使馆办……

② '我'가 주어가 되며 '签证'은 '办'의 목적어이므로 그 뒤에 온다.
　→ 我现在去大使馆办签证。

办 bàn 통 (어떤 일을) 하다, 처리하다 ｜ 大使馆 dàshǐguǎn 명 대사관 ｜ 签证 qiānzhèng 명 비자

> **정답**
> **87** 怀疑　能力　不要　自己的
>
> 不要怀疑自己的能力。 자신의 능력을 의심하지 마라.

① '不要 ~하지 마라'는 부탁이나 명령을 할 때 쓴다. 특별한 주어가 보이지 않을 때는 '不要'가 맨 앞에 나온다.
　→ 不要……

② '要'는 조동사이므로 일반동사 앞에 온다. 따라서 동사 '怀疑 의심하다'는 '不要' 뒤에 온다.
　→ 不要怀疑……

③ 동사는 목적어를 동반해서 나온다. 따라서 '怀疑'의 의미를 봤을 때 '自己的能力 자신의 능력'가 목적어로 와야 한다.
　→ 不要怀疑自己的能力。

怀疑 huáiyí 통 의심하다 ｜ 能力 nénglì 명 능력

> **정답**
> **88** 完全　想法　我们俩的　相反
>
> 我们俩的想法完全相反。 우리 둘의 생각은 완전히 상반된다.

① '我们俩的 우리 둘의' 뒤에는 명사가 와야 하므로 '想法 생각'와 결합할 것임을 알 수 있다.
　→ ……我们俩的想法……

② 주어가 무엇인지 모르는 상황에서는 술어를 먼저 정해야 한다. 동사나 형용사가 술어가 되므로 제시어 중 유일하게 형용사인 '相反 상반되다'이 술어가 된다. 또한 형용사가 술어가 되는 형용사 술어문에는 목적어가 없으므로 '我们俩的想法'가 주어가 될 것임을 알 수 있다.

→ 我们俩的想法……相反。

③ '完全 완전'은 '相反'을 수식하는 부사어로 쓰였다.

→ 我们俩的想法完全相反。

完全 wánquán 튀 완전히, 전적으로 | 想法 xiǎngfǎ 명 생각 | 俩 liǎ 준 두 개, 두 사람 | 相反 xiāngfǎn 형 상반되다, 반대되다

정답 **89** 那个学生　很有趣　讲的　故事　都

那个学生讲的故事都很有趣。 그 학생이 해주는 이야기는 모두 아주 재미있다.

① '讲的 말하는 것' 뒤에는 명사가 와야 하는데 제시어 중 가장 적합한 단어는 '故事 이야기'이다.

→ ……讲的故事……

② '很有趣 아주 재미있다'는 술어가 될 수 있으므로, '故事' 뒤에 술어로 온다.

→ ……讲的故事……很有趣。

③ '那个学生 그 학생'은 '讲'의 주어로 볼 수 있다. 따라서 '那个学生讲'은 주술구로 '的'와 함께 '故事'를 수식하고, '都'는 범위부사로 목적어(故事) 뒤, 술어(很有趣) 앞에 온다.

→ 那个学生讲的故事都很有趣。

有趣 yǒuqù 형 재미있다 | 讲 jiǎng 동 말하다, 설명하다, 이야기하다 | 故事 gùshi 명 이야기

정답 **90** 密码　姐姐　把　忘记了　信用卡的

姐姐把信用卡的密码忘记了。 누나는 신용카드 비밀번호를 잊어버렸다.

① '信用卡的 신용카드의' 뒤에는 명사가 와야 하는데 제시어 중 가장 적합한 단어는 '密码 비밀번호'이다.

→ ……信用卡的秘密……

② '把자문'에서 가장 중요한 것은 주어를 잘 정하는 것이다. 주어는 행위 동작인 '忘记 잊어버리다'의 주체이므로 '姐姐 누나'가 주어가 된다.

→ 姐姐……把……忘记了。

③ '把' 뒤에는 동사(忘记)의 처치 대상이 오므로 '信用卡的密码 신용카드 비밀번호'가 와야 한다.

→ 姐姐把信用卡的密码忘记了。

密码 mìmǎ 명 비밀번호 | 忘记 wàngjì 동 잊다 | 信用卡 xìnyòngkǎ 명 신용카드

| 정답 | **91** 应该　尊重　互相　人与人之间 |

人与人之间应该互相尊重。 사람과 사람 사이에는 마땅히 서로 존중해야 한다.

① 제시어로 봤을 때 '人与人之间 사람과 사람 사이'이 주어가 되고 '尊重 존중하다'이 술어로 온다.
→ 人与人之间……尊重……

② '应该 ~해야 한다'는 조동사이므로 일반동사인 '尊重' 앞에 온다.
→ 人与人之间应该……尊重……

③ '互相 서로'은 부사로 동사를 수식해야 하는데, 문제는 '应该' 앞에 오느냐 '尊重' 앞에 오느냐 하는 것이다. '应该'는 '마땅히 ~해야 한다'의 뜻인데, 단순히 '존중해야 한다'는 것이 아니고 '서로 존중하는 것'을 '해야 한다'의 뜻이므로 '互相尊重' 전체가 '应该' 뒤에 와야 한다.
→ 人与人之间应该互相尊重。

> '互相'은 묘사성이 강한 수식어이기 때문에 조동사 뒤, 동사 앞에 온다.
> 互相学习 서로 배우다 / 互相帮助 서로 돕다 / 互相理解 서로 이해하다

尊重 zūnzhòng 동 존중하다, 존경하다 | **互相** hùxiāng 부 서로 | **与** yǔ 접 ~와 | **之间** zhījiān ~사이에

| 정답 | **92** 每个人的　是　保护环境　责任 |

保护环境是每个人的责任。 환경을 보호하는 것은 모든 사람의 책임이다.

① '每个人的 모든 사람의' 뒤에는 명사가 와야 하므로 제시어 중에서 '责任 책임'이 가장 적합하다.
→ ……每个人的责任……

② 제시어 중에서 제일 중요한 단어는 '是'이다. '是자문'은 'A는 ~한 B이다'로 해석되며 '是'가 술어가 된다. '是자문'은 주어와 목적어(A와 B)를 바꿔서 놓으면 안 된다. 만일 '每个人的责任'이 주어가 된다면 '모든 이의 책임은 환경을 보호하는 것이다'라는 뜻이 되므로 옳은 문장이 될 수 없다. 반면 '保护环境'을 주어로 삼으면 '환경을 보호하는 것은 모든 사람들의 책임이다'라는 뜻이 되므로 비로소 옳은 문장이라 할 수 있다. 따라서 주어는 '保护环境'이 된다.
→ 保护环境是每个人的责任。

> '주어' 하면 대체로 명사를 떠올리지만 '동사구(동사+목적어)'도 주어가 될 수 있다.
> 骑自行车可以锻炼身体。 자전거를 타는 것은 신체를 단련할 수 있다.

保护 bǎohù 동 보호하다 | **环境** huánjìng 명 환경 | **责任** zérèn 명 책임 | **锻炼** duànliàn 동 단련하다 | **身体** shēntǐ 명 몸, 신체

| 정답 | **93** 很吃惊　大家　这条消息　让 |

这条消息让大家很吃惊。 이 소식은 모두로 하여금 크게 놀라게 했다.

① 제시어 중 '让'이 있으므로 '겸어문'임을 알 수 있다. 중요한 것은 '让' 뒤에는 겸어가 오고 그 뒤에는 겸어를 서술하는 동사나 형용사가 온다는 것이다.

→ ……让……

② '소식'이 '모두'를 '놀라게 한' 것이므로 '这条消息'가 주어, '大家'가 겸어, '很吃惊'이 술어가 된다.

→ 这条消息让大家很吃惊。

吃惊 chījīng 동 놀라다 | 大家 dàjiā 대 모두, 다들 | 条 tiáo 양 가늘고 긴 것, 뉴스나 소식을 셀 때 쓰는 양사 | 消息 xiāoxi 명 소식

정답 94 严格   那个领导   要求非常   对我们

那个领导对我们要求非常严格。 그 지도자는 우리에 대한 요구가 매우 엄격하다.

① 제시어로 봤을 때 '那个领导 그 지도자'가 주어가 됨을 알 수 있다.

→ 那个领导……

② 정도부사는 일반적으로 형용사를 수식하므로 '非常 매우'은 '严格 엄격하다'를 수식한다.

→ 那个领导……要求非常严格……

③ 형용사 뒤에는 목적어가 올 수 없으므로 '对我们 우리에 대해'은 '严格' 뒤에 올 수 없다. 개사구인 '对我们'은 동사나 형용사 앞에서 부사어가 되므로 '要求非常严格' 앞에 와야 한다.

→ 那个领导对我们要求非常严格。

> 개사구 뒤에는 일반적으로 동사나 형용사가 오지만 '要求严格'처럼 '주술구'도 올 수 있다는 점에 주의하자. [개사구(对我们)+주술구(要求非常严格)]

严格 yángé 형 엄격하다 | 领导 lǐngdǎo 명 지도자, 리더 | 要求 yāoqiú 명 요구 동 요구하다

정답 95 又能   这台电脑   工作了   正常   终于

这台电脑终于又能正常工作了。 이 컴퓨터는 마침내 다시 정상적으로 작동할 수 있게 되었다.

① '又能'은 [부사+조동사] 구조이기 때문에 뒤에 일반동사 '工作 일하다'가 와야 한다.

→ ……又能……工作了。

② 형용사인 '正常 정상적인'이 수식할 수 있는 것은 동사 '工作' 밖에 없으므로 그 앞에 온다.

→ ……又能正常工作了。

③ '这台电脑 이 컴퓨터'는 주어 자리에, 부사인 '终于 마침내'는 주어 뒤, 조동사 앞에 온다.

→ 这台电脑终于又能正常工作了。

> 주어란 동작의 주체가 아니라 서술의 대상이다. '外面很冷, 바깥은 매우 춥다.'에서 주어인 '外面'은 동작의 주체가 아니라 서술(很冷)의 대상인 것이다. 따라서 '这台电脑终于又能正常工作了.'에서 '这台电脑'가 주어가 되는 것이다. 주어는 무조건 동작의 주체일 것이라는 개념을 버리자.

电脑 diànnǎo 명 컴퓨터 | 工作 gōngzuò 동 일하다 | 正常 zhèngcháng 형 정상적이다 | 终于 zhōngyú 부 마침내

모범답안 96

爬山

现在是爬山的好季节。
爬山有利于身体健康。
许多中老年人都爱爬山。
爬山是他们最喜欢的一种运动。他们最喜欢的一种运动。
经常爬山可以达到减肥的目的。

① 사진과 제시어 분석
제시어 '爬山 등산하다, 등산'은 동사이면서 명사이다. 따라서 '是자문'을 써서 '등산은 그들이 제일 좋아하는 운동이다'로 작문할 수 있다. 이때 어순은 [주어+是+주술구+的+수량구+명사]로 쓴다는 점에 주의하자. 또한 '등산은 신체 건강에 도움이 된다' 등으로 작문할 수도 있다. 이때 '有利于……'는 '~에 좋다, ~에 유리하다'라는 뜻으로, 자주 사용되는 표현이므로 꼭 기억하자.

② 관련 표현 정리
爬山的好季节 páshān de hǎojìjié 등산하기에 좋은 계절
有利于身体健康 yǒulìyú shēntǐ jiànkāng 신체 건강에 좋다

③ 모범답안
现在是爬山的好季节。 지금은 등산하기 좋은 계절이다.
爬山有利于身体健康。 등산은 신체 건강에 좋다.
许多中老年人都爱爬山。 많은 중노년들은 등산을 좋아한다.
爬山是他们最喜欢的一种运动。 등산은 그들이 가장 좋아하는 운동이다.
经常爬山可以达到减肥的目的。 자주 등산하면 다이어트의 목적을 이룰 수 있다.

中老年人 zhōnglǎoniánrén 중노년 | 减肥 jiǎnféi 명 다이어트 | 达到……目的 dádào……mùdì ~한 목적에 이르다

모범답안 97

方便

用手机打电话很方便。
手机方便了人们的生活。
要是没有手机就太不方便了。
手机是一种很方便的通讯工具。
手机使我们的生活越来越方便了。

① 사진과 제시어 분석

제시어 '方便 편리하다, 편리하게 하다'은 형용사이자 동사이다. 사진은 한 남자가 휴대전화로 전화를 하고 있는 모습이다. 따라서 '휴대전화로 전화하면 매우 편리하다'라고 작문할 수 있는데, 이때 '휴대전화로'라고 할 때는 '用手机'라고 표현한다. 또한 가정문 '要是……就……'의 형식을 써서 '만일 휴대전화가 없으면 너무 불편할 것이다'라고도 작문할 수 있다.

② 관련 표현 정리

方便了人们的生活 fāngbiàn le rénmen de shēnghuó 사람들의 생활을 편리하게 하다
太不方便了 tài bù fāngbiàn le 너무 불편하다
方便的通讯工具 fāngbiàn de tōngxùn gōngjù 편리한 통신 도구
越来越方便了 yuèláiyuè fāngbiàn le 점점 편해지다

③ 모범답안

用手机打电话很方便。 휴대전화로 전화하면 매우 편리하다.
手机方便了人们的生活。 휴대전화는 사람들의 생활을 편리하게 했다.
要是没有手机就太不方便了。 만일 휴대전화가 없었다면 너무 불편했을 것이다.
手机是一种很方便的通讯工具。 휴대전화는 일종의 아주 편리한 통신 도구이다.
手机使我们的生活越来越方便了。 휴대전화는 우리 생활로 하여금 갈수록 편리하게 했다.

手机 shǒujī 휴대전화 | 要是……就…… yàoshi……jiù…… 만일 ~하다면 ~하다 | 使 shǐ 동 ~하게 하다, ~시키다 | 方便 fāngbiàn 형 편리하다 동 편리하게 하다

모범답안 98

照顾

男人也能照顾好孩子。
爸爸把她照顾得很好。
这个爸爸很喜欢照顾孩子。
其实，男人照顾孩子也没什么。
这个男人无微不至地照顾自己的女儿。

① 사진과 제시어 분석

제시어 '照顾 돌보다'는 동사이고, 사진은 한 젊은 아빠가 딸을 안고 세심하게 보살피는 모습이다. 따라서 '남자도 아이를 잘 돌볼 수 있다'라고 작문할 수 있다. 또한 간단하게 '이 아빠는 아이 돌보기를 좋아한다'라고도 작문할 수 있다. 이때 '爸爸'라는 글자가 쉽게 안 써질 수도 있는데, '父+巴'의 결합으로 기억하면 쉽게 쓸 수 있다.

② 관련 표현 정리

能照顾好 néng zhàogù hǎo 잘 돌볼 수 있다
照顾得很好 zhàogùde hěn hǎo 매우 잘 돌보다
喜欢照顾 xǐhuan zhàogù 돌보는 것을 좋아하다
无微不至地照顾 wúwēibúzhìde zhàogù 매우 세심하게 돌보다

③ 모범답안

男人也能照顾好孩子。 남자도 아이를 잘 돌볼 수 있다.

爸爸把她照顾得很好。 아빠는 아이를 매우 잘 돌본다.

这个爸爸很喜欢照顾孩子。 이 아빠는 아이 돌보는 것을 좋아한다.

其实，男人照顾孩子也没什么。 사실 남자가 아이를 돌보는 것은 별거 아니다.

这个男人无微不至地照顾自己的女儿。 이 남자는 아주 세심하게 자신의 딸을 돌보고 있다.

男人 nánrén 명 남자 | 爸爸 bàba 명 아빠 | 其实 qíshí 문 사실 | 没什么 méishénme 문제 없다, 별거 아니다 | 女儿 nǚér 명 딸

99

跑步有利于减肥。

跑步有利于身体健康。

很多人为了健康而跑步。

跑步是一种很简单的运动。

为了锻炼身体，他们每天早上都坚持跑步。

跑步

① 사진과 제시어 분석

제시어 '跑步 달리다. 달리기'는 동사이자 명사이다. 사진은 여자와 남자가 운동복을 입고 달리기를 하는 모습이다. 가장 쉽고 좋은 문장은 '有利于 ~에 도움이 된다'를 이용하는 것이다. '달리기는 신체 건강에 도움이 된다'도 좋은 문장이 될 수 있고, '是자문'을 써서 '달리기는 간단한 운동이다'라고 써도 좋은 작문이 된다. 또한 '~하기 위해서 ~하다'라고 작문할 때는 '为了……而……'의 문형을 쓸 수도 있다.

② 관련 표현 정리

有利于减肥 yǒulìyú jiǎnféi 다이어트에 좋다

为了健康而跑步 wèile jiànkāng ér pǎobù 건강을 위해 달리다

坚持跑步 jiānchí pǎobù 계속해서 달리다

③ 모범답안

跑步有利于减肥。 달리기는 다이어트에 도움이 된다.

跑步有利于身体健康。 달리기는 신체 건강에 좋다.

很多人为了健康而跑步。 많은 사람들은 건강을 위해서 달리기를 한다.

跑步是一种很简单的运动。 달리기는 일종의 아주 간단한 운동이다.

为了锻炼身体，他们每天早上都坚持跑步。 신체를 단련시키기 위해 그들은 매일 아침 계속해서 달리기를 하고 있다.

简单 jiǎndān 형 간단하다 | 运动 yùndòng 동 운동하다 명 운동 | 锻炼身体 duànliàn shēntǐ 신체를 단련하다 | 每天 měitiān 명 매일, 날마다 | 早上 zǎoshang 명 아침

모범 답안	100  顺利	她顺利地做完了所有问题。 她希望能顺利地通过考试。 真希望今天的考试一切顺利。 今天她每道题都不能顺利完成。 因为她没努力学习，所以今天的考试很不顺利。

① 사진과 제시어 분석

제시어 '顺利 순조롭다'는 형용사이고, 사진은 시험을 치고 있는 모습이다. 따라서 '그녀는 순조롭게 모든 문제를 풀었다'라고 쓸 수도 있고 '그녀는 순조롭게 이번 시험에 통과하기를 바란다'도 좋은 작문이 된다. '순조롭게 ~하다'라고 할 때는 [顺利(地)+동사]의 형식을 취한다는 것에 주의하자.

② 관련 표현 정리

顺利地做完 shùnlìde zuòwán 순조롭게 완성하다
能顺利地通过 néng shùnlìde tōngguò 순조롭게 통과할 수 있다
一切顺利 yíqiè shùnlì 모든 것이 순조롭다
不能顺利完成 bùnéng shùnlì wánchéng 순조롭게 완성할 수 없다
很不顺利 hěn bú shùnlì 매우 순조롭지 못하다

> '顺利完成 순조롭게 완성하다', '充分准备 충분히 준비하다', '努力学习 열심히 공부하다'와 같이 일부 2음절 형용사는 '地' 없이 바로 동사를 수식할 수 있다. 그런데 '顺利地完成 순조롭게 완성하다'처럼 '地'를 쓰면 묘사성이 더 강해진다.

③ 모범답안

她顺利地做完了所有问题。 그녀는 순조롭게 모든 문제를 풀었다.
她希望能顺利地通过考试。 그녀는 순조롭게 이번 시험에 통과하기를 바란다.
真希望今天的考试一切顺利。 오늘 시험이 모두 순조롭기를 간절히 바란다.
今天她每道题都不能顺利完成。 오늘 그녀는 모든 문제를 순조롭게 완성하지 못했다.
因为她没努力学习，所以今天的考试很不顺利。 그녀는 열심히 공부하지 않아서 오늘 시험은 아주 순조롭지 못하다.

做……问题 zuò……wèntí 문제를 풀다 | 所有 suǒyǒu 형 모든, 전부의 | 希望 xīwàng 동 바라다, 희망하다 | 通过考试 tōngguò kǎoshì 시험에 통과하다 | 道 dào 양 시험 문제를 셀 때 쓰는 양사 | 努力学习 nǔlì xuéxí 열심히 공부하다

2013년 汉办 新HSK 4급 필수어휘 수정리스트

新HSK에는 각 급수 별로 지정된 필수어휘 범위 안에서만 문제가 출제되지 않기 때문에 필수어휘만 학습해서는 고득점 하기 어려운 것이 사실입니다. 최근 汉办에서 발표한 필수어휘상에 약간의 변화가 있기는 하지만, 본사 교재에서는 새로 추가된 단어 대부분을 실전문제 등에서 충분히 다루고 있기 때문에 최신 시험 경향 파악에 전혀 무리가 없음을 알려 드립니다. 이번에 삭제된 단어 역시 출제 가능성이 높으므로 꼭 알아 두는 것이 좋습니다. 참고로 新HSK 4급 필수어휘(2013년 수정판) 전체 목록을 담은 엑셀 파일은 '다락원 홈페이지(www.darakwon.co.kr) ▶ 학습자료 ▶ 중국어 카테고리'에서 다운로드 받으실 수 있으며, 본 자료의 작성일 이후로 필수어휘상에 또 다른 수정사항이 발표되면 본 자료 역시 수정된 내용으로 다운로드 받으실 수 있습니다.

(작성일 : 2013년 6월 17일)

추가

百分之……	bǎifēnzhī…… 100분의 ~, ~퍼센트	棒	bàng 형 (체력이나 능력이) 강하다, (수준, 레벨, 성적 등이) 높다, 좋다
包子	bāozi 명 만두, 빠오즈	比如	bǐrú 접 예를 들어, 예컨대
不但……而且……	búdàn……érqiě…… ~뿐만 아니라 ~이다	餐厅	cāntīng 명 음식점
厕所	cèsuǒ 명 화장실	存	cún 동 존재하다, 생존하다, 보존하다, 저장하다
错误	cuòwù 명 실수, 잘못	打招呼	dǎ zhāohu 인사하다
倒	dǎo 부 오히려, 도리어 dào 동 넘어지다, 쓰러지다	登机牌	dēngjīpái 명 탑승권
地点	dìdiǎn 명 지점, 장소, 위치	短信	duǎnxìn 명 문자메시지
对于	duìyú 개 ~에 대해	饭店	fàndiàn 명 호텔, 식당
房东	fángdōng 명 집주인	放松	fàngsōng 동 느슨하게 하다, 늦추다, 이완하다
付款	fùkuǎn 동 돈을 지불하다, 계산하다	赶	gǎn 동 뒤쫓다, (열차, 버스 따위의 시간에) 대다, 서두르다
感兴趣	gǎn xìngqù 흥미를 느끼다	刚	gāng 부 방금, 바로, 마침
高速公路	gāosù gōnglù 명 고속도로	胳膊	gēbo 명 팔
功夫	gōngfu 명 실력, 능력, 조예, 무술	国籍	guójí 명 국적
互联网	hùliánwǎng 명 인터넷	花	huā 명 꽃
黄河	Huánghé 고유 (지명) 황허	建议	jiànyì 동 건의하다, 제안하다
降落	jiàngluò 동 낙하하다, 하강하다, 착륙하다	郊区	jiāoqū 명 교외지역, 시외지역
接着	jiēzhe 부 연이어, 잇따라, 계속해서	节	jié 양 수업 시간 수를 셀 때 쓰임
景色	jǐngsè 명 경치, 경관, 풍경	举	jǔ 동 들어 올리다, 들다
聚会	jùhuì 동 (사람이) 모이다, 회합하다 명 모임	开心	kāixīn 형 즐겁다, 유쾌하다
烤鸭	kǎoyā 명 오리 구이	客厅	kètīng 명 응접실, 객실
空	kōng 형 (속이) 텅 비다 부 공연히 kòng 동 비우다, (시간 따위를) 내다 명 틈, 짬	矿泉水	kuàngquánshuǐ 명 광천수, 미네랄워터
来自	láizì 동 ~로부터 오다, ~에서 생겨나다	礼拜天	lǐbàitiān 명 일요일
零钱	língqián 명 잔돈, 용돈	旅行	lǚxíng 동 여행하다
毛	máo 명 털	没有	méiyǒu 동 없다 부 (아직) ~않다
迷路	mílù 동 길을 잃다	秒	miǎo 양 초[시간의 단위]
哪	nǎ 대 무엇, 어느 것, 어떤, 어디	哪儿	nǎr 대 어느 것, 어디
那	nà 대 그, 저, 그 사람, 그것	男	nán 명 남자
女	nǚ 명 여자	排队	páiduì 동 가지런히 벌여 서다, 정렬하다
皮鞋	píxié 명 가죽 구두	勺子	sháozi 명 국자, 큰 숟가락
生意	shēngyi 명 장사, 영업	是否	shìfǒu ~인지 아닌지

说	shuō 동 말하다		虽然…… 但是……	suīrán……dànshì…… 비록 ~이지만 ~이다	
提	tí 동 집어 올리다, 쥐다, (생각이나 의견을) 내(놓)다		停	tíng 동 정지하다, 서다, 멈추다	
同时	tóngshí 명 동시, 같은 때 접 또한, 게다가		卫生间	wèishēngjiān 명 화장실	
现金	xiànjīn 명 현금		橡皮	xiàngpí 명 지우개	
小吃	xiǎochī 명 간식, 스낵		小伙子	xiǎohuǒzi 명 총각, 젊은이	
信封	xìnfēng 명 편지 봉투		信息	xìnxī 명 소식, 뉴스, 정보	
修理	xiūlǐ 동 수리하다, 고치다		学期	xuéqī 명 학기	
研究	yánjiū 동 연구하다		要是	yàoshi 접 만약 ~라면	
一点儿	yìdiǎnr 명 조금		一下	yíxià 양 한 번[동사 뒤에 쓰여 '좀 ~해보다'라는 뜻을 나타냄] 부 단시간에, 갑자기	
因为…… 所以……	yīnwèi……suǒyǐ…… ~때문에 ~하다		应聘	yìngpìn 초빙에 응하다, 지원하다	
邮局	yóujú 우체국		占线	zhànxiàn 동 (전화가) 통화 중이다	
照	zhào 비추다, 비치다, (사진, 영화를) 찍다 개 ~대로, ~에 따라		只有…… 才……	zhǐyǒu……cái…… ~해야만 ~이다	
重	zhòng 형 무겁다		转	zhuǎn 동 (방향, 위치 등이) 바뀌다, (몸을) 돌리다, (중간에서) 전하다 zhuàn 동 돌다, 회전하다	
自信	zìxìn 자신하다 명 자신감		左右	zuǒyòu 명 가량, 안팎, 내외[수량사 뒤에 쓰여 대략적인 수를 나타냄], 좌우	
作家	zuòjiā 명 작가				

삭제 暗 | 包括 | 报道 | 表达 | 不但 | 才 | 吵 | 成熟 | 代表 | 代替 | 但是 | 当地 | 断 | 顿 | 朵 | 而且 | 反映 | 范围 | 饭馆 | 访问 | 分之 | 风景 | 干燥 | 刚刚 | 高级 | 工具 | 孤单 | 鼓掌 | 果然 | 河 | 猴子 | 忽然 | 花园 | 黄 | 极其 | 集合 | 精神 | 宽 | 扩大 | 亮 | 流泪 | 没 | 男人 | 农村 | 女人 | 墙 | 请客 | 群 | 人民币 | 软 | 哪(儿) | 那(儿) | 湿润 | 狮子 | 食品 | 市场 | 算 | 虽然 | 所以 | 停止 | 握手 | 洗衣机 | 现代 | 限制 | 鞋 | 信 | 信任 | 兴趣 | 修 | 血 | 研究生 | 以后 | 亿 | 因为 | 硬 | 圆 | 增长 | 窄 | 整齐 | 制造 | 猪 | 逐渐 | 主动 | 祝 | 撞 | 字典 | 组成 | 组织 | 做生意

新 HSK 한권으로 끝내기 시리즈

新 HSK 3급, 4급, 5급, 6급을 준비하는 학습자가 40일 동안 '듣기' '독해' '쓰기' 영역을 종합적이고 효율적으로 학습할 수 있도록 구성되어 있다. 한국 및 중국에서 실시된 매회 시험에 대한 경향 분석을 토대로 한 꼼꼼한 유형 설명, 효과적인 실전 연습, 친절하고 상세한 해설을 담았다.

- 혼자서도 쉽게 준비하는 40일 완성 종합서
- '유형 파악하기→내공 쌓기→실력 다지기' 순으로 체계적인 문제 유형별 학습
- 기출 완벽 분석! 적중률 높은 풍부한 실전문제 수록
- 핵심과 비법을 콕콕 짚어주는 친절한 해설
- Mini 모의고사 2회분[=실제 시험 1회분] 수록
- 필수 어휘 단어장과 녹음 파일 제공

新 HSK 한권으로 끝내기 3급
남미숙 저 | 4×6배판 | 본책 288면, 해설서 168면, 단어장 88면
25,000원(본책+해설서+필수어휘 600 단어장+MP3 CD 1장)

新 HSK 한권으로 끝내기 4급
남미숙 저 | 4×6배판 | 본책 328면, 해설서 240면, 단어장 88면
25,000원(본책+해설서+필수어휘 1200 단어장+MP3 CD 1장)

新 HSK 한권으로 끝내기 5급
남미숙 저 | 4×6배판 | 본책 360면, 해설서 280면, 단어장 128면
27,000원(본책+해설서+필수어휘 2500 단어장+MP3 CD 1장)

新 HSK 한권으로 끝내기 6급
남미숙 저 | 4×6배판 | 본책 312면, 해설서 360면, 단어장 128면
28,000원(본책+해설서+필수어휘 2500 단어장+MP3 CD 1장)

新 HSK 급소공략 시리즈

新 HSK 4급, 5급, 6급을 준비하는 학습자가 듣기, 독해, 쓰기 영역 중 스스로 취약하다고 느끼는 영역을 집중적으로 학습하고 훈련할 수 있도록 구성하였다. 각 분야 최고 강사들이 공개하는 영역별 공략법과 풍부한 실전문제를 담았다.

- 자주 출제되는 문제 유형별로 빈틈 없는 공략법 전수
- 최신 출제 경향에 맞춘 양질의 실전문제를 풍부하게 수록
- 최종적으로 실력을 점검할 수 있도록 권말 모의고사 3회분 수록

新 HSK 급소공략 4급

듣기 김종섭 저 | 4×6배판 | 본책 152면, 해설서 120면 | 16,000원(교재+MP3 CD 1장)
독해 박은정 저 | 4×6배판 | 본책 152면, 해설서 120면 | 14,000원
쓰기 양영호 저 | 4×6배판 | 본책 128면, 해설서 88면 | 14,000원

新 HSK 급소공략 5급

듣기 황지영 저 | 4×6배판 | 본책 176면, 해설서 144면 | 18,000원(교재+MP3 CD 1장)
독해 양주희 저 | 4×6배판 | 본책 184면, 해설서 144면 | 15,000원
쓰기 유태경, 팡훙메이, 이샤오샹 공저 | 4×6배판 | 본책 176면, 해설서 128면 | 15,000원

新 HSK 급소공략 6급

듣기 박정순, 송웨이슈 공저 | 4×6배판 | 본책 144면, 해설서 128면 | 16,000원(교재+MP3 CD 1장)
독해 강주영, 왕러 공저 | 4×6배판 | 본책 328면, 해설서 152면 | 21,000원
쓰기 쑨루이차오 저 | 4×6배판 | 본책 200면, 해설서 88면 | 15,000원(교재+MP3 무료 다운로드+저자 첨삭 지도 1회)

다락원 新 HSK 모의고사 시리즈

대외한어 교육 및 HSK 강의 10여 년 경력의 필자들이 한반(汉办)이 발표한 시험요강과 샘플문제를 완벽하게 분석하여 개발한 新 HSK 수험서 시리즈이다. 각 급수별로 3회분 실전 모의고사가 수록되어 있다.

한반(汉办) 시험요강 및 샘플문제 완벽 분석
- 매 세트 베타테스트 거쳐 지문 길이와 문제 난이도 완벽 조정
- 4·5·6급 각 급수 별 실전 모의고사 3회분 수록

포인트만 쏙쏙 뽑아서 알려주는 명쾌한 해설
- 새롭게 바뀐 HSK에 완벽 대비할 수 있는 정확하고 친절한 해설
- 혼자서도 쉽게 학습할 수 있는 상세한 해설

각 급수 별 필수어휘 제공
- 한반(汉办)에서 지정한 각 급수 별 新 HSK 필수어휘
- 4, 5, 6급 각 급수 별 단어, 병음, 뜻 모두 수록

다락원 新 HSK 모의고사 4급
찐순지 · 박은영 · 동추이 공저 | 4×6배판 | 136면 | 10,000원(교재+MP3 CD 1장)

다락원 新 HSK 모의고사 5급
찐순지 · 동추이 · 박은영 공저 | 4×6배판 | 160면 | 10,000원(교재+MP3 CD 1장)

다락원 新 HSK 모의고사 6급
찐순지 · 동추이 · 박은영 공저 | 4×6배판 | 200면 | 12,000원(교재+MP3 CD 1장)

비즈니스 중국어 교재

新 빠오칸 시사중국어

- 『人民网』『新华网』등 중국 주요 매체의 최신 기사로 본문 구성
- 정치·경제·사회·문화·교육·한중 관계 등 다양한 분야의 핫이슈 기사 수록
- 원어민 녹음의 MP3 파일로 뉴스 청취 훈련 강화

강춘화 저 | 4×6배판 | 200면 | 14,000원

OK! 비즈니스 중국어 (최신개정판)

- 연습문제가 대폭 보강된 북경대학출판사『基础实用商务汉语(修订本)』의 한국어판
- 중국인과의 비즈니스에 자주 사용되는 필수 구문·회화 수록
- 각종 비즈니스 실무서식과 경제무역용어, 중국 비즈니스 관련 사이트 목록 제공

关道雄 저 | 박균우 편역감수 | 4×6배판 | 292면 | 14,000원(교재+MP3 CD 1장), MP3 무료

비즈니스 중국어 표현사전

- 평범한 직장인의 對 중국 비즈니스 성공 바이블
- 비즈니스에 필요한 중국어 필수 표현을 영어와 함께 제공

홍주영 저 | 4×6배판 | 240면 | 14,000원(교재+MP3 CD 1장)

기타 다락원 추천 도서

중국어, 드라마를 만나다 1

- 중국 현지에서 제작·방영된 흥미만점 드라마 「咱老百姓」으로 배우는 생동감 넘치는 중국어
- 교과서에서는 볼 수 없는 살아 있는 구어 표현들을 직접 보고, 듣고, 느끼며 배우는 시청각 교재(원제: 走进中国百姓生活)
- 드라마 영상이 담긴 DVD와 드라마 음성이 그대로 담긴 MP3 CD 제공

刘月华, 刘宪民, 李金玉 저 | 안성재, 전병석 편역 | 4×6배판 | 188면 | 15,000원 (교재+DVD 1장+ MP3 CD 1장), MP3 무료

틀리기 쉬운 중국어 어법 201

- 의미나 쓰임이 비슷해서 헷갈리는 어법 궁금증 완전 해결
- 도표와 그림을 이용한 상세한 비교, 풍부한 예문을 통해 올바른 쓰임을 알게 하는 똑똑한 어법서(원제: 对外汉语教学语法释疑201例 - 商务印书馆 刊)

彭小红, 李守纪, 王红 저 | 강춘화, 박영순, 서희명 역 | 4×6배판 | 384면 | 14,000원

최신트렌드로 배우는 新문화 중국어

- 블랙 푸드, 아이돌(idol) 숭배, 별자리·혈액형, 바(bar) 문화 등 중국의 최신 트렌드가 반영된 다양한 주제의 회화와 독해로 배우는 문화 중국어 교재(원제: 时尚汉语)
- 중국의 젊은이들 사이에서 자주 쓰이는 생생한 단어 학습 및 다양한 표현 익히기
- 실력을 점검하는 연습문제와 재미있는 삽화와 함께 읽어보는 유머 중국어

刘德联, 宋海燕, 张丽 저 | 김효민, 고점복 편역 | 4×6배판 | 192면 | 13,000원(교재+MP3 CD 1장), MP3 무료

온라인과 오프라인의 결합
중국어 동영상 강좌 | www.darakwon.co.kr

HSK

新 HSK 모의고사 4급/5급/6급
강사 박은영, 찐순지 **강의수준** 초급/중급/고급 **강의구성** 동영상

새로운 유형의 新 HSK 4·5·6급을 대비하기 위한 강좌. 〈다락원 新 HSK 모의고사〉 저자(차이나로 중국어학원 대표강사 박은영, 찐순지) 직강! 新 HSK 경향에 맞춘 모의고사 문제풀이를 통해 유형을 익히고, 실전에 적응하여 고득점을 획득할 수 있도록 하였다.

新 HSK FINAL TEST 4급/5급/6급
강사 권수철, 김성협, 장석민, 이창재, 박수진 **강의수준** 초급/중급/고급 **강의구성** 동영상

新 HSK 시험 D-7 마지막 점검용 모의고사 1회분을 저자 직강을 통해 미리 정리해봄으로써 실전 HSK 시험에 강해질 수 있다.

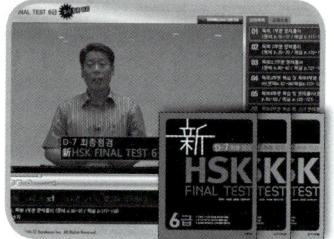

新 HSK 한권으로 끝내기 3급/4급/5급/6급
강사 남미숙, 이효연, 박수진, 마린 **강의수준** 초급/중급/고급
강의구성 동영상, FLASH, HTML

남미숙 저자 직강을 필두로 한 HSK 영역별 전문 강사들의 철저한 문제 유형 분석과 다양한 실전 문제 풀이를 통해 실전 감각, 자신감까지 키워준다.

비즈니스

Useful! 비즈니스 중국어
강사 김선화, 위하이펑 **강의수준** 초·중급 **강의구성** 동영상, FLASH, HTML

중국 현장의 비즈니스 문화까지 쉽게 이해할 수 있도록 고안된 초·중급 비즈니스 중국어 강좌. 중국과의 경제 활동에 필요한 대표적인 상황을 실전에 유용한 생생한 중국어 표현으로 익힐 수 있다.

新HSK 급소공략
4급 쓰기
해설서